Savoirs et métiers de l'Etat au XIXe siècle

Travaux Interdisciplinaires et Plurilingues

Vol. 24

Collection placée sous la direction
d'Yves Hamant et Brigitte Krulic

PETER LANG
Bern · Berlin · Bruxelles · Frankfurt am Main · New York · Oxford · Wien

Brigitte Krulic (dir.)

Savoirs et métiers de l'Etat au XIXe siècle

France et Etats germaniques

PETER LANG
Bern · Berlin · Bruxelles · Frankfurt am Main · New York · Oxford · Wien

Information bibliographique publiée par «Die Deutsche Nationalbibliothek»
«Die Deutsche Nationalbibliothek» répertorie cette publication dans la «Deutsche Nationalbibliografie»; les données bibliographiques détaillées sont disponibles sur Internet sous ‹http://dnb.d-nb.de›.

Ouvrage financé grâce au CRPM (Centre de Recherches Pluridisciplinaires multilingues) / EA 4418 de l'Université Paris Ouest Nanterre La Défense.

Réalisation de la couverture: Thomas Jaberg, Peter Lang SA

ISBN 978-3-0343-1504-3 br.
ISSN 1663-9367 br.
ISBN 978-3-0352-0270-0 eBook
ISSN 2235-5650 eBook

Hochfeldstrasse 32, CH-3012 Bern
info@peterlang.com, www.peterlang.com, www.peterlang.net

Imprimé en Suisse

Sommaire

Servir l'Etat: usages, pratiques et enjeux

Brigitte KRULIC
Université Paris Ouest Nanterre La Défense, CRPM (EA 4418)

Dès le premier tiers du XIXe siècle, écrivains et dessinateurs[1] se saisissent d'un type promis à un large et durable succès: l'«employé», terme générique qui désigne le peuple hétérogène des «bureaux»: commis, surnuméraires, expéditionnaires, chefs et sous-chefs[2]. De la vie quotidienne de ces grands et petits serviteurs de l'Etat, ils ont une expérience d'autant plus concrète qu'ils sont nombreux à conjuguer un emploi de bureau à la pratique de l'écriture ou des beaux-arts. La «révolution de papier[3]» qui accompagne la différenciation, spécialisation et multiplication des fonctions administratives exercées par les bureaux inspire une mise en scène volontiers satirique de la routine, du formalisme, de l'art du délai, de l'«irresponsabilité» jointe à l'esprit d'intrigue, au népotisme, voire à la corruption. Les bureaux sont réputés exercer, de par leur force d'inertie même, une toute puissance qui s'affirme d'abord sur le mode négatif de la capacité à paralyser l'action. La «burocratie», terme lancé dans le *Traité de la police et des municipalités* de Jacques Peuchet (juillet 1789), désigne la multiplication des attributions des

1 A titre d'exemples: Henry MONNIER (*Mœurs administratives dessinées d'après nature*, 1828), BALZAC (*Les Employés*, 1837, *Physiologie de l'Employé*, 1841) ou encore, à la fin du siècle COURTELINE (*Messieurs les ronds-de-cuir*, 1893).

2 Le terme de «fonctionnaire» était réservé aux postes à haute responsabilité; il tend à se banaliser au cours du XIXe siècle. Le statut de 1946 met enfin un terme aux différences fondées sur le contenu du travail: tous les salariés de la fonction publique deviennent alors des «fonctionnaires» (voir P. ROSANVALLON, *L'Etat en France de 1789 à nos jours*, Le Seuil, coll. Points Histoire, 1990).

3 Selon l'expression de Delphine GARDEY, *Ecrire, calculer, classer: Comment une révolution de papier a transformé les sociétés contemporaines (1800–1940)*, Paris, La Découverte, 2008.

bureaux, l'impossibilité d'appeler de leur action devant un juge, leur propension à confisquer le pouvoir de l'Etat («le citoyen n'est rien, le commis gouverne[4]»): le Dictionnaire de l'Académie entérine en 1835 l'usage du terme dans cette acception.

En filigrane de ces représentations, une question à multiples ramifications: la légitimité de leur pouvoir, c'est-à-dire en premier lieu la compétence d'un corps dont la composition, les modes de recrutement, de promotion, de sanction restent encore flous. A qui appartient-il de nommer les employés? Quels sont les principes qui s'appliquent? L'enjeu est important: dans un contexte de construction d'un Etat moderne soucieux d'une gestion uniforme qui doit sans cesse ajuster les règles, la professionnalisation d'une administration dotée des qualifications nécessaires suppose la mise en place progressive d'un système d'enseignement normalisé et codifié visant à la constitution d'une homogénéité culturelle où le rôle de l'Etat est déterminant (*cf.* les analyses d'Ernst Gellner).

C'est précisément sur ce point que la mise en perspective comparatiste met en lumière ce qui apparaît comme un paradoxe français: le fait qu'un pays doté d'une culture étatique forte ait disposé d'une administration peu, mal ou pas formée, y compris aux échelons supérieurs[5]. Plus exactement: le «soldat» et l'«ingénieur public» – dont Vauban figure le modèle historique – restent jusqu'aux années 1870 au moins les seules catégories d'administrateurs soumises à des critères stricts de recrutement et de capacité professionnelle, élaborés sous l'Ancien Régime (création de l'Ecole et du corps des Ponts et Chaussées en 1747 avec concours de recrutement et ébauche de statut collectif, Ecole

4 *Cf.* Guy THUILLIER, *La Bureaucratie en France aux XIX*e *et XX siècles*, Paris, Economica, 1987. Voir aussi Christophe CHARLE, *Les Hauts fonctionnaires en France au XIX*e *siècle*, Paris, Gallimard, 1980; Dominique CHAGNOLLAUD, *Le Premier des ordres. Les hauts fonctionnaires, XVIII*e*–XIX*e *siècles,* Paris, Fayard, 1991; Françoise DREYFUS, *L'Invention de la bureaucratie, servir l'Etat en France, en Grande-Bretagne et aux Etats-Unis,* Paris, La Découverte, 2000.

5 *Cf.* E. DE GIRARDIN, *De l'instruction publique en France* (1841): «la carrière administrative est la seule dont les abords sont livrés sans défense aux prétentions de l'ignorance et à la présomption de l'incapacité», cité *in* P. ROSANVALLON, *op. cit.* p. 63.

d'artillerie 1756, Ecole des Mines 1783, Ecole Polytechnique 1794). Il s'agit là d'une «exception française» qui caractérise la conception des relations entre Etat et administration, et inséparablement, les modalités, enjeux et objectifs du système de formation; à la différence de la Prusse, en particulier, cas emblématique et précoce d'Etat autoritaire-bureaucratique, l'organisation progressive d'une fonction publique régulière en France a, en large partie, résulté de nécessités pratiques et non d'une doctrine positive.

En dehors des cas particuliers régis par le système des concours donnant accès à des «corps de l'Etat», le recrutement des employés s'opérait en effet sans condition de diplôme ni de qualification, souvent par recommandation ou sur présentation, par exemple, de père en fils: Huysmans entré au ministère de l'Intérieur en 1866 soulignait dans sa lettre de candidature que son oncle, son grand-père et son arrière-grand-père étaient d'anciens employés et qu'«à eux trois, ils [comptaient] 82 ans accomplis de bons et loyaux services[6]». La formation se faisait sur le tas: vers 1870, dans certains ministères, neuf directeurs sur dix avaient commencé leur carrière comme expéditionnaires chargés de «copier des lettres», activité considérée comme la meilleure manière d'apprendre le métier. Les projets de création de cursus spécifiques ou d'«Ecole nationale d'administration», souvent en référence au modèle allemand des sciences camérales n'avaient pas manqué, depuis ceux de Destutt de Tracy (1800) et Cuvier (1816). L'échec de l'ENA de 1848–1849 met en évidence certaines des raisons expliquant ce paradoxe français: l'hostilité de la haute administration qui tenait à sa liberté de patronage des surnuméraires, mais aussi des employés qui refusaient la formation d'une aristocratie administrative: «Désormais on naîtra chef de bureau comme naguère on naissait colonel ou amiral[7]». Mais surtout, le paradoxe renvoie aux fondements de la conception émergeant en 1789 d'un pouvoir administratif simple, exécutant mécaniquement les lois, subordonné aux directives du

6 G. THUILLIER, *La Vie quotidienne dans les ministères au XIXe siècle*, Comité pour l'histoire économique et financière de la France, 2004, p. 110.

7 *La Réforme administrative*, 25 mai 1848, cité *in* THUILLIER, *La Vie quotidienne*…, p. 235.

pouvoir politique; l'idée dominante[8] était que les cadres militaires et techniques de l'Etat devaient être recrutés sur le principe capacitaire et méritocratique du concours, synthèse des vertus régulatrices du système des corps et des principes d'ouverture démocratique, mais qu'il était impossible de l'étendre à l'administration «généraliste», afin d'éviter la reconstitution insidieuse au sein de la société démocratique du vieux schéma des «corps» dotés de «privilèges»; à gauche, on insistait aussi sur le risque de voir une administration publique forte échapper au contrôle du législateur, et donc du peuple-nation souverain. L'article 6 de la Déclaration des droits de l'homme resta donc sans traduction pratique en dépit de l'augmentation massive des effectifs. Même après le choc de la défaite de 1871, les velléités de recréation d'une ENA – inspirées souvent par la référence au modèle d'outre-Rhin – se heurtèrent à la résistance des Facultés de droit qui mirent en place une Licence ès Sciences politiques et administratives et surtout de la récente Ecole Libre des Sciences Politiques (1872), initiative privée dont le quasi-monopole s'affirma très vite[9].

Dans les Etats germaniques prévaut une situation toute différente: dès 1727, l'Etat prussien avait fondé pour former ses cadres deux chaires de «caméralistique» *(Cameralia, Oeconomica und Polizeisachen)*, exemple rapidement suivi dans d'autres universités et dans l'empire des Habsbourg[10]. On reconnaît là l'influence rationaliste des Lumières soutenue par l'appareil d'Etat (modèle prussien du *Militär- und Beamtenstaat*) qui promeut la réforme «par le haut». Ainsi s'organisa un fonctionnariat d'Etat selon des principes formalisés: à partir de 1770, les *Beamte* devaient posséder un diplôme en «sciences caméralistes»; ils étaient soumis aux obligations et garanties propres à leur

8 Idée qui dépasse largement les clivages droite/gauche et qu'on retrouve dans des rapports jusqu'au milieu du XXe siècle (*cf.* ROSANVALLON, *op. cit.* p. 70).

9 Dès 1875, sur dix-huit reçus au Conseil d'Etat, on trouve quatorze élèves de «Sciences Po»; même pourcentage pour l'Inspection des Finances. Des concours de recrutement pour certains ministères furent mis en place (Finances en 1890, carrières diplomatiques en 1907).

10 *Cf.* Pascale LABORIER, «‹La bonne police›. Sciences camérales et pouvoir absolutiste dans les Etats allemands», *Politix*, Vol. 12, N° 48, 4e trimestre 1999, pp. 7–35.

fonction. On sait que Max Weber s'est inspiré de la Prusse pour élaborer sa théorie de la domination légale-rationnelle (*Economie et société*, 1920): l'idéal-type du «fonctionnariat» ou de la «bureaucratie» renvoie ici à une organisation hiérarchique où chaque fonctionnaire est recruté en raison d'une expertise certifiée par un examen, obéit à des devoirs fixés par sa fonction, reçoit une rémunération correspondant à son rang; en bref, un corps de «fonctionnaires compétents» constitue l'un des critères de définition de l'Etat «moderne» selon Weber.

La modernisation de l'Etat et celle du système éducatif n'ont cessé, en Prusse, d'aller de pair, comme l'illustre la fondation de l'université par Humboldt en 1810. L'instauration en 1879 du «monopole des juristes» *(Juristenmonopol)*, c'est-à-dire l'obligation, pour accéder à un poste dirigeant dans l'administration, d'avoir suivi un cursus juridique relégua les sciences camérales au second plan[11]; le système, complété par les stages du référendariat préalables à la titularisation, établissait une adéquation entre compétence administrative et qualification juridique et plaçait les *höhere Beamte*[12] au-dessus de la scène politique. Cette structure du cursus juridique prussien fut imposée en 1877 à l'ensemble du Reich.

Il faudrait par ailleurs se garder de sous-estimer le poids de la reproduction sociale qui s'est exercée tant en France que dans les Etats germaniques. En Prusse, à l'époque du Reich wilhelminien (1871–1918), 24% des hauts fonctionnaires étaient fils de hauts fonctionnaires, proportion comparable avec celle qu'on trouvait en France sous la IIIe République (30%)[13]. Malgré certaines spécificités propres à la Prusse – la surreprésentation de l'aristocratie (0,2% de la population mais 30% des hauts fonctionnaires, proportion comparable à celle qu'on trouvait dans

11 *Cf.* Marie-Bénédicte VINCENT, *Serviteurs de l'Etat: les élites administratives en Prusse de 1871 à 1933*, Paris, Belin, 2006.

12 C'est-à-dire le «fonctionnaire supérieur» ou haut fonctionnaire doté d'un diplôme universitaire. L'administration prussienne distinguait nettement trois catégories: *höhere Beamte* (avec diplôme universitaire), *mittlere Beamte* (sans diplôme universitaire) et *Unterbeamte* (assurant des fonctions de secrétariat).

13 Voir Christophe CHARLE, *Les Hauts fonctionnaires en France au XIXe siècle*, *op. cit.* et Marie-Bénédicte VINCENT, *Serviteurs de l'Etat: les élites administratives en Prusse de 1871 à 1933*, *op. cit.*

l'armée), des protestants par rapport aux catholiques[14] –, on peut considérer, à la suite de Christophe Charle, que les élites sociales ont dans les Etats germaniques comme en France (la «noblesse d'Etat» des grands corps) contrôlé étroitement les procédures de formation et de recrutement de la haute administration.

C'est à partir de ces réflexions liminaires que les articles réunis dans cet ouvrage collectif approfondissent l'émergence en France et dans les Etats germaniques d'une culture bureaucratique fondée sur la compétence, facteur d'efficacité et de rationalité et les modalités de construction d'une figure majeure de notre contemporain, au cours du long XIXe siècle où les Etats mettent en place des systèmes éducatifs visant à la diffusion d'une «haute culture» homogène.

L'angle d'approche privilégie, dans une première étape, l'élaboration de savoirs et de métiers de l'Etat dans un contexte historique et politique bien particulier: celui du «défi», au sens de Louis Dumont, lancé par le modèle napoléonien aux Etats germaniques, pour certains annexés à l'Empire français, pour d'autres vassalisés, mais tous confrontés à la nécessité de définir ou redéfinir les termes et les enjeux des débats menés autour de la formation des serviteurs de l'Etat, des modalités d'acculturation du système français de l'Ecole spéciale, des voies spécifiques à préserver ou non en matière de formation, recrutement et carrière des cadres de l'administration. La fondation par Wilhelm von Humboldt de l'Université de Berlin, sur le modèle de «l'université de recherche» (1809), constitue l'une des réponses à ce défi français.

L'étude de Nicola Todorov[15] étudie de manière très précise l'impact du transfert du modèle administratif napoléonien dans les Etats germaniques et les conséquences de l'irruption de l'administration française dans le processus de modernisation des structures étatiques. Il souligne que le travail administratif en Prusse n'a été que tardivement et progressivement organisé en bureaux: il fonctionnait plutôt en collèges, selon le principe régional, contrairement à la vision simplificatrice d'une bureaucratie prussienne précocement organisée.

14 M.B. VINCENT, *op. cit.* p. 90.

15 Nicola TODOROV, «Le transfert du modèle administratif napoléonien en Allemagne: enjeux et héritages».

Quant à l'idée d'un «retard» de la France en matière de professionnalisation du statut des fonctionnaires, l'analyse approfondie du modèle napoléonien du fonctionnaire ministériel que propose Igor Moullier[16] permet d'en relativiser la pertinence; la vision prévalente du fonctionnaire en «amateur éclairé» résulte de choix conscients en faveur d'une subordination de l'administrateur qui ne fait qu'appliquer les décisions. Le modèle administratif napoléonien repose non sur des savoirs formalisés mais sur des compétences liées à un mode d'action particulier et il démontre tout au long du XIXe siècle son efficacité et ses capacités d'adaptation aux changements de régime.

La nécessité de reconsidérer les visions convenues de la Restauration apparaît nettement dans l'étude que Francis Démier consacre à la rapide et remarquable réorganisation économique qui s'opère dans les mois suivant la chute de l'Empire[17]: le changement dans l'administration se limite en fait à la tête de l'institution et la génération qui arrive au pouvoir dispose d'une expérience européenne et d'une connaissance approfondie des économistes anglais. Sous son impulsion, une efficace machine administrative amorce l'industrialisation rapide de la France, qui conditionne le maintien de son statut de grande puissance; elle assure la transition entre deux régimes, l'Empire et la monarchie.

Stéphane Blond éclaire un aspect précis du rôle joué par les modèles étrangers dans les réflexions techniques et les pratiques administratives du premier XIXe siècle: les voyages d'études à travers l'Allemagne effectués par des élèves de l'Ecole des Ponts et Chaussées[18]. L'analyse des journaux de voyage rédigés au retour de mission, qui prend en compte les parcours géographiques, les méthodes de travail, et surtout les informations qui intéressent prioritairement les ingénieurs, montre que le corps des Ponts, réputé pour ses savoirs techniques, suit très

16 Igor MOULLIER, «Le modèle napoléonien du fonctionnaire ministériel: une formalisation inachevée».

17 Francis DEMIER, «1814: une technocratie libérale au cœur de la transition entre l'Empire et la monarchie».

18 Stéphane BLOND, «Les transferts techniques du Corps des Ponts et Chaussées vers les Etats allemands au XIXe siècle».

attentivement les innovations techniques étrangères, en particulier dans le domaine des chemins de fer.

Lorsqu'on envisage de manière plus générale les modalités de formation des fonctionnaires, qui posent le problème de de la définition des savoirs requis, des critères de recrutement, de l'articulation entre connaissances théoriques et compétences pratiques, on observe un phénomène quasi-constant, pendant les deux tiers du siècle, de circulation de savoirs et de modèles. Brigitte Krulic retrace l'histoire de la référence au modèle allemand des sciences camérales dans un certain nombre de projets de réforme de la formation administrative[19] qui manifestent le souci d'emprunter outre-Rhin les éléments susceptibles d'être acculturés à la culture étatique française. On y retrouve la valorisation, chez les Libéraux, du modèle universitaire prussien réputé incarner l'esprit de liberté d'inspiration protestante, tout à rebours de l'étatisme français. Il apparaît que ces projets s'inscrivent dans l'histoire des relations intellectuelles franco-allemandes sous la forme d'un essai non abouti de transfert culturel.

L'identification des savoirs nécessaires aux fonctionnaires, l'exigence d'une formation spécifique – à l'instar de celle des polytechniciens –, et la nécessité d'instaurer un mode de recrutement démocratique et égalitaire se situent au coeur de la création de la première ENA, sous l'égide d'Hippolyte Carnot: Françoise Dreyfus analyse la gestation, les principes fondateurs et la mise en application d'une institution qui se proposait d'ouvrir le service de l'Etat, y compris aux échelons supérieurs, à toutes les catégories sociales[20]. L'Ecole d'administration n'a pas survécu aux élections législatives de mai 1849 et au retour au pouvoir du parti de l'ordre.

De par le mode de recutement et l'entrée dans la carrière qui obéissent à des logiques très différentes (concours méritocratique et nomination), les préfets et les ingénieurs des Ponts et chaussées vivent une frappante séparation de corps, avant de suivre des voies parallèles

19 Brigitte KRULIC, «De Cuvier à Boutmy: la référence allemande dans les projets de formation des administrateurs français».

20 Françoise DREYFUS, «L'Ecole d'Administration de 1848: entre le modèle de Polytechnique et la référence aux universités allemandes».

dans la maîtrise des savoirs indispensables à leur service. Pierre Allorant[21] montre que ce dualisme administratif s'articule au XIXe siècle en des relations denses dans le cadre des circonscriptions où se déploie l'action de l'Etat, avec des lieux de dialogue, de conflit, d'alliances en réseaux confortées par les stratégies matrimoniales. Le rapprochement des deux corps préfigure l'émergence d'une haute fonction publique unifiée, dans son vivier comme dans sa culture.

L'étude du ministère du Commerce depuis les débuts de la IIIe République met en évidence la professionnalisation de l'administration qui s'appuie sur la création de corps techniques et sune sélection rigoureuse de fonctionnaires aptes à promouvoir les réformes. Jean-Philippe Dumas[22] analyse de manière précise les objectifs fixés à un ministère sur lequel la classe politique et la Chambre comptent pour renforcer une société déstabilisée par l'industrialisation, permettre à la France de conserver sa place de deuxième exportateur mondial, devant l'Allemagne, et faire participer les «couches nouvelles», aux institutions républicaines. Il montre comment ces objectifs influent sur la formation, le recrutement et les carrières de son personnel, mais aussi les évolutions du fonctionnement de son administration.

En contrepoint de cette perspective, Bernd Zielinski analyse les débats au sein du *Verein für Sozialpolitik* à l'époque de l'Empire wilhelminien autour du rôle économique et politique de la bureaucratie, point de cristallisation théorique autour duquel les courants sociaux-libéraux et sociaux-conservateurs défendaient des positions opposées[23]. Le point commun de ces intellectuels (les économistes Gustav Schmoller et Adolph Wagner d'un côté, les frères Alfred et Max Weber de l'autre) était la volonté d'atténuer les confrontations de classe afin d'assurer à l'Allemagne le statut de grande puissance. Mais tandis que les uns

21 Pierre ALLORANT, «Deux métiers de l'Etat en France au XIXe siècle: les préfets et les ingénieurs des Ponts».

22 Jean-Philippe DUMAS, «‹ Une administration à l'état d'appropriation continuelle aux besoins sociaux ›: le ministère du Commerce et de l'Industrie à la fin du XIXe siècle».

23 Bernd ZIELINSKI, «Bureaucratie, capitalisme et Etat à l'époque de l'empire bismarckien. Les controverses au sein de l'Association pour la politique sociale».

voyaient dans la bureaucratie prussienne le garant de la stabilité, du progrès économique et de la justice sociale, les autres lui reprochaient d'être un frein à la modernisation et un facteur d'aliénation.

L'importance des circulations et transferts de modèles apparaît de manière particulièrement frappante en matière de définition des «sciences coloniales» sur fond d'essor sans précédent de l'expansion coloniale des pays européens. Anne Kwaschik analyse ce qu'elle appelle le «moment de l'institutionnalisation», accompagné d'un processus de négociation mené au sein d'un espace discursif européen[24]. Les débats autour des critères définissant le «bon administrateur colonial» s'intègre dans un mouvement d'appropriation des colonies au sein de la métropole et détermine de ce fait un principe d'organisation des sociétés européennes.

Le corps diplomatique fait l'objet d'une étude comparative que mène Marion Aballéa[25]: la comparaison franco-allemande, appuyée sur l'étude du personnel et du fonctionnement de l'ambassade de France à Berlin, montre qu'au-delà de l'apparente harmonie des pratiques, des savoirs et des structures diplomatiques européennes on observe de fortes différences en matière de modes de recrutement et de formation des diplomates. Ainsi se manifeste l'opposition entre la culture essentiellement juridique de la diplomatie allemande et la culture classique fondée sur les humanités de la diplomatie française. On constate aussi que les exigences en matière de connaissances linguistiques varient profondément, ce qui renvoie à une conception différente des savoirs et des pratiques diplomatiques.

Julia Bavouzet éclaire le processus de rationalisation de l'appareil d'Etat dans la Hongrie de la Double Monarchie, entre l'héritage «viennois» constitué depuis Marie-Thérèse et la magyarisation de l'enseignement supérieur et de la bureaucratie qui se mettent en place après le

24 Anne KWASCHIK, «L'Etat et la construction d'une «formation coloniale». Circulations intellectuelles, réseaux et constructions institutionnelles en Europe à l'âge des empires».

25 Marion ABALLEA, «Le dialogue diplomatique entre creuset et confrontation des cultures administratives: l'exemple des diplomates français à Berlin de 1871 au début des années 1930».

Compromis de 1867[26]. La formalisation et la codification du statut de fonctionnaire n'ont pourtant pas abouti à la veille de la première guerre mondiale. Quant à la formation de l'élite bureaucratique, elle s'appuie sur des réformes successives qui concernent tant l'élargissement et la modernisation du réseau de l'offre de formation que la spécialisation et la technicisation de l'enseignement de sciences politiques, et finalement la codification de la qualification.

Au terme du parcours, il apparaît que la constitution d'un appareil d'Etat efficace, en France et dans les Etats germaniques, s'est appuyée assez largement sur des phénomènes de circulations d'idées et de références, parfois à fronts renversés; les débats autour des savoirs nécessaires au bon serviteur de l'Etat y occupent une place centrale. Les pratiques nées des nécessités du service de l'Etat ont permis des assouplissements et des adaptations qui tempèrent les contrastes offerts par les représentations idéal-typiques du bureaucrate allemand et de son homologue français, contrastes qui renvoient à des traditions différentes en matière de relations entre pouvoir politique et administration. Au-delà de la diversité des situations - selon les domaines de l'administration concernés, les périodes, les circonstances -, c'est la question du lien entre le pouvoir administratif et la poursuite de l'intérêt général qui demeure tout à la fois sous-jacente et active.

26 Julia BAVOUZET, «La formation des cadres de la bureaucratie en Autriche-Hongrie».

Le transfert du modèle administratif napoléonien en Allemagne: enjeux et héritages

Nicola TODOROV
Université de Rouen

Le terme «bureaucratisation» revêt des significations très différentes. L'usage courant dans les travaux historiques désigne par ce terme la création d'un corps d'administrateurs ou en tous cas d'une administration composée d'agents professionnels, vivant essentiellement de leur traitement. La naissance et le développement de ce groupe d'administrateurs est consciemment ou inconsciemment associé à la genèse de l'Etat moderne et l'idéal-type wébérien du bureaucrate semble être sous-jacente à cette conception. Dans le cas de l'Allemagne, cette bureaucratie aurait joué un rôle particulier.

En l'absence d'une bourgeoisie forte, ce groupe aurait formé une bureaucratie réformatrice, vue comme un acteur collectif essentiel de la modernisation au XIXe siècle, dépassant de loin le domaine de l'Etat lui-même. Proposé d'abord pour expliquer les réformes en Prusse par Barbara Vogel[27], le concept de bureaucratie réformatrice a été repris par les historiens des Etats de la Confédération du Rhin, inspirant un certain nombre de travaux de recherche, comme ceux d'Ekkehardt Treichel[28] ou Andreas Schulz[29]. L'émergence ou en tous cas le début de l'action de cette bureaucratie se situerait donc à l'époque napoléonienne. Cette chronologie coïncide avec un processus, aussi appelé bureaucratisation, à savoir l'organisation du travail administratif en bureaux, donc en unités spécialisées dans un

27 Barbara VOGEL, *Preußische Reformen*, Königsstein, 1980.
28 Ekkehardt TREICHEL, *Der Primat der Bürokratie. Bürokratischer Staat und bürokratische Elite im Herzogtum Nassau, 1806–1866*, Stuttgart, 1991.
29 Andreas SCHULZE, *Herrschaft durch Verwaltung*, Stuttgart, 1993.

domaine ou une partie d'un processus administratif. L'introduction du principe de bureau dans les administrations des Etats allemands au début du XIXe siècle est considérée comme l'un des aspects de la réforme administrative et de la modernisation de l'Etat. Le rôle qu'a joué l'irruption de l'administration française dans ce processus fait débat. S'agit-il d'un apport étranger ou d'un processus impulsé par les administrateurs allemands eux-mêmes dont les traditions et les objectifs prolongeaient les ambitions d'un absolutisme bureaucratique qui aurait vu le jour au XVIIIe siècle? Si la recherche consacrée à la Confédération du Rhin a mis en exergue l'autonomie des réformes administratives en Allemagne occidentale[30], on considère traditionnellement l'Etat prussien comme le précurseur et le modèle de ces réformes.

L'étude du fonctionnement des administrations prussiennes telles qu'elles existent au moment de l'arrivée des Français permet de prendre la mesure de la différence des principes d'organisation et des pratiques administratives françaises et prussiennes.

I. Le fonctionnement de l'administration prussienne avant la conquête française

1. L'administration prussienne d'avant 1806 – une bureaucratie?

Il y avait une spécialisation disciplinaire entre différentes administrations provinciales, comme les chambres administratives, les collèges des accises et des cours de justice, qui avaient aussi des attributions administratives autres que judiciaires. L'organisation du travail dans les chambres administratives prussiennes et autres administrations

30 Bernd WUNDER, *Die Reform der Beamtenschaft in den Rheinbundstaaten, Reformen im rheinbündischen Deutschland,* 1984, p. 181–183, ici p. 182.

provinciales pendant les dix à vingt ans précédant la conquête napoléonienne était tout sauf bureaucratique, elle était surtout collégiale. La collégialité était double, disciplinaire et décisionnelle. Un certain nombre d'objets administratifs étaient présentés au collège réuni en séance plénière, deux ou trois fois par semaine, par les conseillers responsables de ce domaine administratif. Pour chaque domaine ou discipline administratifs, il y avait deux conseillers, hormis quelques domaines réputés techniques comme la gestion forestière dirigée par le grand forestier de la province. Le conseiller qui s'était occupé d'une affaire administrative devait communiquer les pièces importantes à son coresponsable *(Co-Referent)* qui devait l'assister lors de la présentation en séance plénière pour «qu'aucune circonstance ne soit oubliée[31]». Après avoir signé le rapport, les deux conseillers étaient considérés comme responsables de son exactitude. L'idéologie de l'époque justifiait ce principe de la collégialité des administrateurs par la vision qu'on avait de l'homme en Prusse, notamment par son imperfection: l'homme parfait n'existant pas, il était nécessaire que plusieurs hommes collaborent pour arriver à une décision juste et équitable[32]. En réalité, le principe de collégialité était largement répandu en Europe et le modèle ministériel de Louis XIV apparaissait plutôt comme l'exception en Europe[33].

La spécialisation des membres des collèges était avant tout régionale. Les domaines administratifs étaient répartis entre les conseillers mais aussi les assesseurs et les référendaires, qui n'avaient pas voix au chapitre. Chacun était compétent dans plusieurs matières et avait en outre sous sa responsabilité plusieurs villes et bailliages

31 Landeshauptarchiv Sachsen-Anhalt, Magdeburg (par la suite LHASA, MD), A 7, n° 50, tableau de la répartition des départements de la chambre de guerre et des domaines du duché de Magdebourg, 1805.

32 Reinhart KOSELLECK, *Preußen zwischen Reform und Revolution,* Munich, 1989, p. 178.

33 Alexandre DUPILET, Thierry SARMANT, «Polysynodie et gouvernement par conseil en France et en Europe du XVIIe au XIXe siècle», *Histoire, économie & société*, 2007/4 26e année, pp. 51–65.

(Ämter) qu'il devait inspecter. Les villes et bailliages qu'un conseiller surveillait faisaient partie du cercle administratif *(Landkreis)* qui lui était attribué. S'il n'avait pas en charge l'inspection d'un cercle, ses administrations inférieures étaient néanmoins géographiquement proches. A côté de cette spécialisation territoriale, chaque conseiller avait une discipline «générale». Mais, à y regarder de près, ces domaines techniques étaient souvent subdivisés entre les conseillers selon un critère régional, car les disciplines «générales» avaient leur propre géographie. Citons en exemple la spécialisation du conseiller Franz, futur sous-préfet puis préfet westphalien. Inspecteur des villes de Calbe, d'Egeln et de Stassfurth, il contrôlait aussi les fermiers des domaines de Calbe, d'Egeln, d'Athensleben, de Stassfurth et de Rosenburg. A côté de cette circonscription «personnelle», qui formait un territoire cohérent, le conseiller avait un domaine de spécialisation «général» ou «disciplinaire», les travaux d'aménagement de quelques rivières, comme la Bode, la Sülze et l'Ehle. Un coup d'œil jeté sur la carte permet de s'apercevoir que ces rivières traversaient les villes et domaines inspectés par le conseiller Franz ou s'en trouvaient proches.

Nous avons essayé de mesurer l'importance relative des principes de division en prenant pour base de calcul les domaines «élémentaires» souvent regroupés arbitrairement par le collège caméral. Il ne s'agit évidemment pas d'une segmentation du travail en unités élémentaires telles que l'entendrait l'organisation scientifique du travail. Ce découpage n'indique pas non plus le volume de travail relatif de chaque unité. Ainsi, le tableau de répartition du travail de la chambre de Magdebourg contenait pour le conseiller Voigtel les attributions suivantes[34]:

34 LHASA, MD, A 7, n° 50, tableau de la répartition des départements de la chambre de guerre et des domaines du duché de Magdebourg, 1805.

N°	Conseiller	Cercle *(Kreis)*	Villes	«bailliages» *(Amter* = domaines royaux, seigneuries royales)	Commissions	Objets généraux	Corresponsable pour les objets généraux
8	Voigtel Son corresponsable Vollrath	Cercle de la Saale (Saalkreis)	Glaucha Halle Loebejün Neumarkt Wettin	1. Brachwitz 2. Giebichenstein 3. Petersberg 4. Stift Freiberg 5. Wettin	Membre de la commission du bâtiment Directoire des prisons	Affaires du sel de Halle Navigation sur la Saale Curatelle de la caisse domaniale	Conseiller Klewitz I

Sur 130 unités de travail répertoriées dans ce tableau, telles l'inspection d'un *Amt* comme Brachwitz, d'une ville comme Wettin, d'un objet «général» comme les affaires des salines de Halle (!)..., 96 (73,9%) avaient un caractère nettement régional et le nombre augmenterait sans doute encore si l'on analysait l'implantation spatiale préférentielle des différentes activités. Certaines des tâches nettement générales comme la curatelle des deux caisses principales étaient communes à parts égales à deux conseillers ainsi qu'aux directeurs: là où la responsabilité était vraiment disciplinaire, elle était collective. La division du travail des employés subalternes obéissait aux mêmes principes. Moins nombreux que le personnel supérieur, les secrétaires avaient des territoires plus vastes à traiter.

2. Les principes de recrutement

Les chambres administratives prussiennes étaient composées de deux types de personnel: les membres du collège et le personnel subalterne. L'accès au personnel des collèges des chambres administratives, cours provinciales *(Regierungen)*, collèges des accises (impôts indirects) ... supposait normalement des études universitaires avant le passage d'un examen. Cette règlementation précoce des conditions d'accès a été interprétée comme signe ou facteur de professionnalisation des serviteurs de l'Etat prussien, qui serait allé de pair avec le développement des sciences camérales. Mais le rôle des universités dans l'émergence de la figure du bureaucrate devrait être examiné de plus près, d'autant que le XIXe siècle voit s'imposer ce qui a été appelé un *Juristenprivileg*, à savoir la domination numérique des juristes dans la fonction publique allemande. Si les sciences camérales avaient joué un rôle de précurseur, les diplômés de cette discipline n'auraient-ils pas dû s'imposer?

Comme le souligne Rolf Straubel pour les serviteurs de l'Etat prussien avant 1806, les conseillers des chambres administratives des domaines et des cours provinciales de justice faisaient essentiellement des études de droit dans les universités et leurs carrières ne se séparaient qu'après leurs études. Par ailleurs, 80 à 90% des conseillers des chambres administratives se consacraient aussi aux études de droit. Les possibilités de carrière avec une formation en droit et dans le domaine de la justice étaient plus grandes et d'ailleurs, les administrateurs des chambres auraient été incapables d'assurer leur travail sans connaissances solides en droit. Avant 1806, le choix entre des études de droit et de sciences camérales était donc purement théorique, d'autant que les chaires de sciences camérales restaient temporairement inoccupées ou que les cours n'avaient pas lieu faute d'étudiants intéressés. A l'examen, on demandait des connaissances juridiques, en finances et des expériences pratiques[35]. D'autres indices contredisent également l'idée d'une marche linéaire vers le bureaucrate professionnel tracée par la Prusse.

A étudier l'origine des conseillers administratifs des provinces prussiennes rattachées au royaume de Westphalie, on constate une régionalisation du recrutement et un vieillissement du personnel. L'origine géographique des conseillers s'était modifiée également. En 1798, sept des douze conseillers étaient originaires d'une autre

35 Rolf STRAUBEL, *Beamte und Personalpolitik im altpreußischen Staat. Soziale Rekrutierung, Karriereverläufe, Entscheidungsprozesse (1763/86–1806)*, Potsdam, Verlag für Berlin-Brandenburg, 1998.

province, le plus souvent de la Marche Electorale. En 1800, ils ne sont plus que cinq. En 1808, neuf sur dix sont originaires de la province de Magdebourg. On était donc très loin d'une évolution linéaire vers une élite «nationale» de fonctionnaires capables d'unifier le royaume de Prusse[36].

La structure par âge des conseillers avait changé dans la décennie précédant la période westphalienne. Ainsi, la chambre de Magdebourg avait douze conseillers en 1798. Leur âge moyen était de 43,5 ans et ils avaient en moyenne servi le roi de Prusse pendant 19 ans. Entrés au service de ce souverain à l'âge de 24,5 ans, ils avaient fait des études universitaires. L'âge moyen et l'âge à l'entrée au service avaient tendance à se réduire, la durée du service à s'allonger. On a interprété les mêmes tendances, observées chez les membres du corps préfectoral napoléonien, comme des signes d'une professionnalisation croissante[37]. Mais l'allongement de la durée de service, effectué pour l'essentiel dans une même chambre, s'accompagnait d'un vieillissement du personnel, constaté d'une manière générale pour les provinces centrales prussiennes dans les décennies précédant Iéna[38]. Les mêmes tendances ont d'ailleurs été observées pour les provinces centrales prussiennes non incorporées dans un Etat napoléonien, moins pour les provinces périphériques[39], mais il convient de tenir compte de l'organisation récente des provinces acquises en 1803, qui conduisaient une partie du personnel des provinces anciennes à assumer des postes dans les nouveaux territoires.

Quant aux rémunérations, à ancienneté égale, le revenu des originaires d'une autre province dépassait celui des conseillers ayant effectué tout leur service dans la chambre de Magdebourg. Il semble que les

36 LHASA Magdebourg (par la suite MD), A 7, n° 41a, listes des personnels de la chambre de Magdebourg.

37 Edward WHITCOMB, "Napoleon's prefects", *in American Historical Review*, 79 (1974), pp. 1089–1118.

38 Rolf STRAUBEL, *Beamte und Personalpolitik* … pp. 285 sq.

39 Rainer DITTE, *Preußische Verwaltung in der Provinz. Entstehung, Personal, Aufgaben und Leistungen der Kriegs- und Domänenkammer in Hamm 1767 bis 1806*, 2010, p. 54.

membres des collèges aient été en mesure de négocier leur mutation avec la hiérarchie et le Directoire général. Le jeune conseiller Borsche refuse sa nomination dans la nouvelle chambre de Heiligenstadt, malgré la perspective d'une promotion précoce au rang de directeur, parce qu'il attendait 2000 Thaler au lieu de 1600. Il obtient finalement gain de cause[40]. Si les mutations semblent avoir favorisé l'ascension, on était apparemment très loin d'une grille de rémunération pour l'ensemble des agents. Le récit de la carrière de Borsche permet aussi d'entrevoir le rôle de la formation universitaire dans le déroulement des carrières. Les universités semblent avant avoir été des lieux de sociabilité où se tissaient des liens fort utiles pour le recrutement ultérieur. En tout cas, les contemporains, les gouvernements allemands autant que les Français venus en Allemagne, ne considéraient guère l'administration prussienne comme idéale.

3. Avantages et défauts du système administratif prussien selon les contemporains

Les contemporains suspectaient les membres du collège de connivence avec les fermiers, qui formaient de véritables dynasties. Chargés de la description de l'Etat prussien, les administrateurs de l'intendance générale de la Grande Armée comme Estève ne s'y trompèrent pas:

> On objectera peut-être que parmi les conseillers chargés de la surveillance des baillis, il peut s'en trouver au moins un assez clairvoyant pour pénétrer l'étendue des avantages dont jouissent les fermiers. Si cet homme existe, que peuvent ses efforts contre tant d'intérêts, contre l'opinion générale prononcée en faveur d'un système dont les avantages semblent incontestables et son effet marqué par de succès continuels? N'est-il pas présumable aussi qu'on s'efforce d'acheter un silence salutaire, et que les séductions dont on environne l'homme que l'on peut craindre, le trouvent accessible dès lors qu'il peut apprécier l'impuissance de sa bonne volonté […].[41]

40 Reinhard LUDICKE, *Samuel Gottfried Borsche. Lebensbild eines preußischen Beamten, Sachsen und Anhalt,* 1936, pp. 214–252, ici pp. 229 sq.

41 Archives nationales (A.N.) 138AP/137, mémoire de 1807 par l'auditeur au Conseil d'Etat Cabaureau.

Ces soupçons ne semblent pas avoir été complètement infondés, car la transmission des fermes royales se faisait effectivement de père en fils et il y avait de véritables dynasties de fermiers. Bien entendu, la désapprobation des pratiques administratives prussiennes pourrait être le reflet d'un impérialisme culturel français, soucieux de discréditer les systèmes en place, mais l'administration prussienne elle-même était consciente de ces dangers. En vain, les autorités centrales berlinoises avaient tenté de renforcer le contrôle sur l'administration domaniale. Ainsi, on cherchait à empêcher des rapports de parenté entre le fermier et le conseiller chargé de le contrôler. Renvoyant au président de la chambre son projet de répartition de travail, Hardenberg écrit en 1802: «[...] on a remarqué [...] en outre qu'il y avait de temps à autre parenté entre les fermiers et les conseillers du département compétent.» Mais il croit que le président, le baron d'Angern, «familier le plus précisément avec les conditions locales et personnelles» a sans doute tenu compte de ces particularités ou a procédé à dessein à cette répartition pour des raisons bien précises et serait en mesure de s'en justifier[42]. Et celui-ci avait évidemment du mal à trouver des rapports de parenté[43]. La durée du service dans un territoire donné et la multiplicité des contacts avec les administrés et administrateurs locaux semble cependant avoir favorisé le développement de relations que le gouvernement n'appréciait guère. Ainsi, nous apprenons par hasard que le beau-père du chef de la commission pour la construction des chaussées du cercle de la Saale, Franz, nommé sous-préfet de Halle en 1808, n'était personne d'autre que le fermier du grand domaine de Giebichenstein, Bartels[44].

D'un autre côté, une certaine rotation au sein même des chambres semble avoir existé. Sans être attestée par des plans de répartition

42 LHASA, MD, A 7, n° 50, Hardenberg au président de la chambre d'Angern, le 9 mars 1802.

43 LHASA, MD, A 7, n° 50, réponse d'Angern en date du 25 mars 1802: l'auteur évoque quelques cas de mariage entre des conseillers et assesseurs de la chambre qui pourraient indiquer qu'il s'agit d'un même milieu.

44 LHASA, WR, B 26, 4, n° 3, rapport du secrétaire de sous-préfecture Francke, du 27 mai 1808, en l'absence du sous-préfet qui aurait dû s'absenter car son beau-père le grand fermier Bartels serait subitement mort à Leipzig au retour de Karlsbad, où il avait pris les eaux.

régulièrement renouvelés, elle se laisse démontrer par l'analyse des correspondances des fermiers des domaines royaux avec les chambres administratives. En fait, un conseiller administratif était responsable du contrôle d'un domaine royal pendant trois à cinq ans.

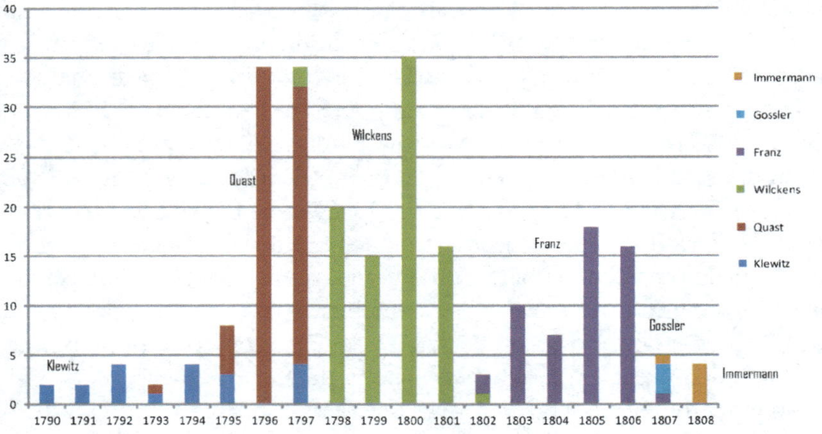

Figure 1 : La correspondance du Domänenamt Rosenburg avec les conseillers administratifs de la province de Magdebourg.

Les collèges caméraux n'étaient guère les exécutants zélés de la volonté du gouvernement dès qu'il s'agissait de mettre en œuvre des réformes; ces résistances ont d'ailleurs été décrites également pour les provinces laissées à la Prusse après Tilsit, notamment face aux réformes de Hardenberg. Abolir le principe de la décision collégiale signifiait aussi briser la résistance collective des administrateurs. Il ne faut guère s'étonner alors que des réformateurs prussiens comme Hardenberg, faisant face à des chambres provinciales réticentes[45], fussent envieux du système français.

45 Alexander von WITZLEBEN, *Staatsfinanznot und sozialer Wandel. Eine finanzsoziologische Analyse der preußischen Reformzeit zu Beginn des 19. Jahrhunderts*, Stuttgart, 1985, p. 161.

II. La mise en place de l'administration napoléonienne

1. Les principes français en matière d'administration

Les administrations napoléoniennes mises en place en Allemagne se caractérisaient par une certaine diversité et différaient sous certains aspects du modèle français ou en tout cas de l'administration telle qu'elle existait en France au même moment. Ces différences d'un Etat à l'autre concernaient la taille et les rapports numériques entre les différentes circonscriptions, mais aussi les attributions des fonctionnaires. Le tableau suivant en donne un bref aperçu, qui ne saurait être exhaustif.

	L'ancienne France[46]	Départements rhénans, hanséatiques, Ems oriental[47]	Grand-duché de Berg	Royaume de Westphalie
Population moyenne des cantons	10 000	10 000	10 000	5 000 Mairies de canton de 7 000 habitants en moyenne à partir de 1809
Population moyenne des communes	750	3 500	3 500	700
Le gouvernement nomme	Les maires des communes de plus de 5 000 habitants	Les maires des communes de plus de 5 000 habitants	Tous les maires	Tous les maires
La fonction de maire	Durée de 5 ans (renouvelable)	Durée de 5 ans (renouvelable)	Non limitée	Non limitée (après une première révision)

46 Marie-Vic MARIGNIER-OZOUF, Nicolas VERDIER, *Le Canton d'hier à aujourd'hui. Etude cartographique d'un maillage. In Le canton, un territoire du quotidien*, Rennes, 2009, pp. 281–296.

47 Nicola TODOROV, «Le transfert du canton dans l'Allemagne napoléonienne», *in Le Canton, un territoire du quotidien*, Rennes, 2009, pp. 61–72, ici p. 70.

Au-delà des spécificités de chaque territoire, l'administration napoléonienne était caractérisée par un certain nombre de principes, qui, en France, n'avaient pas tous vu le jour à l'époque de Napoléon, à savoir

– le principe de la division du travail davantage disciplinaire que régional: la bureaucratisation au sens strict du terme;
– le principe monocratique (ou de la responsabilité unique), qui remplace ou réduit drastiquement le principe collégial;
– le principe du rendement, qui se manifeste entre autres par l'hostilité à la bureaucratisation au sens large;
– la plus forte hiérarchisation des administrateurs de métier.

La division du travail davantage disciplinaire que régionale se traduisait par la création de directions départementales sous le contrôle direct de leurs ministères de tutelle. Pour les administrateurs, cela signifiait concrètement que les différents membres des collèges caméraux se retrouvèrent soit à la tête d'une préfecture ou sous-préfecture, soit à celle d'une direction départementale. Au sein même des préfectures, la division en bureaux était progressive dans les différents départements westphaliens, mais aussi le territoire réservé d'Erfurt[48].

On associe traditionnellement le préfet au système napoléonien, mais en réalité, ce principe monocratique concernait la plupart des domaines administratifs. Les directeurs des contributions directes et indirectes, des domaines, les conservateurs des eaux et forêts étaient seuls responsables de leurs actions. Le principe collégial et délibératif fut réduit à la portion congrue et dans certains cas, comme celui du royaume de Westphalie, de moins en moins respecté: les conseils généraux, se virent retirer de fait certaines attributions, comme la répartition des impôts départementaux ou ne furent tout simplement plus convoqués, de même que les collèges électoraux. Seuls les conseils municipaux firent exception.

48 LHASA, WR, B 37, Anhang III, B 5, listes nominatives du personnel.

L'administration napoléonienne était caractérisée par le principe du rendement[49]. Le nombre d'administrateurs par administré était relativement faible et les circonscriptions administratives assez grandes. Conjugué au principe de division disciplinaire du travail, ce principe du rendement conduisait à un éloignement de l'administrateur de l'administré et à une dépersonnalisation du travail administratif. Par ailleurs, l'administration napoléonienne reposait largement sur des administrateurs communaux, qui n'étaient pas à la charge du trésor public.

La création de départements de superficies proches en 1790 visait à uniformiser le maillage administratif et obéissait à certains principes comme l'accessibilité du chef-lieu. Mais dès le début, les circonscriptions territoriales étaient inégales par leur poids démographique. Avec la création des préfets, on pouvait ainsi établir une hiérarchie entre les préfets et des sous-préfets. En Westphalie, on appliqua le même principe au niveau cantonal, en créant des unités démographiquement inégales, sans que le principe de l'accessibilité du chef-lieu puisse justifier ce découpage. Mais cela permit de créer trois échelons de juges de paix, dont la rémunération progressa de 800 à 1200 francs[50].

2. Les pratiques de recrutement

La comparaison des pratiques de recrutement est sans doute difficile dans la mesure où il s'agissait d'une situation exceptionnelle de conquête. Napoléon avait mis en garde contre le recrutement de Français. Mais les ministres des Etats satellites apprécient la venue de Français, «pour faire marcher les institutions françaises». Les demandes d'autorisation à servir à l'étranger que Napoléon impose par le décret du 26 août 1811 permettent de savoir que 200 Français servent le roi de Westphalie: au moins 30% ont obtenu leur poste grâce à la recommandation d'un ami ou d'un parent, ce qui n'était pas considéré comme illicite ou critiquable, car l'autorité qui a compilé une liste de tous les demandeurs en

49 Guy THUILLIER, Jean TULARD, *Histoire de l'administration en France*, Paris 1984, p. 26.

50 Nicola TODOROV, «Le canton ...» pp. 61–72.

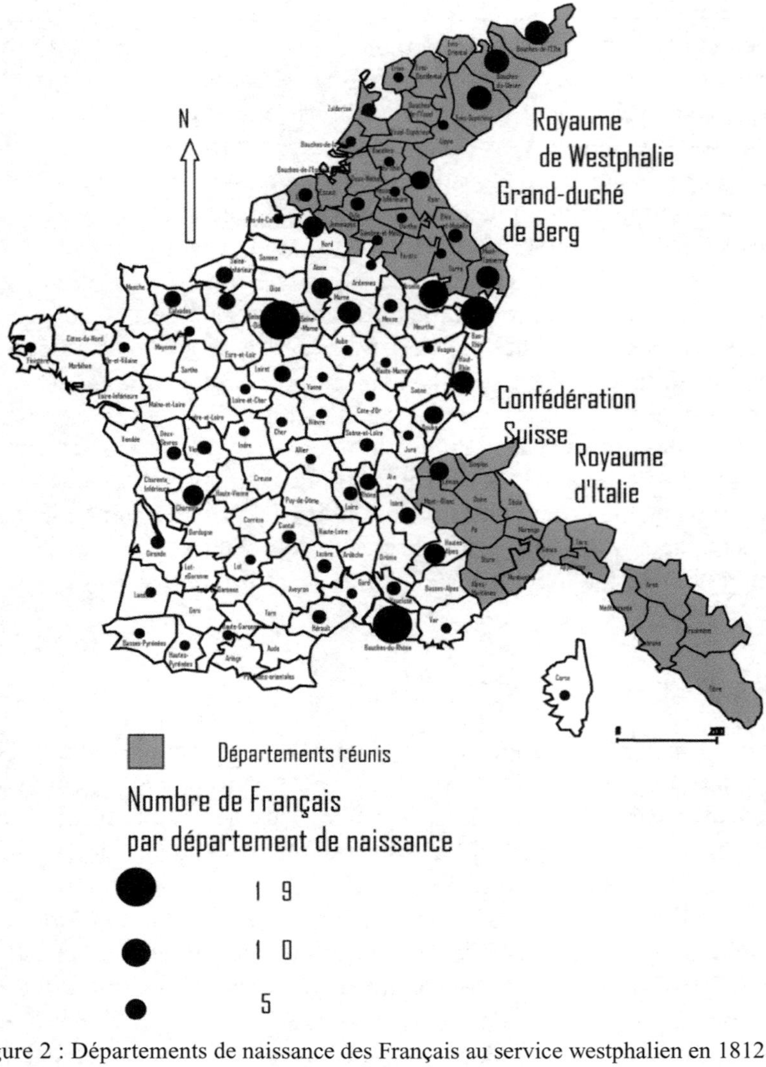

Figure 2 : Départements de naissance des Français au service westphalien en 1812.

fait mention ouvertement. Une partie de ces Français avait la même origine géographique, pas forcément limitrophe de l'espace germanique, ce qui semble indiquer que les bonnes relations jouaient un rôle. De la part des Allemands, on exige des réponses à un questionnaire, comportant une question sur les études.

L'organigramme de l'administration napoléonienne conduit à une recomposition du personnel. On a souligné la relative médiocrité des traitements comparés au système antérieur[51]. Du point de vue de l'expérience individuelle, le déclassement ou la stagnation ne sont ressentis que par le personnel des anciennes autorités provinciales, qu'il s'agisse des directeurs des postes, des forestiers, de certains conseillers des chambres et des juges des cours provinciales. Une partie des anciens juges inférieurs accèdent à l'échelon des tribunaux de district ou d'arrondissement, laissant place à l'échelon devenu celui des juges de paix, au personnel subalterne. En réalité, entre 20 et 40% des juges de paix des départements français de la rive gauche du Rhin, du grand-duché de Berg et du royaume de Westphalie n'appartenaient qu'au personnel subalterne et percevaient un traitement supérieur à celui d'avant la période napoléonienne[52]. Cette revalorisation des échelons les plus bas de la hiérarchie administrative s'observe dans plusieurs administrations.

III. La résistance administrative

1. Les critiques des administrateurs allemands

Alors qu'on présente le système administratif français mis en place en Allemagne comme moderne, dans la mesure où certains de ses principes seront promis à un bel avenir, il a été critiqué par les administrateurs allemands. Les causes de ces résistances étaient de deux ordres: d'un côté, des administrateurs proches des élites traditionnelles cherchaient

51 Stefan BRAKENSIEK, *Fürstendiener, Staatsbeamte, Bürger. Amtsführung und Lebenswelt der hessischen Ortsbeamten 1750–1830*, Göttingen, 1997.

52 Nicola TODOROV, «Le transfert du canton», pp. 61–72.

à empêcher les réformes napoléoniennes; de l'autre, leur résistance était celle, traditionnelle, de salariés opposés à leur employeur. Ils se plaignaient notamment de la surcharge de travail, de la faiblesse des rémunérations et des moyens financiers alloués.

Le sous-préfet de Stendal consacre, si l'on en croit l'état qu'il a en fait, l'essentiel de ses dépenses (82%) au paiement des employés. Mais celles-ci ne sont couvertes qu'en partie par les frais de bureau. La différence provient du traitement du sous-préfet: presque 1400 francs. Le sous-préfet de Stendal se plaint au préfet: «[…] en dehors de mon traitement, j'aurais encore à payer de ma poche 2900 francs en espèces, et ne garderais rien pour un travail des plus pénibles de douze à quatorze heures par jour[53]». Il propose alors d'obliger les jeunes diplômés de l'université à travailler gratuitement pendant un certain temps dans les préfectures et sous-préfectures, comme ce fut l'usage dans les chambres administratives. Les sous-préfets demandent l'augmentation des allocations de frais de bureau, ce qui leur permettrait d'embaucher davantage de personnel. Par ailleurs, la création des mairies de canton en Westphalie souhaitée par les préfets et les tentatives de faire de l'échelon municipal un échelon administratif bureaucratique, donc professionnel, visaient à alléger le travail des préfets.

Rarement, le système administratif en soi est contesté ouvertement, mais il y a au moins un cas où une volonté de restauration des anciens principes a été thématisée. Le ministre des finances de Westphalie, Bülow, soumet un projet de réorganisation de l'administration postale qui permettrait de «préserver l'Etat d'une foule de sujets impropres», visant en fait sans les nommer les Français, placés aux postes clés[54]. Dans l'une des réponses aux critiques de son ministre de tutelle sur la lenteur des communications, le directeur général des postes, le Français Pothau, fait apparaître les critiques de Bülow comme une contestation

53 LHASA, WR, B 18, I, n° 187, lettre au préfet, 1809; dans cette lettre, l'augmentation des frais de bureau est encore motivée par le manque d'expérience des maires dans l'exercice de l'écriture, qui justifierait des frais d'imprimerie.

54 Nicola TODOROV, «Vaincre la résistance administrative. Le combat pour l'application de la législation française», *Conflits d'Empire. Les Cahiers du GERHICO*, 9, textes rassemblés par Natalie PETITEAU, Poitiers, 2006, pp. 30–60, ici pp. 52–53.

même des principes d'organisation français et impute au ministre une volonté restauratrice. Pour le directeur général, le projet du ministre consiste à «créer un collège, une chambre des postes, délibérant sous la présidence du Directeur général; tandis qu'il est reconnu», argumente-t-il, «qu'en administration l'action doit être une et jamais délibérante, tandis que partout la délibération est aujourd'hui exclue de l'administration [...] Il est évident que ce collège, cette chambre délibérante une fois établie, ce sera un premier pas de fait et dont on pourra partir. Les préfets, les sous-préfets et tous les administrateurs actuels deviendront des présidents, et leur responsabilité étant par-là atténuée, tous les ressorts de l'administration se relâcheront. Si ce premier projet était adopté, on pourrait dire qu'on rétablit en Westphalie ce qui se détruit partout[55]».

2. *La restauration des principes administratifs prussiens*

Souvent présenté comme un modèle pour les voisins de la Westphalie[56], le système westphalien fut aussi critiqué par des administrateurs prussiens. Observant de la rive droite de l'Elbe la mise en place du nouvel Etat, le conseiller Koepken rédigea un mémoire comparant les administrations générales westphalienne et prussienne pour contribuer aux réflexions sur la réforme administrative en Prusse. Son verdict sur l'administration westphalienne était sans appel: la charge de travail des préfets, trop peu nombreux et soutenus uniquement par des employés engagés par un contrat privé et précaire, serait trop importante. Il faudrait, selon lui, transformer les bureaux de préfecture en un collège composé de fonctionnaires à vie, et donc rétablir le système prussien, quitte à

55 Geheimes Staatsarchiv Berlin, HA. V, B 26, n° 1 Commentaire de Pothau.

56 Peter BURG, *„Geflissentlich beim Feinde Dienst gesucht“ – Die Karrieren großherzoglich bergischer und königlich-westphälischer Beamter deutscher Herkunft*, *in* Gerd DETHLEFS, *Modell und Wirklichkeit. Politik, Kultur und Gesellschaft im Großherzogtum Berg und im Königreich Westphalen 1806–1813*, Ferdinand Schöningh, Paderborn, 2008, p. 154.

donner un peu plus de poids à ce «président» que dans les chambres prussiennes[57]. Il estime:

> Quand on suit la voie administrative telle qu'elle sera et ne peut que l'être dans la vie réelle selon la constitution westphalienne, il apparaît que l'on demande au préfet davantage que ne peuvent le fournir ses forces physiques [...] Ainsi, la réalisation de toutes les obligations qu'on lui impose constitue une vraie impossibilité physique[58].

On peut évidemment se demander comment les préfets et sous-préfets de l'ancienne France, face à un nombre de maires non professionnels aussi grand qu'en Westphalie, mais sans l'échelon intermédiaire des maires de canton et sans des mairies aussi grandes que dans les territoires réunis à la France ou dans le grand-duché de Berg, réussirent à faire le travail que Napoléon leur demandait.

On ne s'étonnera guère qu'après la défaite de Napoléon, ces administrateurs prussiens, chargés de réintégrer les provinces conquises firent table rase de l'administration napoléonienne. La collégialité fut réintroduite, mais le nombre de tâches administratives pour les conseillers augmenté. Ceux-ci continuaient à s'y opposer, comme en témoigne l'extrait suivant d'un mémoire adressé au directeur de la *Regierung* de Magdebourg:

> Lorsqu'un serviteur de l'Etat doit raisonnablement administrer ses affaires, la quantité de celles-ci doit être proportionnelle aux forces du travailleur. Tout excès aura des inconvénients pour le service. Les affaires restent non traitées ou seront traitées à la va-vite. Tout usage démesuré des forces entraîne du relâchement. Dans cet état, on ne fournit pas de travail solide. Lorsqu'on continue à lui demander des efforts, un affaiblissement total s'ensuit et l'administrateur autrement si utile est perdu pour la cause de l'Etat. Il finit par végéter, devenant un fardeau pour soi-même et les siens. Cette vérité dite en peu de mots, qui parle à l'entendement et au cœur de toute personne qui réfléchit, mérite d'être prise en compte par ceux à qui il revient d'assigner la quantité de travail.[59]

57 LHASA, MD, A 9b, XIV, n° 3, mémoire en date du 13 mars 1810.
58 LHASA, MD, A 9b, XIV, n° 3, mémoire du conseiller Koepken, Burg, le 13 mars 1810.
59 LHASA, MD, C 28, Ia, n° 2, 5, 1816.

Conclusion

La division disciplinaire du travail, la bureaucratisation semble avoir été un moyen pour discipliner le bureaucrate, pour le contrôler. Par conséquent, il la subit et n'en est pas l'organisateur. Ce processus, qui a des avantages et des inconvénients, dépersonnalise le travail administratif et anticipe d'une certaine façon l'organisation scientifique du travail, appelée aussi taylorisme, de l'industrie. Par la segmentation des tâches, elle diminue l'autonomie du travailleur, qui ne l'apprécie guère. Sous Napoléon, cette mise au pas de l'administrateur fut utilisée pour moderniser la société. Mais si l'on considère avec Max Weber l'Etat comme un instrument, il faudrait être conscient que les bureaucrates pouvaient être utilisés à d'autres fins. Si les administrations provinciales prussiennes furent de plus en plus divisées en «départements» disciplinaires, la collégialité ne fut supprimée qu'en 1932[60]. La machine était alors prête à être détournée par un autre régime…

60 Stefan KARNOP *et al.*, *Der Regierungsbezirk Magdeburg und seine Geschichte*, Magdeburg, 1998, p. 47.

Le modèle napoléonien du fonctionnaire ministériel: une formalisation inachevée

Igor Moullier
ENS Lyon/LARHRA

Maurice Block, dans l'article «Organisation administrative» du *Dictionnaire général de la politique*, affirmait: «Il y a peu ou pas en France de mesures prises pour assurer le recrutement d'individus convenablement préparés pour leur fonction[61]». A la lumière du modèle allemand: une science administrative très tôt constituée, des systèmes d'examens, une codification précoce, un statut du fonctionnaire, la France apparaissait singulièrement en retard concernant la professionnalisation du statut des fonctionnaires. Peut-on parler pour autant d'un retard, quand le modèle administratif napoléonien démontre tout au long du 19e siècle son efficacité et ses capacités d'adaptation aux différents changements de régime? Il apparaît donc préférable de se défaire d'une lecture simpliste des théories de la rationalisation wébérienne appliquées aux métiers de l'Etat. La formalisation tardive des métiers et des savoirs d'Etat en France répond à des choix et des arbitrages conscients, entre nécessités organisationnelles et contraintes politiques. A l'époque napoléonienne, il n'existe pas de métier codifié de fonctionnaire mais bel et bien une carrière relativement balisée, pas de savoirs formalisés mais des compétences liées à un mode d'action particulier. L'influence de ce modèle reste durable pendant une bonne partie du 19e siècle.

61 Maurice BLOCK, *Dictionnaire général de la politique*, Paris, Lorenz, 1863–1864, t. 2, p. 421.

1. Le «métier» de fonctionnaire sous la Révolution et l'Empire

La question du statut des employés de la fonction publique alimente de nombreux débats durant les périodes révolutionnaires et impériales. Comme C. Kawa le montre bien, les révolutionnaires se refusèrent toujours à voter un statut pour les employés de l'Etat[62]. Elle pointe cependant l'existence d'un possible «statut coutumier», lié aux conditions de recrutement et de carrière: même si ceux-ci restaient soumis à l'arbitraire et au favoritisme, plusieurs régularités apparaissent: une nomenclature garantissant l'uniformité des salaires est mise en place, des pensions sont versées aux commis les plus anciens, des secours ou des gratifications sont accordés aux employés méritants et nécessiteux. Tout en s'efforçant de limiter les dépenses ministérielles – le salaire maximum des bureaux est ainsi fixé à 8 000 francs en juin 1792 – les assemblées révolutionnaires s'efforcent d'encourager la fidélité des employés.

La Révolution marque un vrai renouvellement dans la constitution du groupe: les deux tiers des employés de la période considérée ont été recrutés après 1790. Leur âge moyen est de 35 ans, et beaucoup (près de la moitié) ont déjà une expérience juridique administrative. Ils sont originaires en majorité de la France du Nord, et de la petite bourgeoisie urbaine. L'existence de compétences solides des employés à leur entrée au ministère semble donc bien établie pour le ministère de l'Intérieur. C'est même, selon C. Kawa, une caractéristique identitaire essentielle: «C'est probablement la compétence et la formation qui constituent les traits communs les plus nets permettant d'envisager les employés comme un ensemble[63]».

62 Catherine KAWA, *Les Ronds de cuir en Révolution: les employés du ministère de l'Intérieur sous la Première République, 1792–1800*, Paris, Ed. du CTHS, 1997.

63 C. KAWA, *op. cit.*, p. 341.

Les perspectives de carrière qu'ils trouvent au ministère de l'Intérieur varient selon leur rang d'entrée. En effet, si les conditions offertes étaient bien meilleures que dans les autres emplois salariés, les perspectives d'évolution étaient faibles. 80% des garçons de bureau ne dépassèrent jamais ce grade. A l'inverse, la plupart des chefs de division sont entrés directement à ce grade.

Malgré les incertitudes politiques et le refus des assemblées de donner un statut définitif aux employés, ceux-ci ont-ils développé un esprit commun? C. Kawa dégage deux facteurs de cohésion du groupe: l'engagement politique et citoyen, et la trajectoire sociale. La recension de près de 500 ouvrages écrits par 75 employés du ministère de l'Intérieur montre un engagement fort dans les débats du temps, autour de l'idée de progrès technique et moral hérité des Lumières, qui les classe parmi les Républicains libéraux et modérés. Cette constatation est renforcée par l'étude de la trajectoire sociale des employés: issus de la petite bourgeoisie urbaine, ils se caractérisent par le fait que le salaire représente la majeure partie de leurs revenus. Les deux tiers d'entre eux laissent une succession inférieure à 5 000 francs. Le passage par l'administration représente pour eux un palier dans une stratégie à long terme, qui a le mérite d'offrir une grande sécurité. La période révolutionnaire offre en fait l'image d'un groupe en formation, qui saisit dans le service de la bureaucratie d'Etat une nouvelle voie de promotion sociale: la moitié des fils des employés du ministère s'engage à son tour dans l'administration, pour faire fructifier le capital intellectuel et social acquis par leurs pères.

Cette naissance d'une carrière administrative, perçue comme telle, se manifeste dans l'existence d'un groupe spécifique: celui des surnuméraires. Ceux-ci jouèrent souvent le rôle de variable d'ajustement dans la gestion du personnel: ils venaient combler le manque d'effectifs ressenti dans certains bureaux et représentaient un moyen de former de nouveaux employés. Le statut des surnuméraires n'était pas juridiquement défini, mais un certain nombre de traditions avait été établies. On en trouve la synthèse dans le projet de rapport de Lacuée au conseil d'Etat, en l'an VIII, sur l'organisation des bureaux des ministères, dont un article portait que les surnuméraires ne pouvaient recevoir une gratification annuelle supérieure à 600 francs[64]. L'existence des surnuméraires était ainsi reconnue officiellement, mais les ministères continuèrent à gérer de manière discrétionnaire ce type d'employés.

En 1807, Champagny fixa aux chefs de division la conduite à suivre sur ce sujet: «Son intention est que, quoique leurs fonctions soient gratuites, ils les remplissent avec la plus grande exactitude; et sa résolution est de n'en garder aucun qui ne donnerait pas l'exemple d'une assiduité régulière et d'une docilité parfaite aux ordres des chefs de bureau auxquels ils sont subordonnés[65]». Les chefs de division et de bureaux restaient favorables à une solution qui remédiait au manque de personnel, et pouvait aussi être un moyen de s'assurer les bonnes grâces des familles sollicitantes.

Pour les candidats, le surnumérariat représentait un tremplin pour une carrière dans l'administration. Un exemple célèbre illustre ces possibilités. Prosper de Barante entra en mars 1802 comme surnuméraire à la 1ère division[66]. Son père avait été nommé préfet de l'Aude grâce au soutien du consul Lebrun, puis préfet du Léman. Prosper de Barante avait été reçu à l'Ecole Polytechnique en 1798. Le surnumérariat n'était pour lui qu'un passage provisoire, une manière de montrer son allégeance au régime et d'acquérir une expérience qui lui permettrait de postuler à des fonctions plus importantes. Barante décrit ainsi son activité au ministère: «J'étudiais le droit, tout en m'occupant de la besogne routinière du bureau, je cherchais à me faire des idées générales de législation et d'économie politique[67]».

Outre la protection de Lebrun, Barante bénéficia également de l'amitié de Benoist, et de la bienveillance de Chaptal. Chaptal accorda un congé à Barante pour affaires: «Je verrai avec plaisir qu'à votre retour, vous repreniez près de moi vos occupations en vous acquérant

64 J.G. LACUÉE, *Projet d'arrêté relatif à l'organisation des bureaux des divers ministères*, 21 prairial an IX, Archives du Conseil d'Etat, section des finances, n° 249.

65 Centre historique des Archives nationales (désormais A.N.), F1bI 6, 8 janvier 1807.

66 Antoine DENIS, *Amable-Guillaume-Prosper Bruguière de Barante (1782–1866). Homme politique, diplomate et historien*, Paris, Champion, 2000.

67 Prosper de BARANTE, *Souvenirs*, Paris, Calmann-Lévy, 1890, t. I, p. 88.

des droits particuliers à mon estime. Votre application vous donnera des titres à la bienveillance du gouvernement et je saisirai volontiers les occasions de les faire valoir[68]». La faveur particulière dont pouvait jouir Barante, grâce à ses protections, est révélée par le fait qu'il apparaît dans les états de l'an XII comme surnuméraire appointé à 1 500 francs, au-dessus du plafond traditionnellement en vigueur.

Le 11 mars 1806, Barante fut nommé auditeur au conseil d'Etat et entama une carrière administrative classique et fructueuse, d'abord comme intendant dans les provinces conquises, à Danzig puis Breslau. En 1807, il fut nommé sous-préfet de Bressuire, et en 1809 préfet de Vendée, poste sensible qui montrait que Napoléon avait confiance en son tact. Harmand d'Abancourt, entré au ministère le 18 août 1807 comme surnuméraire, en sortit le 30 mars 1809 comme sous-préfet de Loire-Inférieure. Il fut ensuite préfet des Hautes Alpes en janvier 1814, du Puy de Dôme en juillet 1815, de la Corrèze en avril 1817.

Barthélémy, dans ses *Souvenirs*, souligne que le surnumérariat supposait de pouvoir compter sur des ressources extérieures[69]. Entré dans les bureaux de la préfecture de la Roer auprès d'Alexandre de Lameth, il passa au ministère de l'Intérieur en 1809.

«Ma place au ministère ne me procurait aucun traitement, parce que j'avais déclaré en entrant vouloir suivre la carrière administrative et non celle des bureaux. Je trouvais là un chef bienveillant, M. Benoist, et il me distingua promptement grâce à mon assiduité qui contrastait singulièrement avec la négligence de mes collègues[70]».

Son but, comme pour un certain nombre de jeunes gens de l'époque, est d'être nommé auditeur au conseil d'Etat, «qui était alors le but visé par tous ceux qui, dans la jeunesse française, voulaient se faire une carrière[71]». Il cultive pour cela ses relations politiques, notamment auprès de Defermon, qui l'oriente vers l'administration des droits réunis. Il obtient grâce à sa connaissance de l'allemand la sous-préfecture de Lunebourg en 1811. L'importance de la fonction d'auditeur au conseil

68 A.N., F^{1bI} 11, lettre du 19 fructidor an X.
69 H.C.F. de BARTHÉLÉMY, *Souvenirs d'un ancien préfet*, Paris, Dentu, 1885.
70 BARTHÉLÉMY, *op. cit.*, p. 50.
71 *Ibid.*

d'Etat apparaît donc essentielle et avait été conçue par Napoléon pour attirer des jeunes gens brillants en leur fournissant une voie d'accès accélérée vers la haute fonction publique. Le conseil d'Etat servit ainsi de lieu d'apprentissage des affaires de l'Etat.

Mais tous les surnuméraires ne connaissaient pas une carrière aussi brillante. Un surnuméraire faisait son entrée à un stade très bas dans la grille des salaires, et ne pouvait guère espérer monter très haut par la seule ancienneté. Sans protection, ses perspectives étaient donc très faibles. Ainsi, Ferdinand Arbey entre comme surnuméraire au bureau d'administration générale en 1808, sans traitement, puis avec un traitement de 900 francs l'année suivante[72]. Bien qu'il affirme dans ses lettres avoir rempli des fonctions équivalentes à celles de rédacteur, il est nommé seulement expéditionnaire, à 1 200 francs. En 1815, il reste à ce même grade, avec un traitement de 2 000 francs. Son évolution au sein du ministère de l'Intérieur reste très limitée et révèle les limitations inhérentes à la carrière des employés par la voie ordinaire.

Une grille des traitements fixe ne se mit en place qu'en 1809 sous le ministre Crétet. Les observations préliminaires à son arrêté révèlent à quels points les employés du ministère étaient encore loin d'un véritable statut de fonctionnaire, au sens actuel du terme. Le ministre dit en effet avoir constaté «l'extrême disproportion qui existe entre les traitements des employés du ministère à grade égal», «la grande variété des qualifications et désignations d'emploi» et «l'insuffisance, dans le moment présent, du traitement de quelques employés dont les services, quoique récents, sont d'une utilité réelle[73]». Seuls les chefs de division et de bureau jouissaient de traitements confortables et peu sujets à variation. Le second point obscurcissant les perspectives d'une évolution de carrière était que pour la plupart des employés, tout espoir de promotion était lié au départ, pour retraite ou promotion, de leur supérieur hiérarchique. Beaucoup devaient se contenter d'une place modeste, parce que les emplois supérieurs étaient déjà pourvus et que ces postes subissaient peu de changements. De plus, les ministres étaient peu portés à

72 Voir son dossier personnel, A.N., F^{1bI} 261^2.
73 A.N., F^{1a} 1968^4, arrêté du 21 avril 1809.

accorder des augmentations de salaires. Ils étaient au contraire attachés à démontrer leur capacité d'économie en présentant dans leur budget des frais de bureaux qui n'augmentaient pas, ce qui était le meilleur moyen de prouver de prévenir tout retour de la «bureaucratie», excès qui avait caractérisé la période révolutionnaire.

Un exemple de la situation décrite par Crétet est fourni par une plainte de Bocquet, chef du bureau d'expédition en l'an XIII, au secrétaire général Gérando: «J'ai souvent entretenu M. de Gérando de l'inégalité qui existe dans la répartition des appointements des employés du secrétariat. Je lui ai toujours dit qu'il ne me paraissait pas juste que ceux de mon bureau n'eussent que 2 400 francs tandis que ceux de l'enregistrement ont 3 000 francs. Il est de fait qu'ils sont aussi occupés les uns que les autres, qu'ils ont autant de zèle et d'intelligence et qu'ils sont très disposés à faire tout ce qu'on pourra leur demander[74]».

Les employés étaient donc largement dépendants du bon vouloir du ministre pour obtenir une amélioration de salaire, soit sous forme permanente, soit sous la forme d'une gratification de fin d'année. Les lettres qu'ils adressent au ministre témoignent de leur intériorisation de la situation. Elles intègrent entièrement l'absence de statut et de critère fixe de recrutement: elles font appel à la bonté ou à la justice du ministre, mettent en avant le zèle plus que les compétences, et font donc de l'emploi occupé au ministère une relation personnelle, dépendante de la seule volonté du ministre, qui s'inscrit dans une «vassalisation» ou une «reféodalisation» de l'administration napoléonienne[75]. Gébert, pour remercier Chaptal de l'avoir conservé au ministère après la réforme de l'an X, écrivait ainsi: «J'ai l'honneur de vous faire mes sincères remerciements de m'avoir compris au nombre des Elus *(sic)* et surtout de m'avoir autorisé à continuer le même travail dont j'ai été chargé jusqu'à présent. Ma reconnaissance est infinie et se justifiera par mon zèle et mes soins à me rendre utile dans mes fonctions[76]».

Pour William Reddy, l'environnement social et culturel rendait les employés sensibles à la défense d'un «code de l'honneur», dont les

74 A.N., F^{1a} 634, 1er ventôse an XIII.

75 Pierre LEGENDRE, *Trésor historique de l'Etat en France*, Paris, Fayard, 1992.

76 A.N., F^{1bI} 6.

critères différaient radicalement de ceux que l'on applique aujourd'hui à la fonction publique: «dans la pratique des bureaux, l'honneur et le mérite demeuraient attachés à l'identité personnelle d'un fonctionnaire en tant que membre d'une famille ou d'une parenté précise, ainsi que comme patron ou client d'un réseau spécifique d'individus. Souvent le «mérite» supposait justement l'aptitude à exploiter ces liens, à rendre de loyaux services à ses parents et autres protecteurs[77]». La bonne réputation était aussi pour les employés la meilleure garantie de conserver leur emploi. Toujours selon W. Reddy, «dans la nouvelle fonction publique, la troublante insécurité engendrée par la liberté contractuelle était atténuée grâce à d'envahissantes pratiques faisant jouer les liens personnels. Des réseaux privés de parenté et d'influence s'approprièrent dans une certaine mesure les fonctions administratives. Ces pratiques étaient sans doute abusives, mais elles l'étaient de manière à rendre les employés des bureaux beaucoup moins enclins à réclamer des critères de rendement clairs ou des systèmes d'évaluation plus explicites[78]». Lorsque les employés écrivaient eux-mêmes au ministre, ils mettaient d'abord en avant leur situation personnelle. Ferdinand Arbey présenta ainsi au ministre toute la gamme des arguments possibles. Le premier était l'ambition de servir et de voir ses mérites reconnus:

> Le moment approche où j'ai lieu d'espérer de voir changer ma situation. Dès longtemps je la trouvais pénible, mais elle l'est devenue davantage depuis la nouvelle organisation que Votre Excellence a fait au mois de septembre dernier. Jusqu'à ce moment, l'espérance m'avait soutenu, mais en la voyant s'évanouir j'ai senti plus vivement combien il est humiliant de rester à l'âge de 35 ans expéditionnaire à 1 200 francs comptant plus de 9 ans de service, et après avoir fait des fonctions de rédacteur pendant trois ans dans le bureau d'administration générale.[79]

77 William H. REDDY, «Mériter votre bienveillance: les employés du ministère de l'Intérieur de 1814 à 1848», *Le Mouvement social*, n° 170, janvier-mars 1995, p. 8, et du même auteur *The Invisible Code. Honor and Sentiment in Postrevolutionary France, 1814–1848*, Berkeley, University of California Press, 1997. Voir plus récemment sur cette question Ralph KINGSTON, *Bureaucrats and bourgeois society: office politics and individual credit in France, 1789–1848*, Londres, Palgrave Macmillan, 2012.

78 «Mériter votre bienveillance», *art. cit.*, p. 37.

79 A.N., F^{1bI} 261^{2}.

Le second était l'avis de ses supérieurs:

> M. Benoist a eu la bonté au commencement de cette année d'appuyer une réclamation que j'adressais à Votre excellence. Il a même daigné, Monseigneur, vous rendre un compte satisfaisant de mon travail, et Votre Excellence a répondu qu'elle était dans l'intention de ne rien changer à son organisation jusqu'au mois de janvier prochain.

Le troisième était le zèle personnel:

> J'ose, Monseigneur, me rappeler au souvenir de Votre Excellence et la supplier de vouloir bien m'accorder, d'abord une gratification que je crois avoir méritée, par mon exactitude et le travail extraordinaire dont le bureau d'administration générale a été chargé depuis cette année (les gardes nationales et la conscription); ensuite 2 000 francs de traitement. Je ne me suis pas absenté un seul jour; je suis revenu plusieurs fois extraordinairement, enfin j'ai fait tous mes efforts pour me rendre digne de la sollicitude de Votre Excellence.

Le dernier enfin était la situation familiale: «Mon épouse est enceinte, j'envoie tous les ans 250 francs à mon père; l'imposition extraordinaire qu'il doit payer cette année m'oblige à venir à son secours; une gratification peut seule me mettre à même de m'acquitter de ce devoir.»

Le patriotisme ou la fidélité politique étaient des arguments plus rarement employés. Ils réapparaissent surtout dans la période 1814–1815. En mars 1814 par exemple, Blanchard, sous-chef au bureau d'agriculture, se plaignait de ne pas avoir reçu de gratification. Il commençait classiquement par mettre en avant son ancienneté comme garant de son zèle au travail: «je représenterai seulement à Votre Excellence que je suis sous-chef depuis près de 22 ans et que dans mon travail j'ai souvent mérité quelques applaudissements[80]». Il ajoutait ensuite qu'à près de soixante ans, il avait dû faire la dépense d'un habit de garde national, puis, ayant été jugé inapte au service, avait dû faire la même dépense pour son fils qui l'avait remplacé. La demande était adaptée aux circonstances et aux derniers sursauts de l'Empire lors de la campagne de France[81].

80 A.N., F^{1bI} 11–14.

81 Jacques-Olivier BOUDON, *Napoléon et la campagne de France. 1814*, Paris, A. Colin, 2014.

C'est surtout avec la Restauration que la dimension politique réapparaît dans les justifications des employés. On donnera l'exemple de Jean-Baptiste Cindrieux, chef du bureau des poids et mesures, qui présentait ainsi sa situation en mai 1814: «Je suis un des plus anciens chefs de bureau du ministère de l'Intérieur. L'abbé de Cindrieux, conseiller au parlement de Rouen et qui est mort émigré, était mon frère. Mes opinions politiques, pendant la révolution, ont toujours été celles d'un vrai Français, né d'ailleurs dans le Bourbonnais et dans une ville qui a beaucoup souffert pour la cause des Bourbons. Je compte des victimes dans ma famille[82]». En 1808, Cindrieux avait déjà fait valoir ses titres, et notamment son expérience: il avait déjà été chef de division à la commission des armes et poudres de février 1794 à octobre 1795. Mais il avait été rétrogradé comme chef de bureau et n'avait jamais pu quitter ce rang.

Deux principes organisationnels apparaissent au terme de cet examen d'ensemble du fonctionnement des bureaux. Le ministère de l'Intérieur napoléonien apparaît bien sûr organisé selon un principe hiérarchique pour ce qui concerne la répartition du travail, l'obtention de gratifications ou de promotions. Mais ce principe était tempéré par une reconnaissance tacite de la compétence et par des signes incontestables de professionnalisation: un employé en poste depuis longtemps avait très peu de chance d'être renvoyé. Les chefs de bureaux avaient gardé un certain degré d'autonomie. A l'intérieur des bureaux, la spécialisation des rédacteurs était déjà assez avancée. La grande différence avec le modèle wébérien de l'organisation bureaucratique est que la professionnalisation ne se traduisait pas par des possibilités d'avancement et de carrière. Le principal moyen de promotion était d'attendre que le supérieur hiérarchique direct quitte son poste. Un mouvement de mise à la retraite de nombreux chefs de division eu ainsi lieu en 1815, permettant à des chefs de bureau ou des premiers commis de monter en grade.

Ces possibilités relativement réduites d'évolution limitaient les vocations. Ainsi, la baronne de Gérando, épouse de Joseph-Marie de Gérando, secrétaire général du ministère de l'Intérieur sous l'empire, ne recommandait pas à son fils Gustave de suivre la carrière de son père:

82 A.N., F^{1bI} 263^4.

> Tu vois déjà, cher ami, que j'aurais exclu du choix de la carrière celle qu'on nomme administrative, celle qui vous place immédiatement sous la dépendance du pouvoir et vous soumet aux injonctions gouvernementales. Ce n'est pas que là il n'y ait d'honorables exceptions, de grands services à rendre au pays et de nobles vertus à exercer; mais l'on n'y est bien qu'avec la latitude d'une fortune personnelle, caution de l'indépendance de la conduite [...] Se maintenir dans une pareille carrière est une de ces chances de loterie, qui peut d'autant moins échoir à un homme sage, qu'il ne doit pas s'y confier pour fonder son sort et l'existence de sa famille.[83]

Le fonctionnaire restait trop dépendant de la volonté politique. L'instabilité politique de la France apparaît comme un facteur d'évolution déterminant pour expliquer la différence avec le modèle allemand. La construction du statut du fonctionnaire en Allemagne avait été moyen de justifier l'extension de l'Etat dans un régime de «despotisme éclairé» stable. Le monde germanique connaît un double mouvement de renforcement de la puissance de l'Etat par la construction d'un appareil administratif indépendant de la personne du prince, et d'autre part d'affirmation de la société civile et des droits des sujets[84]. L'Etat se construit contre les ordres privilégiés, il suscite résistance et critique. Il a besoin d'un groupe de fonctionnaires fidèle et stable, qui deviennent, selon l'expression de Waltraud Heindl à propos de l'Autriche, des *Gehorsame Rebellen*[85].

Un système d'appointements fixes est établi à partir de 1763. Il ne s'agit pas d'un salaire, le fonctionnaire agissant par vocation, mais d'un dédommagement pour le coût éventuel. Un système de pension de retraite suit dans les années 1780. Mais l'insuffisance des salaires conduit à des fréquents cas de corruption et d'abus de pouvoir. Pour combler le fossé entre idéal de service et réalité disciplinaire, Joseph II instaure un certain nombre d'outils de contrôle comme les *Konduitelisten* qui

83 Marie-Anne de GERANDO, *Lettres de la baronne de Gérando née de Rathsamhausen*, Paris, Didier, 1880, 11 octobre 1822, p. 370 et 371.

84 Reinhart KOSELLECK, *Preußen zwischen Reform und Revolution: allgemeines Landrecht, Verwaltung und soziale Bewegung von 1791–1848*, Stuttgart, Klett-Cotta, 1981.

85 Waltraud HEINDL, *Gehorsame Rebellen. Bürokratie und Beamte in Österreich 1780 bis 1848*, Vienne, Böhlau, 1991.

récapitulent les états de service d'un employé, ainsi que des «listes noires» de mauvais sujets. Joseph II suivait personnellement ces questions de discipline, et se voyait reprocher une conception très militaire du service. La volonté de contrôle continue, sous d'autres formes, sous Léopold II. La précocité de la formation d'un statut des fonctionnaires n'a donc pas que des effets positifs. Le cas autrichien révèle une sorte de bureaucratisation de la bureaucratie: les plaintes des employés témoignent de leurs efforts pour assurer un statut stable, lier la progression de carrière à l'ancienneté et au diplôme universitaire. En retour, ils se montrent sélectifs dans leur soutien la politique impériale: ils soutiennent Joseph II dans les domaines de la justice ou de la religion, mais la réforme agraire suscite plus de problèmes. L'absolutisme pour se développer recrute des fonctionnaires, mais ses derniers finissent par affaiblir l'absolutisme en développant une série de conduites et de revendications.

En France à l'inverse, l'idéologie révolutionnaire de la souveraineté du peuple valorisant le rôle du pouvoir législatif et l'instabilité politique font que les fonctionnaires doivent accepter de composer avec le pouvoir politique et d'accepter instabilité et risque de révocation. Le rôle reconnu au savoir dans le recrutement et l'évolution de la carrière témoigne de ces choix partagés.

2. Quels savoirs pour quel métier? Le fonctionnaire comme amateur éclairé

L'exemple du marquis d'Audiffret donne un bon exemple du type de connaissances et de savoir-faire qui étaient attendus d'un haut fonctionnaire au début du 19e siècle[86]. Sorti du lycée impérial en 1805, le jeune Audiffret est présenté à Mollien pour entrer à la Caisse d'amortissement

86 Charles-Louis-Gaston d'AUDIFFRET, *Souvenirs de ma famille et de ma carière*, Paris, CHEFF, 2002.

et dépôts. Il reçoit une place de commis-surnuméraire avec 600 francs d'appointements, en récompense des services rendus par sa famille à Mollien au début de sa carrière. Le nouveau directeur de l'administration, Bérenger entend évincer les «gens de bonne compagnie». Audiffret fait cependant valoir la situation financière de la famille et peut ainsi continuer «les travaux nécessairement arides qui ouvrent toujours aux débutants la difficile carrière des affaires publiques[87]». Il propose à ses supérieurs pour se faire valoir, «de me charger à moi seul de la tenue à jour et de la liquidation annuelle des intérêts des comptes courants des fonds communaux dont la comptabilité avait jusqu'alors occupé trois employés[88]». Mais, une place tardant à se libérer, il décide de se présenter au Trésor impérial pour s'occuper des opérations de change et d'arbitrage. L'acquisition des savoirs pratiques nécessaires à cela est présentée comme une simple formalité: «Je n'avais alors aucune notion de ces opérations de banque, mais il m'a suffit de quinze jours de leçons données, le soir, par un professeur allemand nommé Pfeiffer, pour en acquérir la parfaite connaissance et même la facile pratique[89]». Cette fois-ci, ses efforts lui valent d'être remarqué par son chef de bureau. Audiffret les attribue non à ses connaissances techniques, mais à son éducation classique: «je n'avais cependant d'autres avantages à cette époque du retour encore incomplet des études classiques et des formes de l'Ancien Régime, si fidèlement conservées par M. le comte Mollien, que d'être mieux élevé et plus cultivé que la plupart de mes collaborateurs employés, avant moi, titre de bons citoyens par les gouvernements révolutionnaires antérieurs à l'Empire[90]».

Il se consacre à la préparation des états trimestriels d'actif et de passif et perfectionne les écritures de comptabilité centrale: il en devient sous-chef en 1811 puis chef en 1812. Il devient directeur de la Comptabilité générale à la Restauration en 1814. Sa carrière prend de l'ampleur sous les Bourbons et culmine avec l'entrée à la Cour des Comptes en 1829. Audiffret profite de l'amateurisme budgétaire

87 *Op. cit.*, p. 91.
88 *Op. cit.*, p. 95.
89 *Ibid.*
90 *Ibid.*

régnant jusqu'en 1815. Avant les réformes du baron Louis, en 1815, la principale préoccupation sous Napoléon était de présenter un budget où les dépenses de l'année et les recettes étaient strictement en équilibre. La liquidation des dépenses d'une année pouvant s'étaler sur plusieurs années, la confection du budget devenait un savant jeu d'écritures pour parvenir au résultat désiré.

Le bon fonctionnaire, avant d'être le détenteur d'un savoir spécifique, était celui qui maîtrisait les formes du raisonnement. Pour Vaublanc, «les faiseurs de statistique ont beau faire: un bon raisonnement vaudra toujours mieux que des chiffres, et même les chiffres ne seront utiles que lorsqu'ils serviront de base et d'appui à des raisonnements justes. Or des raisonnements demandent un style clair et méthodique, que ne comportent point des tableaux[91]».

Quant au comte de Vitrolles, il reconnaissait que la monarchie avait besoin d'un type particulier de serviteur: «en 1814, le légitimiste utile, pour ainsi parler, ne devait pas avoir plus de quarante ans, seul âge qui lui permît d'avoir traversé la Révolution sans en être effrayé et l'Empire sans en être corrompu[92]». Soit un homme suffisamment jeune pour n'avoir pas connu l'ancien Régime, mais ayant acquis une expérience des affaires de l'Etat. Ses qualités devaient être un esprit prompt, une intelligence vive pour «pouvoir le cas échéant commander à des troupes, parler à une assemblée délibérante, diriger une administration compliquée ou conduire une intrigue de cour[93]». Le but de Vitrolles était de critiquer en creux les courtisans qui peuplaient les ministères de Louis XVIII, et avaient multiplié selon lui les actes maladroits: «Joignez à ces hautes facultés de finesse et de tenue que Napoléon dédaignait trop, ces qualités qui font l'honnête homme et l'homme d'esprit, la correction dans l'attitude, la discrétion dans le sourire, l'ironie facile qui fait craindre, le scepticisme aimable qui empêche d'être pris pour dupe, et l'on aura le résumé du ministre comme il en manquait à la restauration.» Mais Vitrolles dressait en creux une liste de compétences

91 Comte de VAUBLANC, *Souvenirs*, Paris, Lebas, 1838, p. 420.

92 Eugène-François-Auguste comte de VITROLLES, *Souvenirs autobiographiques d'un émigré,* Paris, Emile-Paul frères, 1924, p. vi.

93 *Op. cit.*, p. vii.

valorisant l'éducation lettrée et généraliste, l'art de raisonner et d'adapter son intelligence aux situations concrètes qui correspondait à ce que les hommes de sa génération, qui avaient une vingtaine d'années en 1800 et étaient entrés au service de Napoléon en attendant mieux, avaient connu: les Pasquier, Molé, Vaublanc tentaient ainsi de justifier leur propre parcours et de le valoriser, en fondant le service de la fonction publique sur un ensemble de savoirs formels et adaptables.

Ce mouvement de définition des compétences du fonctionnaire se retrouve dans la littérature théorique de l'époque, celle de la «science de gouvernement» naissante. Traités et codes présentent la science ou le savoir nécessaire à l'administrateur sans se préoccuper de la formation de celui-ci. Ils postulent bien souvent, à la manière de Fleurigeon, que la pratique fait l'administrateur: «La nature et l'exemple font le guerrier; l'étude forme le juge; l'administrateur se forme lui-même: aux dispositions naturelles, il doit joindre ce tact heureux, ce discernement qu'une longue expérience peut donner, cette réflexion éclairée, cette patience laborieuse qui surmontent tous les obstacles[94]».

Sous l'Empire, Bonnin, dans une des premières tentatives de théoriser la science administrative, notait déjà que le temps où l'on passait de l'étude frivole de la littérature à la gestion des affaires était révolu, et que l'esprit de système était remplacé par une approche plus soucieuse de connaître les faits. L'administration était «rendue plus circonspecte par la connaissance de ses obligations et de la situation positive de l'Etat[95]». Mais cela ne débouchait pas sur la préconisation d'un système d'examen: «tous les fonctionnaires dans l'ordre administratif sont et doivent être à la nomination du prince[96]» et doivent être par conséquent révocables. Contre l'intrigue et la corruption, Bonnin s'en remettait à «la marche graduelle», c'est-à-dire le fait de devoir passer par les emplois subalternes avant d'accéder aux emplois supérieurs.

94 Discours préliminaire, *in* FLEURIGEON, *Manuel administratif ou recueil par ordre de matières de toutes les dispositions des lois nouvelles et anciennes encore en vigueur jusqu'en germinal an 9*, Paris, chez Rondonneau, au dépôt des lois, an IX.

95 Charles-Jean-Baptiste BONNIN, *Principes d'administration publique*, Paris, Renaudière, 1812, p. 46.

96 *Op. cit.*, p. 152.

Dans ses *Institutes*, Gérando rappelait le système d'obligation mutuelle entre les fonctionnaires et l'Etat en une formule ramassée: «l'Etat doit à tout fonctionnaire la sécurité de l'emploi [...] aussi longtemps qu'ils ne malversent pas ou ne se montrent pas incapables[97]». Autrement dit, le système de traitement, d'avancement graduel, de pensions de retraites que Gérando avait contribué à mettre en place au ministère de l'Intérieur valait comme garantie de carrière, tandis que l'obéissance et l'absence de fautes graves préservaient le fonctionnaire malgré l'absence de statuts.

Un autre praticien et témoin de l'administration, Vivien, dans ses *Etudes administratives*, justifiait également le système français d'absence de formalisation du recrutement et des savoirs administratifs. La loi, depuis 1789, ne posait que des conditions générales pour l'accès à la fonction publique: âge, d'état civil, de moralité privée. Aucun titre particulier n'était requis, mais cela correspondait justement, selon Vivien, aux caractéristiques d'un métier fondé sur l'expérience: «Un fonctionnaire public, de quelque ordre qu'il soit, n'acquiert pas en un jour toutes les qualités requises: les plus habiles se forment de longue main, par l'étude qui donne les connaissances générales, par la pratique qui donne l'expérience relative[98]». Certes, le service de l'Etat pouvait requérir des formes de préparation. Vivien en distinguait quatre: les écoles spéciales, les diplômes universitaires, les stages, et les concours. Les écoles spéciales ne convenaient qu'à certaines branches particulières. Le concours était aux yeux de Vivien la meilleure solution restante.

> L'examen n'est pas toujours sérieux: l'administration se réserve le droit de désigner les juges, les questions et les candidats; c'est trop d'arbitraire à la fois. La faveur et le népotisme peuvent se glisser dans les nominations à l'aide de l'examen, loin qu'il les exclue. Les diplômes s'obtiennent souvent avec une grande facilité, et l'on a pu remarquer que parfois ils ne se rapportent que fort indirectement à l'objet des fonctions pour lesquelles ils sont exigés. Enfin, le stage favorise

97 Joseph-Marie de GERANDO, *Institutes du droit administratif français, ou Eléments du code administratif, réunis et mis en ordre*, Paris, Nève, 1829–1836, t. I, p. 326.

98 Auguste VIVIEN, *Etudes administratives*, Paris, Guillaumin, 1852, t. 1, p. 186.

> une double équivoque, si l'on peut ainsi s'exprimer. On y admet aisément et sans preuve, parce qu'il n'est qu'un essai, et l'on nomme ensuite aux emplois ceux qui l'ont accompli, parce qu'ils y ont consacré déjà un temps plus ou moins long et des travaux plus ou moins suivis, dont on s'empresse de leur tenir compte.[99]

Mais il manquait, pour que les concours soient établis en France, un enseignement correspondant.

> A part quelques chaires de droit administratif, créées dans ces derniers temps, et qui, bien qu'enfermées dans un cercle étroit, ont déjà rendu de grands services, les sciences politiques et sociales ne sont point enseignées en France. Nous avons été devancés par l'Allemagne, où plusieurs états rivalisent de zèle pour répandre ces sciences. Par une étrange contradiction, c'est sous des gouvernements absolus que s'ouvrent des chaires qui conviennent surtout à un peuple libre.[100]

Le recours aux concours ne concernait cependant dans l'esprit de Vivien que le bas de l'échelle administrative. Les fonctions intermédiaires devaient être pourvues essentiellement à l'avancement, et les fonctions supérieures faire l'objet d'une désignation à part: «Les fonctions supérieures sont celles qui exigent le moins de science pratique. Il est de l'intérêt de l'état que les hommes éminents révélés par de grands travaux, par les discussions des chambres, par les succès de l'intelligence, puissent toujours être appelés à diriger les affaires publiques[101]».

Dans un mécanisme autoréférentiel caractéristique, les administrateurs définissaient l'administration comme la meilleure école pour l'administration. Les principes énoncés au début du 19e siècle restaient en circulation un demi-siècle plus tard. Sous le Second Empire, la tentative de codification que représentait le *Dictionnaire de l'administration française* dirigé par Maurice Block, n'apportait guère plus d'éléments[102]. Dans l'article «Administration» qu'il avait lui-même rédigé,

99 VIVIEN, *op. cit.*, p. 75.
100 VIVIEN, *op. cit.*, p. 88.
101 VIVIEN, *op. cit.*, p. 110.
102 Sur l'importance de ce moment de codification, on se reportera aux résultats de l'ANR Mosare <http://mosare.ens-lyon.fr/> et à son colloque final «Les mots de l'administration», Lyon 19–20 décembre 2012, dont les actes sont à paraître prochainement.

Block reconnaissait que le mot fonctionnaire n'avait pas de signification nettement définie. Il séparait à l'intérieur de l'administration les employés, qui ne font qu'exécuter, et les fonctionnaires, auteurs des décisions. L'administration signifiait pour Block d'abord la hiérarchie. L'action administrative devait être «prompte et énergique[103]» et suivre l'impulsion donnée par le chef de l'Etat. L'administration n'était pas faite pour innover mais pour appliquer. Le bon fonctionnaire n'avait donc pas besoins de savoirs spécifiques. Il fallait exiger des jeunes gens candidats des «garanties de capacités»: titres universitaires, diplômes qui «justifient qu'ils ont l'intelligence, l'amour du travail, une somme suffisante de connaissances[104]». Mais le pouvoir politique devait avoir une certaine latitude dans le choix de ses fonctionnaires.

Pour Block, si l'administration pouvait s'accommoder de cette absence de professionnalisation, c'était non seulement en raison de sa position politique subordonnée, mais surtout parce qu'elle formait une organisation régie par l'application de procédures, définies par la loi. Ce qui pouvait former, aux yeux de l'opinion, une source de défauts rassemblés sous le terme de «bureaucratie» était justement ce qui offrait aux citoyens les meilleures garanties que leurs droits ne seraient pas lésés: régularité, prévisibilité. C'est autour de ce paradoxe d'un *rule of law* sans démocratie que le modèle napoléonien avait pu durer jusqu'aux débuts de la IIIe République.

103 Maurice BLOCK, *Dictionnaire de l'administration française*, Paris, Berger-Levrault, 1856, p. 22.

104 Maurice BLOCK, *Dictionnaire général de la politique*, Paris, O. Lorenz, 1863, p. 1011.

1814: une technocratie libérale au cœur de la transition entre l'empire et la monarchie

Francis Démier
Université Paris Ouest Nanterre La Défense

Du mois de mars 1814, date de la première chute de l'empereur à novembre 1816, date de la dissolution de la «chambre introuvable» dominée par la droite ultra, la France traverse une période chaotique durant laquelle les élites politiques confrontées à d'incessants retournements de situations semblent évoluer d'un régime à l'autre, d'une conviction monarchiste affichée à une manifestation tapageuse de fidélité à un empereur à la dérive. En 1815, Pierre Joseph Charin, un poète chansonnier plein d'humour, goguettier, témoin de ces changements en tira un ouvrage destiné à devenir célèbre: *Le Dictionnaire des girouettes*[105]. L'opportunisme politique de l'époque est toutefois symbolisé de manière plus sérieuse par deux grandes figures de l'époque impériale: Talleyrand et Fouché. Le premier après avoir trahi l'empereur fut l'auteur du premier retour du roi au printemps 1814, le second organisa la mise en scène du second retour du monarque au mois de juin 1815 après Waterloo. Une historiographie classique de la période est restée toujours attachée à l'idée que l'opportunisme avait guidé les hommes dans cette séquence dramatique où toutes les positions acquises semblaient compromises. Toutefois, c'est être peu attentif au rôle décisif joué pendant cette période troublée par un Etat hérité de l'épisode révolutionnaire et napoléonien, mais aussi de l'Ancien Régime. Au moment où les

105 Pierre-Joseph CHARRIN, César de PROISY D'EPPE, Alexis EYMERY, René PERRIN et TASTU: *Dictionnaire des girouettes, ou Nos contemporains peints d'après eux-mêmes … par une société de girouettes…*, Alexis Eymery éditeur, Paris, 1815.

systèmes politiques n'offraient plus de point d'attache, une puissante machine administrative a assuré la transition entre deux régimes, l'Empire et la monarchie. Au-delà du destin des hommes et avant même que soit trouvé un nouveau consensus politique dans l'opinion publique, c'est au sein de l'Etat que s'est organisé un nouvel ajustement entre les deux France, celle de la Révolution et celle du passé monarchique.

En très peu de temps, c'est à dire en quelques semaines, entre avril 1814, moment où Napoléon perd la bataille de France et juillet 1814, quand Louis XVIII s'installe aux Tuileries, l'Etat s'est réorganisé avec une extraordinaire rapidité à un moment où, sur le terrain politique, on hésitait encore sur le contenu même qu'il fallait donner au nouveau régime. Dès lors, une observation attentive de ce redéploiement de l'Etat conduit à privilégier, non pas l'opportunisme comme note tenue de la période, mais au contraire une assez grande continuité.

Cette célérité de l'Etat à répondre aux urgences de l'heure est particulièrement remarquable sur le terrain économique qui joue un rôle stratégique pour définir un nouveau socle dans une France désormais confrontée à l'occupation des armées alliées. En effet, le point de ralliement des notables qui attendent une direction dans ce paysage tourmenté, est celui d'un redémarrage d'une économie sinistrée par le blocus et paralysée par la guerre et son cortège de taxes. Mais une réorganisation de l'activité économique apparaît nécessaire aussi pour assurer à la France les moyens de son indépendance politique car il faut trouver les ressources fiscales nécessaires pour faire face aux frais de l'occupation et à de lourdes indemnités de guerre, conditions de l'évacuation du territoire. Très vite aussi s'impose l'idée que, désormais, si la France entend rester une grande puissance en Europe, elle doit au plus vite précipiter son tournant vers l'industrialisation, à l'exemple de l'Angleterre. L'or anglais a eu raison de Napoléon. Désormais, une nation ne s'imposera plus en jetant des armées pléthoriques sur le terrain, mais en se portant comme l'Angleterre, à l'avant garde de la modernité économique.

Si les technocrates placés ou confirmés à la tête de l'Etat vont si vite, c'est parce que leurs projets sont déjà dans les cartons et ont muri sous la Révolution et l'Empire[106]. Ils échappent au despotisme napoléonien dont ils s'étaient éloignés depuis 1808 et sont favorables à un nouveau régime dans lequel les décisions pourront être le fruit d'une réflexion et d'un débat en fait limité aux élites cultivées acquises à la modernisation de la France dont ils se font les défenseurs. La nouvelle monarchie leur convient parfaitement dans sa version constitutionnelle qui est défendue du reste par Louis XVIII contre les ultras royalistes dont on pense que les excès vont conduire à de nouveau troubles. C'est donc vers l'appareil d'Etat que se tournent la bourgeoisie et une partie de l'aristocratie modérée. Toutes les deux sont préoccupées alors de stabilité et de consolidation de leurs acquis matériels.

Pour répondre à l'effondrement de l'Empire, l'armature de la haute administration économique subit des transformations guidées par la nécessité d'adapter la France à un remaniement de ses frontières, l'Europe du blocus continental s'étant évanouie. Si les notables attendent de l'Etat une direction ferme, il paraît nécessaire d'aménager l'organigramme de la décision économique qui a servi à relayer le despotisme napoléonien et une politique de conquête[107]. La réforme administrative la plus importante démantèle le grand ministère des Manufactures et du Commerce créé sous l'Empire[108]. Le 3 avril 1814, un arrêté réunit d'abord aux Finances le ministère des Manufactures et du Commerce. Le 5 avril, on fait le choix plus radical d'un éclatement de l'ancienne

106 *Cf.* Francis DEMIER, *La France de la Restauration (1814–1830). L'impossible retour du passé,* Paris, Gallimard, 2012, pp. 123 sq.

107 *Cf.* E. LEVASSEUR, *Histoire du commerce,* Paris, A Rousseau, 1912, T 1, p. 540.

108 «L'Empereur voulut donner plus d'homogénéité à la machine et en rapprocher les rouages de sa personne: il créa un ministère du commerce, lui attribua les douanes, les manufactures, les consulats et le conseil des prises. Les consulats et les manufactures formèrent de simples divisions du ministère […] ainsi se trouvait préparé le levier administratif du commerce et de l'industrie, également propre à soutenir la lutte qui occupait alors toutes les pensées de l'empereur et à diriger les forces nationales dans les voies pacifiques du progrès, si, par un bonheur qui ne devait point se réaliser, il nous était donné de contraindre notre vieille ennemie à déposer les armes». Charles GOURAUD, *Histoire de la politique commerciale de la France,* Paris, Durand, 1854, p. 170.

administration, répartie désormais entre le ministère de l'Intérieur et celui des Finances. Dès avril 1814, l'unité administrative qui symbolisait aux yeux de l'opinion la centralisation économique de l'empereur éclate. Il est créé, le 16 mai 1814, un Directoire Général de l'Agriculture, du Commerce, des Arts et Manufactures sous l'autorité du ministère de l'Intérieur qui est confié à Louis Becquey. La Direction générale des Douanes est supprimée et l'administration des douanes et des droits réunis est placée sous la tutelle d'une Direction générale des contributions indirectes confiée au comte Bérenger, conseiller d'état, et cette direction rattachée aux Finances[109].

Si les mesures prises ont pu choquer une administration imbue de ses prérogatives et inquiète de sa fonction «stratégique» de l'époque du blocus continental, la continuité de «l'appareil d'Etat» napoléonien est réelle sous la surface des mesures de circonstances. Le 7 décembre 1814, une ordonnance royale confirme cette continuité. L'indépendance de fait de l'administration douanière est stipulée dans le fait que désormais ce service sera régi sous l'autorité du Directeur général des contributions indirectes par un directeur particulier ayant près de lui quatre administrateurs. Comme Colin de Sussy et Ferrier ses prédécesseurs, de Saint-Cricq, le nouveau directeur des Douanes, reste le personnage clef d'une administration très centralisée, disposant de larges pouvoirs et renouant à sa manière avec la tradition impériale[110].

Le frère du roi, le comte d'Artois, avait désiré accompagner le retour de la monarchie de promesses démagogiques sur la suppression des droits réunis, ces impôts de consommation considérés comme

109 F. DEMIER, *Marché et nation dans la France de la Restauration*, thèse d'état sous la direction de Philippe Vigier, Université de Paris X, 1992, 2628 p. (*cf.* 2e chapitre).

110 «Louis XVIII n'avait qu'à jeter les yeux autour de lui, qu'à se rappeler la France qu'il avait quittée en 1789, qu'à considérer celle qu'il revoyait en 1814, pour s'édifier pleinement sur les mérites de cette politique. Autour de lui, d'ailleurs, toute une génération d'administrateurs, de manufacturiers, d'agriculteurs [...] formés à l'école de l'Empire, étaient là, en possession, grâce à la Charte et à la liberté politique qu'elle avait apportée de l'éclairer sur la conduite à tenir, de prévenir de fausses mesures, d'en solliciter, d'en provoquer, d'en faire triompher de bonnes. Le roi heureusement était homme remarquablement attentif et sensé et aucune des leçons du passé ne fut perdue pour lui». Charles GOURAUD, *op. cit.* p. 167.

vitaux pour la survie de l'administration. Le pouvoir eut tôt fait alors de faire marche arrière et de réaffirmer les besoins de l'Etat dans une déclaration du roi du 10 mai 1814: «L'état a des créanciers, des fonctionnaires, des armées dont les intérêts nous sont aussi chers que les contribuables. Le gouvernement a besoin de toutes ses ressources et ce n'est pas lorsqu'elles sont affaiblies par les malheurs de la guerre qu'il peut en sacrifier une partie importante sans s'assurer d'un équivalent. Ainsi le salut de l'Etat exige que toutes les lois sur les impôts existants soient respectées et maintenues».

Dès le mois d'avril 1814, un petit groupe d'hommes assure la continuité du pouvoir de l'Etat entre l'effondrement de l'Empire, la Lieutenance générale du royaume exercée un moment par le comte d'Artois et le retour du roi à Paris début mai. Certains apparaissent directement aux leviers du pouvoir, d'autres jouent un rôle indirect de conseiller, la plupart sont liés par un réseau d'amitiés, de solidarités qui remontent même chez certains aux années antérieures à la Révolution[111].

Au premier rang du noyau dirigeant on trouve Talleyrand, omniprésent dans les prises de décisions de cette longue phase de transition[112]. Au centre d'un exceptionnel réseau de relations, successivement président du Sénat, président du gouvernement provisoire, cheville ouvrière des combinaisons gouvernementales comme des négociations entre la France et les alliés, il est ministre des Affaires étrangères dans le gouvernement du 13 mai 1814. Dans sa mouvance gravitent tous les autres personnages qui nous intéressent pour délimiter les cercles de la décision: l'abbé de Montesquiou, ministre de l'Intérieur dans le même gouvernement, le baron Louis désigné ministre des Finances, le comte Beugnot, ministre de l'Intérieur le 3 avril 1814, puis à la Marine le 3 décembre 1814, le comte Bérenger, conseiller d'Etat, Directeur général des Contributions indirectes à partir d'avril, Louis Becquey, Directeur général de l'Agriculture, du Commerce et des Arts et Manufactures, le comte de

111 *Cf. Almanach Royal,* 1815, p. 548, et Jean CLINQUART, *L'Administration des douanes sous le Consulat et l'Empire, 1800–1815,* AHAD, Paris, 1979, p. 239; *cf.* aussi Archives nationales F 12 2491. A/F 4. 1015/F 1b 1. 532.

112 Charles DUPUIS, *Le Ministère Talleyrand en 1814,* Paris, Plon, 1919.

Saint-Cricq, maître des requêtes, nouveau directeur de l'administration des douanes sous la tutelle du comte Bérenger, le comte d'Hauterive, conseiller d'Etat, qui n'occupe en 1814 qu'un modeste poste de Garde des Archives du ministère des Affaires étrangères après avoir été le rédacteur de pas moins de 62 traités politiques et commerciaux de la France mais qui, dans l'ombre de Talleyrand, joue un rôle de consultant très écouté dans les problèmes qui sont à la charnière de la politique étrangère et de la politique économique[113].

Parmi ces personnalités s'impose la figure du baron Louis dont les convictions et l'expérience ont joué un rôle capital dans l'élaboration de la nouvelle politique des échanges[114]. C'est par l'intermédiaire d'Adrien Duport qu'il fit la connaissance de Talleyrand, son aîné d'un an[115]. Dans les années 1780 s'est formé, autour de Talleyrand, un cercle d'intellectuels qui est un laboratoire d'idées du nouveau libéralisme économique appliqué aux Finances et au Commerce. Louis, souligne Charles d'Audiffret, eut à cette époque «des rapports fréquents avec les économistes et surtout avec le célèbre Panchaud dont il fut le disciple et l'ami, élevant ses jeunes idées à la hauteur des grandes combinaisons»[116]. Panchaud, le banquier de Genève, jouissait à cette époque d'une réputation de magicien en affaires de finances. Auteur de la Caisse d'Escompte en 1776, un des financiers de la guerre d'Amérique, conseiller très écouté de Maurepas, de Vergennes, de Joly de Fleury et de Calonne, il séjourna longuement en Angleterre et il représente très directement la culture cosmopolite et libérale du siècle finissant. Chez Talleyrand, rue de Bellechasse, Louis, Panchaud, Mirabeau, Calonne, Dupont de Nemours se sont passionnés alors pour le débat sur les effets du traité de

113 Georges LEFEBVRE, *La France sous le Directoire,* Paris, Ed. Sociales, 1977, p. 685.

114 Sur le baron Louis, *cf* marquis d'AUDIFFRET, *Souvenirs sur le Baron Louis,* Paris, 1841; comte de SAINT-CRICQ, *Eloge du baron Louis à la Chambre des pairs,* 2 juin 1838; Yves GUENA, *Le baron Louis 1755–1837,* Paris, Perrin, 1999.

115 *Cf.* Michel BRUGUIERE, *La Première Restauration et son budget,* Genève, Droz, 1969, p. 211.

116 Charles d'AUDIFFRET *Système financier de la France,* Paris, Paul Dupont, 1863, T. 3 p. 57.

commerce de 1786 avec l'Angleterre. Dans ses *Mémoires*, Talleyrand rappelle l'enthousiasme intellectuel et les espoirs du petit groupe qui se retrouvait chez lui: «Ma chambre où l'on se réunissait tous les matins et où l'on trouvait un déjeuner offrait un singulier mélange [...] une des choses dont on s'occupait le plus était le traité de commerce de la France avec l'Angleterre. Les détails de cette grande question intéressaient particulièrement les hommes instruits tels que Panchaud, Dupont de Nemours. [...] Nous autres ignorants mais un peu amateurs, nous nous en tenions aux généralités».

Nommé en 1787 dans l'une des 21 assemblées provinciales créées par Brienne, Louis a été un défenseur des thèses libérales de Dupont de Nemours. Ce dernier, bras droit de Turgot, avait été rappelé par Vergennes qui lui confia une mission d'étude sur le traité de commerce de 1786. Dupont de Nemours, grande figure de la physiocratie, élu par le bailliage de Nemours à la Constituante, puis membre des Cinq Cents, occupe, en 1814, les fonctions de secrétaire du gouvernement provisoire et sera nommé chevalier de la légion d'honneur et conseiller d'Etat par louis XVIII. Louis, dans le sillage de Talleyrand, adhère à la Constitution Civile du Clergé et reste très lié à Duport, chef de file des Feuillants, pôle de regroupement des «Libéraux» qui vont se retrouver au pouvoir en 1814. En février 1793, Louis a rejoint Talleyrand en Angleterre et fait un long séjour Outre-Manche à l'occasion duquel il a été mêlé aux intrigues royalistes, mais aussi aux activités européennes de la banque Greffulhe et Montz. C'est alors que Louis étudie avec beaucoup d'attention le système de crédit anglais. Mais Louis, revenu en France après le 18 Brumaire, bénéficie de la protection de Mollien, autre disciple de Panchaud et directeur de la Caisse d'amortissement, puis ministre du Trésor en 1806. Remplacé à la tête de la Caisse d'amortissement par son ami Bérenger, Louis est désigné Administrateur du Trésor, fonction dans laquelle ses relations internationales en particulier avec les banquiers anglais et hollandais vont se révéler d'une grande utilité pour l'Etat français en quête de crédit international à la chute de l'Empire. Après la démission de Talleyrand en août 1807, Louis, tout en restant attaché à l'oeuvre de restauration de l'Etat prend, comme son protecteur, ses distances avec une «aventure» napoléonienne qui s'éloigne de l'objectif «raisonnable» des notables[117]. Au moment de l'effondrement de l'Empire, Mollien, lié par son engagement politique, laisse la responsabilité du Trésor à son ami Louis qui s'impose comme l'homme de la situation: «C'était celui qui pouvait le mieux maintenir l'ordre que j'étais parvenu à établir dans les Finances. J'avais confiance dans les services qu'il pouvait rendre à la France»[118].

C'est Louis, qui avec Talleyrand, explique au tsar la nécessité d'un retour des Bourbons. Dans le gouvernement provisoire qui a Dupont de Nemours pour secrétaire, Louis a les Finances, le Trésor, les Manufactures et le Commerce. Le 13 mai, il est nommé ministre des Finances dans la nouvelle configuration ministérielle. C'est lui qui fait appel à Bérenger et à Becquey et impose très clairement sa marque à la nouvelle politique économique. Avec ces équipes arrive au pouvoir une génération qui a vécu une expérience très riche, très souvent européenne. Ce sont, pour la plupart, des hommes cultivés, qui ont été en contact avec l'Angleterre, ses économistes, et les milieux cosmopolites de la finance de l'Europe.

L'abbé de Montesquiou, ministre de l'Intérieur, a sous sa tutelle l'administration économique. D'un tempérament très différent de Louis, il a cependant un itinéraire qui n'est pas sans rappeler celui du ministre des Finances. Comme Louis lié à Talleyrand, l'abbé de Montesquiou a joué un rôle important pendant le Directoire, période pendant laquelle il est devenu le représentant de Louis XVIII à Paris. Conscient des dangers que représente un esprit de réaction aveugle, il prend rang parmi les monarchistes constitutionnels[119] et entretient dès cette époque des rapports étroits avec Becquey, une autre figure importante parmi les «économistes» de l'équipe dirigeante de 1814. Eclipsé pendant

117 Michel BRUGUIERE, *Pour une renaissance de l'histoire financière, XVIIIe–XXe siècle,* Paris, Comité pour l'histoire économique et financière de la France, 1992, p. 235.

118 Comte François Nicolas MOLLIEN, *Mémoires d'un ministre des Finances, 1780–1815,* Paris, Fournier, 1845, T. 1, p. 123.

119 Au printemps de 1798, il s'était constitué une «agence de Paris» après une entrevue de Dandré avec Royer Collard qui en fut le personnage principal. On y vit aussi l'abbé Montesquiou, Clermont Gallerande et Becquey l'ancien député feuillant à la Législative.

l'Empire, Montesquiou joue un rôle important dans le gouvernement provisoire d'avril 1814, et pilote le groupe des commissaires chargé de la rédaction de la Charte.

Réunissant sous son autorité l'administration des Douanes et celle des Droits réunis, le Comte Bérenger est un des «hommes d'influence» les plus marquants de l'administration économique[120]. En 1814, c'est Louis qui fait appel à Bérenger, son ami intime au Conseil d'Etat. La continuité de sa carrière, de l'Empire à la Restauration, est impressionnante: comte d'Empire en 1808, commandeur de la Légion d'Honneur en 1815, pair de France en 1832. Cette continuité est aussi celle d'un libéralisme bourgeois mesuré, désormais incontournable dans toute solution politique. Attaché à la liberté de l'industrie, il est tout à fait persuadé de la nécessité d'un régime d'autorité au lendemain de Brumaire. Homme de principe qui a l'intelligence des transactions, il force le respect de l'empereur par son opposition à l'extension de la guerre à partir de 1808 et son inquiétude exprime nettement la cassure qui se creuse entre les notables et le pouvoir impérial. Il représente dans la sphère des «décideurs» de l'économie en 1814, le legs de l'esprit de 1789.

Le poids de Louis Becquey est tout aussi important en 1814[121]. A la tête de la Direction générale de l'Agriculture, du Commerce et des Arts, il est le responsable direct dans la définition de la politique des échanges. C'est à la veille de la Révolution que Becquey s'est passionné pour l'économie politique. Elu à l'Assemblée législative en septembre 1791, Becquey adhère pleinement à la Révolution mais veut la maintenir dans les limites tracées par les déclarations de l'Assemblée constituante. La guerre et ses dangers de radicalisation politique le font basculer vers le roi. Il se cache pendant la Terreur et ne reparait qu'en Thermidor. Membre des Cinq-Cents, il contribue à définir l'option royaliste constitutionnelle sous le Directoire. C'est à cette époque que s'organise avec Royer Collard, Quatremère de Quincy, Vaublanc, Becquey un «petit comité pour préparer les bases d'un rapprochement entre les Bourbons

120 Jean CLINQUART, *L'Administration des doucnes en France sous la Restauration et la monarchie de Juillet,* Neuilly, Association pour l'histoire de l'administration des douanes, 1981, p. 41.

121 *Cf.* Dossier Becquey, Bibliothèque Thiers.

et la nation». Ces personnalités prennent contact avec Louis XVIII qui accorde sa confiance à ce petit groupe qui selon Beugnot[122] devait préparer une «restauration du trône qui fût non le triomphe d'un parti, mais le signal de la réconciliation de tous les Français si longtemps divisés». Mais très hostile à Artois, ils refusent de s'inféoder en juin 1800 au ministère britannique et dénoncent ce qui aurait été un «comité anglais».

Becquey, indécis pendant un certain temps à l'égard de Bonaparte, se persuade après Brumaire que ce dernier finira par appeler les Bourbons. Déçu, il se retire de la vie politique mais on le retrouve souvent dans un salon de la rue de Tournon, chez madame Halotel, là où s'élabore avec Royer Collard la pensée des «doctrinaires». Le tournant «conservateur» de l'Empire les rapproche du pouvoir. Au moment où Fontanes est nommé à la tête de l'Université, où Royer Collard devient doyen de la Faculté des Lettres de Paris, Becquey est nommé conseiller de l'Université. En mai 1814, à la chute de l'Empire, c'est l'abbé de Montesquiou qui parle de Becquey et de Royer Collard à Louis XVIII. Les amis de «l'agence de Paris» accèdent aux postes de responsabilité: Becquey est directeur général de l'Agriculture du Commerce et des Arts et Manufactures, Royer Collard, directeur général de la Librairie, Quatremère de Quincy, à la tête des Musées royaux.

A la tête de la douane qui est l'administration stratégique au moment où se défont les contours politique de la France impériale, Ferrier, un doctrinaire du blocus, laisse la place à Pierre Laurent Barthélémy de Saint-Cricq, «chargé provisoirement de l'administration des douanes» puis désigné au nouveau poste de Directeur de l'administration des douanes sous tutelle de Bérenger en charge des Contributions indirectes[123]. Petit noble du Béarn en difficultés financières, Saint-Cricq s'est rallié à l'Empire. En 1810, il était directeur des affaires douanières des départements annexés à l'Empire et a été fait officier de la Légion d'Honneur en 1811. Moins marqué que Ferrier par sa participation à la machine administrative napoléonienne, Saint-Cricq a maintenu des

122 Jean-Claude comte BEUGNOT, *Vie de Becquey,* Paris, Firmin Didot, 1852, p. 143.

123 *Cf.* Charles GOURAUD, *Histoire de la politique commerciale de la France,* Paris, A. Durand, T. 2, p. 167.

contacts avec les milieux favorables au retour des Bourbons. En 1814, son dynamisme et ses capacités d'analyse exceptionnelles éclipsent rapidement les autres administrateurs. Saint-Cricq tient la plume lors de la rédaction des diverses ordonnances qui libéralisent à petits pas la politique des échanges.

Le changement dans l'administration se limite en fait à la tête de l'institution, le corps même des fonctionnaires, y compris dans des postes de responsabilité, survit très bien en 1814 à l'effondrement du blocus continental. Cette permanence qu'atteste l'organigramme des ministères[124] peut apparaître comme la garantie souhaitée par les notables d'une permanence de l'appareil d'Etat acquis aux intérêts fondamentaux de la bourgeoisie. Le coeur de l'Etat reste étanche aux aspirations de la droite la plus réactionnaire. Mais à la Direction Générale de l'Agriculture, du Commerce, des Arts et des Manufactures, Becquey prend rapidement conscience de l'obstacle que représentait l'inertie de l'administration impériale pour la mise en oeuvre du projet libéral qui lui semblait indispensable afin de relancer l'économie. Beugnot rapporte ses méthodes «originales» pour renouveler les hommes clefs de la machine administrative:

> Son premier soin - dit Beugnot - fut de s'enquérir, pour les employés de l'ancien ministère du commerce, d'hommes qui pussent plier leurs idées et leurs habitudes à l'esprit nouveau dont l'administration devait se trouver animée. Il n'eut pas de peine à reconnaître que ces employés, quels que fussent leur mérite et leur science, élevés dans le culte du blocus continental, des licences [...] opposeraient de la résistance ou une force d'inertie équivalente, aux réformes que la situation du commerce de la France allait rendre nécessaires. Il chercha au dehors un homme propre à le seconder dans l'accomplissement de ces réformes et qui possédât en outre de l'aptitude et de l'expérience nécessaires, assez de fermeté pour renverser les obstacles qu'il s'attendait à rencontrer dans sa propre administration. Ses recherches demeurèrent longtemps sans succès. Enfin un banquier de Paris, Dandré, lui indiqua à Gênes, un homme d'esprit très distingué et profondément versé dans les matières commerciales, Emile Vincens, issu de la bourgeoisie protestante de Nîmes, installé ensuite dans la banque à Genève où il devint juge au tribunal de commerce, membre de la chambre de commerce et du conseil municipal.[125]

124 *Cf. Almanach royal*, 1815.
125 Albert BEUGNOT, *Mémoires du Comte Beugnot,* Paris, Dentu, 1868, p. 34.

Lié à tous les milieux bancaires européens, économiste écouté, grand spécialiste de droit commercial, Vincens était professeur de «sciences commerciales» à l'Académie de Gênes quand Becquey fit appel à lui et le nomma chef du Bureau du commerce à la Direction générale du commerce, de l'agriculture et des subsistances qu'on venait de créer, avant d'en devenir directeur, carrière rectiligne jusqu'à la monarchie de Juillet qui en fit un conseiller d'Etat.

Alors qu'une étude «immédiate» des ordonnances du printemps 1814 laisse une impression d'improvisation et d'une politique menée au coup par coup dans une conjoncture incertaine, la prise en compte des personnalités qui occupent les postes clefs du pouvoir et de l'administration permet de déceler sinon un programme déjà défini, tout du moins le projet d'un réseau qui fait preuve à la fois d'une réflexion menée sur le long terme et d'une certaine cohérence dans sa mise en oeuvre.

Ces hommes appartiennent à peu près tous à la même génération. Ils ont entre 20 et 30 ans au début de la Révolution. Même s'ils sont issus, pour certains, d'un milieu aristocratique, c'est la Révolution qui les précipite dans la vie politique et tous appartiennent idéologiquement, sinon sociologiquement, à une bourgeoisie qui adhère pleinement aux principes de 1789. Tous cependant cherchent dès 1791 le moyen de fixer l'évolution de la France sur ce socle primitif. Repoussant l'idée démocratique, la République, beaucoup ont appartenu au groupe des Feuillants qui semble ressusciter en 1814. Hostile à une radicalisation révolutionnaire à partir de 1792, ils émigrent ou se cachent. En tout cas, l'émigration ou une semi-clandestinité ne signifient en rien pour eux la rupture avec les idéaux de la société nouvelle ou avec l'idéologie de la nation, mais au contraire c'est pour eux une phase de réflexion et d'approfondissement du libéralisme économique qui a été la grande découverte de leur jeunesse intellectuelle bouillonnante à la veille de la Révolution.

Avec des nuances, ils ont tous été formés à l'école de la physiocratie même s'ils apparaissent méfiants à l'égard des excès de la «secte». Turgot est leur grand homme, à la fois pour la séduction de sa doctrine libérale, sa croyance dans les forces du «marché» mais aussi comme modèle d'homme politique, d'homme d'action et de réforme qui avait suscité un moment l'espoir d'une révolution «par en haut», sans l'appui des masses qu'ils redoutent. La version pragmatique et peu conformiste qu'il donne de la pensée des physiocrates leur convient. La présence de Dupont de Nemours à leur côté, comme une note tenue en 1814, apparait bien comme un témoignage de fidélité à leur idéal libéral.

C'est cette souche libérale qui s'est enrichie dans une émigration qui se fit pour nombre d'entre eux avec *La Richesse des nations* à la main. Mais l'émigration, c'est aussi la poursuite d'une expérience culturelle cosmopolite qui a été celle des Lumières et l'expérience économique plus concrète de la haute banque avec ses ramifications européennes. Ils découvrent et explorent à cette occasion les réseaux du crédit qui font l'Europe économique et garderont à l'heure du blocus, la nostalgie d'un espace plus ouvert. Chez certains l'expérience de l'administration dans les territoires occupés n'a fait que confirmer cette idée européenne de la prospérité.

Cela ne veut pas dire qu'à leurs yeux l'idée de «nation» ait perdu toute signification. Leur adhésion aux idéaux de la bourgeoisie passe très directement par une reconnaissance du fait national qui est le socle fondamental des valeurs sociales et spirituelles des grands notables. Ils pensent seulement que la nation ne doit plus se percevoir en termes messianiques, militaires et révolutionnaires, mais dans ceux qui ont été définis par Adam Smith.

Dès 1792, ils ont été à la recherche de la stabilité dans le cadre d'une monarchie constitutionnelle. Mais au terme des péripéties et de l'instabilité révolutionnaire, un Empire devenu conservateur et garant d'une rationalisation de la société leur paraît une solution satisfaisante. A Partir de 1808 pour certains, 1812 pour d'autres, l'adhésion devient distance ou rupture et ils expriment parfaitement l'inquiétude des notables traditionnels devant l'aventurisme de l'empereur. Leur prudence bourgeoise les confine cependant à la fronde discrète, à l'intrigue de salon ou à l'attentisme.

En 1814 ils arrivent au pouvoir riche d'une culture, mais aussi d'une expérience politique qui sans les vouer au scepticisme, les incite pour le moins au pragmatisme. Hommes de doctrine à la veille de la Révolution, intellectuels, ils sont désormais préoccupés avant tout d'ajuster leurs principes à la réalité concrète à un moment où les grands systèmes semblent par terre. Ils restent attachés à un libéralisme économique qui s'est élaboré avant la Révolution, dans le débat qui a accompagné le développement de la physiocratie, mais sont persuadés que ces principes libéraux ne peuvent prendre corps désormais que par une réflexion historique continue sur la société née de la Révolution française et par la recherche d'un consensus entre toutes les sensibilités idéologiques qui composent la France post-révolutionnaire. N'ayant jamais été très éloignés des responsabilités politiques, ils savent que la France a changé et redoutent les lubies réactionnaires tout autant que la dérive révolutionnaire.

Beugnot évoquant la personnalité de Becquey, à la recherche d'un «juste milieu» économique, donne une définition très subtile de cette association d'une culture et d'une expérience propre à une génération confrontée à la tâche de la réorganisation économique et sociale au lendemain des extraordinaires bouleversements de la Révolution et de l'Empire:

> La lecture assidue des écrits de Turgot, de Necker, d'Adam Smith, ses entretiens avec Dupont de Nemours, ses travaux à l'Assemblée législative, où il porta souvent la parole au nom du comité des Finances dont il faisait partie, des opérations de banque auxquelles il s'était livrées lorsqu'il cherchait dans les premiers temps de l'Empire à se créer d'utiles occupations, lui avaient appris ce qu'il y a de vrai et d'applicable dans les théories si controversées sur la création, la circulation et la consommation des richesses. S'il révéla des connaissances variées et étendues en cette matière, il fit voir que la science ne dominait pas chez lui le caractère du véritable administrateur, qui fonde ses opinions sur les lumières de l'expérience plus que sur la lecture et la méditation abstraite.

Ce qui est dit avec justesse pour Becquey pourrait être confirmé avec quelques nuances pour les autres responsables de la direction économique de la France en 1814[126]. Globalement, le choix du nouveau pouvoir en matière de politique économique est bien celui du libéralisme, mais d'un libéralisme fort éloigné d'une épure théorique. Si des hommes comme Louis ou Becquey ont fait un passage dans les affaires, cela ne veut pas dire que leur libéralisme soit celui de l'entrepreneur, ou celui de Jean-Baptiste Say. L'entreprise pour cette petite élite au

126 *Cf.* Louis GIRARD, *Les Libéraux français,* Paris, Aubier, 1985, p. 60.

pouvoir, c'est d'abord et avant tout la banque et très peu l'industrie. L'économie politique, y compris celle qui défend les principes fondamentaux du libéralisme, reste pour eux une science de gouvernement. Il n'est pas question de penser que c'est dans le jeu des intérêts privés et à leur niveau seul que peut s'opérer le pilotage du développement. Seul l'Etat détient les clefs d'une vision synthétique de l'activité économique qui prime sur le pluralisme confus des intérêts particuliers: «Chaque chambre de commerce –précisait Becquey dans une circulaire administrative- peut ne s'occuper que de ce qui lui est le plus familier, de ce qui la touche de plus près. C'est au gouvernement à former un ensemble des éléments qu'il aura recueillis [...] on pourra, dans mes bureaux, faire, du tout, un corps complet»[127].

Ces grands technocrates n'entendent donc pas copier une Angleterre qu'ils connaissent bien tout comme ses économistes qu'ils ont beaucoup lus[128]. La voie française vers le libéralisme n'est pas non plus celle de Jean-Baptiste Say, ni celle des ministres réformateurs de la fin de l'Ancien Régime qu'ils ont pourtant fréquentés. La référence majeure est Colbert. Blanc de Volx, un économiste, déclare alors: «Colbert créa tout et apprit à la France le secret de sa puissance [...] son génie, ses plans et ses bienfaits l'ont rendu immortel[129]». Dès 1814, le pouvoir a fait le choix d'un libéralisme modulé, cadré dans l'héritage politique et les contours géographiques de la nation née de la Révolution

127 Louis BECQUEY, «*A Messieurs les membres composant les Chambres de commerce du royaulme*», *Direction générale du Commerce et des Arts et Manufactures,* 6 juin 1814, Archives nationales, F 12/633.

128 *Cf.* J.P. CHALINE, «Modèle ou rivale? L'Angleterre vue par les Rouennais du XIXe siècle», *Etudes Normandes* n° 1, pp. 53–59; Peter STEARNS, «British Industry through the Eyes of French industrialists, 1820–1848» *Journal of Modern History* (1965), pp. 50–61; J. GURY, *Etudes comparatives sur l'image de la Grande-Bretagne et les influences britanniques en France spécialement entre 1760 et 1830*, Thèse Université de Paris IV, décembre 1988; R. CAMERON, «Was England really superior to France?» Review article, *Journal of Economic History* décembre 1986, pp. 1031 sq.

129 J. BLANC DE VOLX, *Etat commercial de la France au commencement du XIXe siècle ou du commerce français, de ses erreurs et des améliorations dont il est susceptible,* Paris, Teutel et Würtz, 1803, p. 37.

à l'Empire. La formule est simple et efficace pour encourager les entrepreneurs: la plus grande liberté au-dedans, la plus grande protection au dehors. La France prohibe les produits anglais, mais laisse entrer presque en franchise les matières premières qui sont les «aliments de l'industrie». Dans le cadre politique de la nation, la liberté est assurée à l'entrepreneur. Mais il s'agit aussi d'une politique sociale car l'enjeu est de mobiliser les bras, de donner du travail à l'échelle de la nation en prohibant l'entrée du travail des étrangers. Le choix est judicieux parce que la France peut profiter d'un marché de 30 millions de consommateurs et parce qu'il est clairement annoncé que ce repli tactique doit servir à reconquérir un marché international qui ne doit pas être abandonné à l'Angleterre. Une révolution industrielle amorcée à la fin de l'Ancien régime et poursuivie sous l'Empire va désormais pouvoir progresser à un rythme beaucoup plus soutenu.

Les transferts techniques du Corps des Ponts et Chaussées vers les Etats allemands au XIXe siècle

Stéphane BLOND
Université d'Evry-Val d'Essonne/IDHES-Evry

> Afin que cette note puisse être de quelqu'utilité, pour ceux des élèves, qui auraient à faire plus tard une mission en Allemagne, tant sous le rapport de l'instruction particulière de l'ingénieur, que sous celui de l'éducation générale de l'homme et du fonctionnaire public, j'entrerai dans quelques détails nécessaires [...].[130]

En s'inscrivant dans une démarche de service à l'égard des futures générations de fonctionnaires des Ponts et Chaussées, l'ingénieur Stoecklin, à son retour de mission en Allemagne en 1850, révèle que les séjours d'étude effectués à l'étranger occupent une place fondamentale dans la formation d'un ingénieur. Cet article aborde cet instant singulier du cursus d'un futur ingénieur, sous l'angle des liens entre la France et les Etats allemands.

Au cours de la première moitié du XIXe siècle, l'espace allemand séduit les élèves français qui s'y rendent pour parfaire leur formation et décrire les processus en lien avec la Révolution industrielle[131]. Quatre cas méritent d'être signalés, car les archives de l'Ecole des Ponts et Chaussées conservent les journaux rédigés au retour de la mission[132]. L'analyse de ces documents permet de décrire les parcours géographiques, les méthodes de travail, et surtout les informations qui intéressent prioritairement les ingénieurs.

130 Bibliothèque (Bibl.) de l'Ecole nationale des Ponts et Chaussées (ENPC), ms 3304 (1).

131 Pour une étude de cas sur l'élève Eugène Bontoux, se référer à: Stéphane BLOND, «Les échanges techniques entre la France et les pays germaniques. L'exemple des Ponts et Chaussées» <http://www.perspectivia.net/content/publikationen/discussions/7-2012/blond_echanges>.

132 Les quatre journaux de missions sont conservés sous les cotes: Bibl. ENPC, ms 3293; ms 3330; ms 3304 et ms 3310.

La pratique du voyage en Allemagne

Le modèle français

Dès le milieu du XVIIIe siècle, l'Ecole des Ponts et Chaussées sert de modèle à travers l'Europe. A cette période, les voyages à vocation pédagogique à l'étranger n'existent pas encore. Les élèves effectuent des missions en province, mais ils ne quittent pas le royaume. Par contre, l'Ecole attire des étrangers qui s'intéressent aux procès techniques et à la pédagogie mise en œuvre[133].

Fondée au milieu du XVIIIe siècle, par les intendants des finances Trudaine père et fils, l'Ecole des Ponts et Chaussées devient rapidement une référence en matière d'ingénierie civile[134]. Le programme pédagogique mis au point par Jean-Rodolphe Perronet, ancien ingénieur de la généralité d'Alençon, combine des apports théoriques (arithmétique, géométrie, trigonométrie, architecture, etc.) à un volet pratique basé sur l'étude de dossiers de travaux, ou des stages de terrain dans différentes provinces françaises. Ces étapes permettent au futur ingénieur d'avoir une vue précise des terrains de leur action quotidienne. Ces acteurs incarnent un nouveau genre de serviteurs de l'Etat, des serviteurs qui satisfont directement les besoins de l'Etat et correspondent au prototype des fonctionnaires modernes[135].

Au XVIIIe siècle, les ingénieurs des Ponts et Chaussées ont été les artisans d'une véritable révolution de la route, au point que leurs méthodes de travail, leurs procès techniques et leurs pratiques séduisent

133 Sur cette question, se référer à Antoine PICON, *L'Invention de l'ingénieur moderne: L'Ecole des Ponts et haussées, 1747–1851*, Paris, ENPC, 1992.

134 Sur la mise en place de l'administration des Ponts et Chaussées, *cf.* Stéphane BLOND, *L'Atlas de Trudaine: aménagement et usage du territoire au siècle des Lumières*, Paris, éd. du CTHS, 2014.

135 A propos des élèves de l'Ecole polytechnique, Bruno Belhoste évoque l'émergence d'une «technocratie»: Bruno BELHOSTE, *La Formation d'une technocratie: l'Ecole polytechnique et ses élèves de la Révolution au Second Empire*, Paris, Belin, 2003.

l'Europe[136]. Cette pédagogie moderne attire le futur empereur Joseph II, qui se rend chez les Trudaine à l'occasion d'un séjour à Paris, afin, selon le duc de Croÿ, de «s'instruire à fond sur le bel établissement de notre bureau des Ponts et Chaussées[137]». Le cas de Joseph II n'est pas isolé et l'Ecole ne séduit pas que les administrateurs[138]. Des techniciens s'intéressent aussi aux actions mises en œuvre, à l'instar de l'officier Kirn qui vient en France en 1790. Recommandé par le prince-électeur de Trêves, cet officier de l'artillerie vient en France pour parachever sa formation dans une institution de référence:

> Mr Kirn qui a toujours eu la meilleure conduite et qui est d'ailleurs déjà fort avancé dans le dessin, à la seule vue de se perfectionner dans les susdites parties aussi bien que dans celles de l'architecture hydraulique et arpentages, sans aspirer aux grades, ni aux traitements, et comme il est destiné pour la direction des Ponts et Chaussées de ce pays [...].[139]

Le cas de Kirn n'est probablement pas isolé, mais les venues d'étrangers en France sont peu abordées dans les sources. En dehors des recommandations, les archives ne contiennent pas la trace des travaux accomplis par ces visiteurs. Ils bénéficient probablement de sauf-conduits qui leur permettent d'accéder à des chantiers ou d'observer les techniques de constructions. Dans sa réponse – positive – aux sollicitations de Kirn, Perronet recommande qu'il «soit admis tout de suite aux leçons de l'école, et il lui a aussi donné une carte pour passer sur les travaux du pont de Louis XVI, ayant recommandé à M. Demoustier de s'intéresser à son instruction sur ces travaux[140]».

A partir du début du XIXe siècle, l'Ecole accueille de plus en plus d'étrangers, en particulier des Allemands qui assistent aux cours, accèdent à la bibliothèque ou aux collections des modèles d'enseignement.

136 Eugène VIGNON, *Etudes historiques sur l'administration des voies publiques en France aux dix-septième et dix-huitième siècles*, Paris, Dunod, 1862.

137 Emmanuel de CROY-SOLRE, Journal inédit du duc de Croÿ, Paris, Flammarion, 1907, tome IV, p. 24.

138 La liste des auditeurs et des étrangers invités en France est disponible sur le site internet de l'Ecole des Ponts et Chaussées: <http://www.enpc.fr/sites/default/files/Auditeurs-libres_Visiteurs_1747-1786_version17.06.2009_000.pdf>.

139 ENPC, ms 2636 (18).

140 *Ibid.*

A la même période, les élèves français effectuent à leur tour des déplacements à l'étranger.

Une étape du cursus

Les voyages des élèves français vers l'étranger ne sont attestés qu'à partir du XIXe siècle, et plus particulièrement à partir du milieu du siècle pour l'Allemagne. Ces séjours internationaux interviennent à la fin du cursus des futurs ingénieurs. Les sources n'évoquent pas les raisons qui guident le choix d'un pays plus qu'un autre, mais la connaissance de la langue est déterminante dans la mission d'un ingénieur, comme le révèle le cas de l'élève Villiers du Terrage: «Connaissant un peu mieux l'allemand que la plupart des élèves chargés de cette mission, j'ai été, par cela même, dans une position favorable pour juger des obstacles à surmonter et je me trouverais heureux si je pouvais rendre quelque service à mes camarades[141]».

Ces voyages ne sont pas essentiels pour faire un ingénieur, car ils interviennent à la fin du cursus, en troisième année d'instruction à l'Ecole des Ponts et Chaussées. Avant même de transmettre le contenu de leurs observations à travers des journaux, les élèves sont déjà intégrés dans le corps administratif, avec le titre d'ingénieur de 3ème classe. Le cas d'Eugène Bontoux est symbolique, car il est affecté au Puy-en-Velay le 1er septembre 1844, alors que son voyage en Allemagne ne s'achève que le 15 septembre 1844[142]. Cet exemple montre que le séjour à l'étranger, s'il est important, n'est pas déterminant pour l'entrée dans la carrière.

Les premiers cas de séjours dans l'espace allemand sont repérables entre 1844 et 1851. Quatre élèves français se rendent alors en Allemagne: Eugène Bontoux, Henri de Sappel, Auguste Stoecklin et Aimé-Edouard de Villiers du Terrage. Leur parcours éducatif s'inscrit dans le schéma classique de la formation d'un futur ingénieur, avec deux années de formation au sein de l'Ecole polytechnique, l'entrée à l'Ecole des Ponts et Chaussées, deux séjours d'étude en France au cours des deux années suivantes et le séjour à l'étranger à la fin de la troisième et dernière année.

141 Bibl. ENPC, ms 3310.
142 Bibl. ENPC, ms 3274, registre matricule des élèves, n° 1.

Liste des missions en Allemagne au milieu du XIXe siècle

Bibl. Ecole des Ponts et Chaussées, Ms 3274 (Registre matricule des élèves) et Fichier Richard

NOM	Date de naissance	Entrée à l'école Polytechnique	Entrée à l'école des Ponts et Chaussées	Mission en Allemagne
Eugène BONTOUX	10 décembre 1820	1er novembre 1839	20 novembre 1841	Mai-septembre 1844
Henri de SAPPEL	21 avril 1822	1er novembre 1842	1er décembre 1845	Juin-Août 1849
Auguste STOECKLIN	8 septembre 1826	1er novembre 1845	1er novembre 1847	Juin-Août 1850
Aimé-Edouard de Villiers du Terrage	17 décembre 1827	1846?	1er octobre 1848	Juin-Août 1851

S'il ne suffit pas à lui seul à faire l'ingénieur, le voyage à l'étranger n'en reste pas moins une étape importante dans la formation. Cette expérience est précieuse, et l'administration utilise le sens de l'observation des élèves à son propre profit.

Les enjeux des missions à l'étranger

Les journaux de mission contiennent une grande variété de renseignements pour appréhender les séjours en Allemagne. Ce type de document correspond à une étape obligée de tout ingénieur qui revient de mission et doit ainsi en rendre compte.

Observer et apprendre

Le voyage en Allemagne s'inscrit pour les élèves des Ponts et Chaussées dans le cycle des voyages d'apprentissage qui abordent des sujets très techniques. A l'instar du mémoire de Stoecklin, chaque journal s'ouvre avec un descriptif des différentes étapes du voyage, à la manière du *Grand Tour* réalisé par les aristocrates de la seconde moitié du XVIIIe siècle.

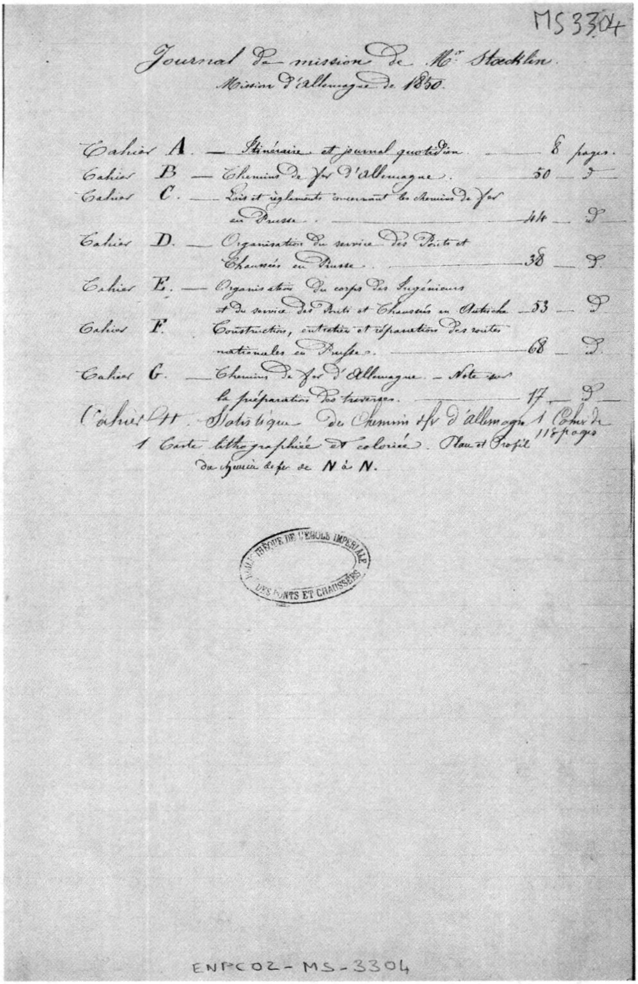

Journal de mission de Mr Stoecklin.
Mission d'Allemagne de 1850.

Cahier A. — Itinéraire et journal quotidien — 8 pages.
Cahier B — Chemins de fer d'Allemagne. — 50 — D
Cahier C. — Lois et règlements concernant les chemins de fer en Prusse. — 44 — D
Cahier D. — Organisation du service des Ponts et Chaussées en Prusse. — 38 — D.
Cahier E. — Organisation du corps des Ingénieurs et du service des Ponts et Chaussées en Autriche — 53 — D
Cahier F. Construction, entretien et réparation des routes nationales en Prusse. — 68 — D.
Cahier G. — Chemins de fer d'Allemagne. – Note sur la préparation des traverses. — 17 — D
Cahier H. Statistique des chemins de fer d'Allemagne 1 Cahier de 118 pages
1 Carte lithographiée et coloriée. Plan et Profil du chemin de fer de N à N.

Figure 1 : Sommaire du journal de mission de Stoecklin (1850).
Source : Bibl. Ecole des Ponts et Chaussées, Ms 3304.

En fonction des enjeux initiaux de la mission, la géographie des voyages change. Eugène Bontoux effectue un vaste voyage à travers l'espace allemand. Il réalise des étapes plus longues à Hambourg, Hanovre, Berlin, Vienne et Munich. Henri de Sappel visite la Belgique, la Hollande et la Prusse. En 1850, Auguste Stoecklin se rend à la fois en Belgique, en Sardaigne, en Prusse et en Autriche. Le quatrième élève réalise un voyage élargi, en Autriche, en Prusse, en Saxe, en Bavière, dans le Bade-Wurtemberg et en Bohême.

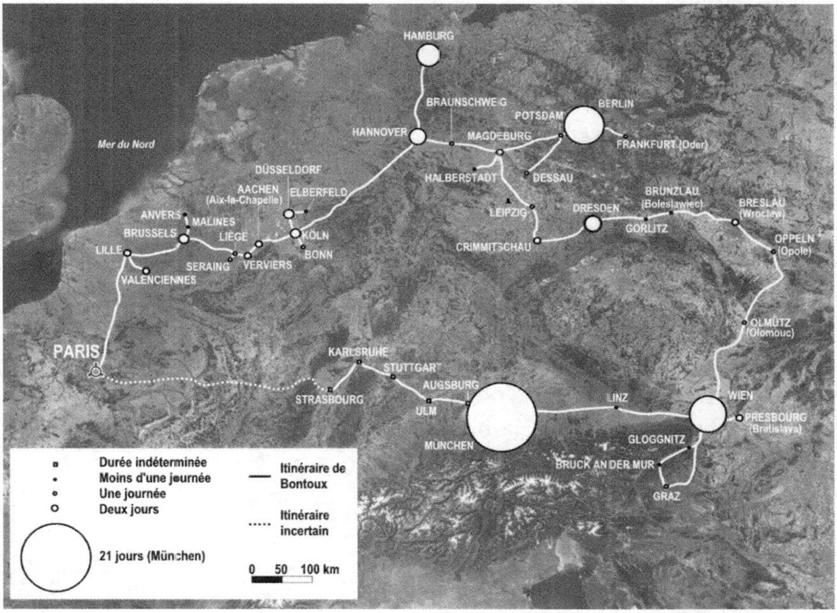

Figure 2 : Le voyage en Allemagne de l'élève Eugène Bontoux.

Source : Cartographie Stéphane Blond.

Dans les multiples pérégrinations des élèves, le contact avec les acteurs locaux tient une place fondamentale. Les diplomates accordent des autorisations de circulation, des entrées dans certaines institutions, alors que les techniciens répondent plutôt à la soif de savoir des élèves. Cet aspect est décrit par de Villiers du Terrage, qui, faute de contacts suffisants, ne masque pas les difficultés rencontrées lorsqu'il s'agit d'étudier les routes allemandes par rapport aux chemins de fer:

> Quelque court que soit le temps que l'on ait à passer dans une ville, les bâtiments de la station fournissent le moyen de trouver, pour ainsi dire, à toutes les heures de la journée, un des ingénieurs ou inspecteurs du chemin de fer. Cette première relation permet, quand on en a le temps, de remonter aux ingénieurs d'un ordre plus élevé et d'obtenir ainsi de nouveaux renseignements. De plus, les chemins de fer sont maintenant en grande faveur auprès des gouvernements allemands, et absorbent toutes les sommes importantes affectées à des travaux neufs. Dans chaque ville où l'on désire entrer en relation avec les ingénieurs chargés des travaux des routes, il y a beaucoup de temps perdu en recherches, souvent infructueuses, toujours longues avant de trouver à qui parler. Cette étude entreprise d'une manière un peu générale en Allemagne prendrait beaucoup de temps et ne serait pas, je crois susceptible de grands résultats.[143]

Stoecklin explique qu'il a préparé son voyage en amont de manière minutieuse, afin de recueillir le maximum d'informations et de ne rien laisser au hasard. Il précise également que l'itinéraire général et des instructions particulières sont fixés avant son départ.

Ensuite, l'ingénieur exerce sa science de l'observation, autour d'une série d'expérimentations ou d'enquêtes effectuées sur place. De Sappel produit par exemple une «Note sur les procédés suivis aux chemins de fer de Berlin à Stettin, de Hambourg à Magdebourg à Wittenberg, et de Mecklembourg pour augmenter la durée des traverses en bois de chêne et en bois de sapin résineux.» Cette note de neuf pages suit un ordre logique qui décrit les étapes de l'expérimentation, avec trois volets principaux: préparation des traverses avec du sulfate de cuivre; préparation des traverses avec un mélange de sulfate de cuivre et de sulfate de fer; procédés suivis aux chemins de fer de Brandebourg, de Wittenberg et de Mecklembourg. Au final, il en tire des conclusions et déduit que la durabilité des traverses allemandes est liée à l'utilisation d'une solution de sulfate de cuivre: «des expériences faites jusqu'à présent, il résulte que l'emploi du sulfate de fer n'est à conseiller que pour les traverses en bois de chêne[144]».

143 Bibl. ENPC, ms 3310.
144 *Ibid.*

Comme le révèle la citation de Stoecklin utilisée en introduction, ces journaux constituent aussi des cas d'étude pour la formation des futurs élèves. Ce principe est attaché au fonctionnement originel et original de l'Ecole des Ponts et Chaussées qui repose dès le début sur le principe d'un enseignement mutuel. Les meilleurs élèves, avancés en grade, deviennent des enseignants pour les élèves des grades inférieurs, afin d'exposer les connaissances acquises. Dans cette perspective, De Villiers dresse la liste d'ouvrages techniques publiés en Allemagne, une liste qui témoigne de l'essor des revues spécialisées auxquelles doivent se référer les ingénieurs, à l'instar du *Journal des constructeurs* par Charles Hoffmann, publié à Berlin sous la direction de l'administration prussienne.

L'organisation des journaux de mission suppose un transfert de savoirs qui n'intéresse pas uniquement les élèves des Ponts et Chaussées, car les autorités administratives en tirent des informations à leur bénéfice. Cette expérience est également importante pour la suite de la carrière de l'ingénieur concerné. Ainsi, Stoecklin se spécialise dans le domaine des chemins de fer, avant de diriger quelques années plus tard la construction des lignes du département des Bouches-du-Rhône. En ce sens, les ingénieurs peuvent exploiter les connaissances accumulées.

Observer et décrire

Au XIXe siècle, la France prend du retard dans le développement des nouvelles voies de communication, en particulier le chemin de fer qui sert de vitrine au développement industriel. Ce retard implique de nouvelles approches de la part des administrateurs qui cherchent à copier les techniques mises en œuvre dans des pays plus avancés, alors qu'un siècle auparavant, les Ponts et Chaussées français servaient de modèle. Le choix des sujets de mission n'est pas anodin, car il répond aux enjeux du moment. Ainsi, trois des quatre élèves qui se rendent en Allemagne s'intéressent aux chemins de fer, alors que De Sappel aborde les canaux et les voies navigables, des infrastructures également essentielles au transport des marchandises. Dans leur enquête, les ingénieurs sont contraints de faire des choix, car les déplacements à l'étranger sont lents, donc les temps d'observation sont limités. Ainsi, Villiers du Terrage observe que «la presque totalité des documents recueillis par moi dans ce voyage se rapporte aux chemins de fer et je crois qu'il doit toujours en être ainsi dans un voyage aussi rapide et comprenant autant de villes différentes[145]».

Chaque élève possède sa propre méthode d'exposition des données, mais les aspects étudiés sont souvent les mêmes. De Sappel insère dans son journal une série de documents sur les chemins de fer allemands, avec quatre tableaux décrivant pour seize lignes le bilan d'exploitation, les recettes, les dépenses d'exploitation et les dépenses de la force motrice. Ces documents sont suivis par des «observations» qui décrivent la méthodologie utilisée: «Les résultats consignés dans ces tableaux sont relatifs à l'année 1845. Ils sont extraits de la gazette des chemins de fer et d'autres documents qui m'ont été communiqués par les directeurs d'exploitation. Pour les années suivantes, il ne m'a pas été possible de réunir assez de renseignements pour être à même de dresser des tableaux analogues à ceux-ci[146]». La suite du journal concerne les caractéristiques techniques de plusieurs lignes, comme celle de Munich à Augsbourg: «Les pentes sont très insignifiantes. La plus grande est de 1/318. Les courbes, en petit nombre, et très faibles. La construction supérieure très bonne et solide, avec des rails de 43,5 livres. Huit stations intermédiaires, en tout, dix stations[147]». La fin du mémoire comprend des tableaux de dépense, le dessin de profils de rails, des plans d'essieu et des plans de stations.

La méthode d'exposition de De Villiers est légèrement différente. Il commence par passer en revue chaque ligne ferroviaire, avant d'aborder un volet réglementaire et d'utiliser une série de dessins. Pour beaucoup d'élèves, l'ensemble forme une accumulation assez hétéroclite de documents, le journal manifestant la volonté d'évoquer tous les sujets se rapportant à l'action de l'ingénieur. De Villiers en profite pour étudier le fonctionnement de l'administration des Ponts

145 Bibl. ENPC, ms 3310.
146 Bibl. ENPC, ms 3330 (2).
147 *Ibid.*

et Chaussées, toujours dans l'objectif de rapporter des informations en France et d'en tirer de multiples enseignements. Il publie notamment le programme de l'école Polytechnique de Karlsruhe, alors que l'élève Stoecklin se concentre quant à lui sur l'organisation des Ponts et Chaussées de Prusse. Le second volet de son journal débute par une note sur «l'organisation du service des Ponts et Chaussées en Prusse[148]». Son préambule insiste sur les différences avec le système français, afin d'inspirer des changements ou de corriger un éventuel retard dans certains domaines:

> Nous avons cherché à faire connaître, dans cette note, l'organisation du corps des Ponts et Chaussées en Prusse, et la législation en usage pour tout ce qui concerne les travaux publics. Depuis une cinquantaine d'années, les principes de cette législation se sont beaucoup étendus, et ont souvent varié; en outre, la police en Prusse a une action plus directe sur les constructions, car non seulement on ne peut y faire aucuns travaux neufs ou de réparation importante, sans obtenir son assentiment et faire adopter par elles les plans, mais encore l'on ne peut faire exécuter ces travaux que par des contremaîtres ou maîtres charpentiers, menuisiers, maçons, etc qui ont obtenu un brevet de capacité.[149]

Dans la suite de son séjour, Stoecklin produit une seconde note qui s'intéresse cette fois-ci aux Ponts et Chaussées d'Autriche[150], avec l'organisation du corps et de l'administration, les techniques de construction, d'entretien ou de réparations des routes.

Le dessin tient toujours une place fondamentale dans les journaux de mission. Il s'agit de l'une des tâches fondamentales de l'ingénieur, dont la formation insiste dès le XVIIIe siècle sur la maîtrise préalable du dessin. Les ingénieurs en mission exercent ce talent selon un processus qui s'apparenterait aujourd'hui à de l'espionnage intellectuel et industriel. A leur arrivée dans un lieu, ils cherchent à dessiner sur le papier tout ce qu'ils voient. Ils réalisent des vues en écorché d'éléments techniques, des profils de wagons ou voitures de voyageurs, des plans de tunnels, de ponts, ou encore des plans généraux de gares ou de lignes

148 Bibl. ENPC, ms 3304 (2).
149 *Ibid.*
150 *Ibid.*

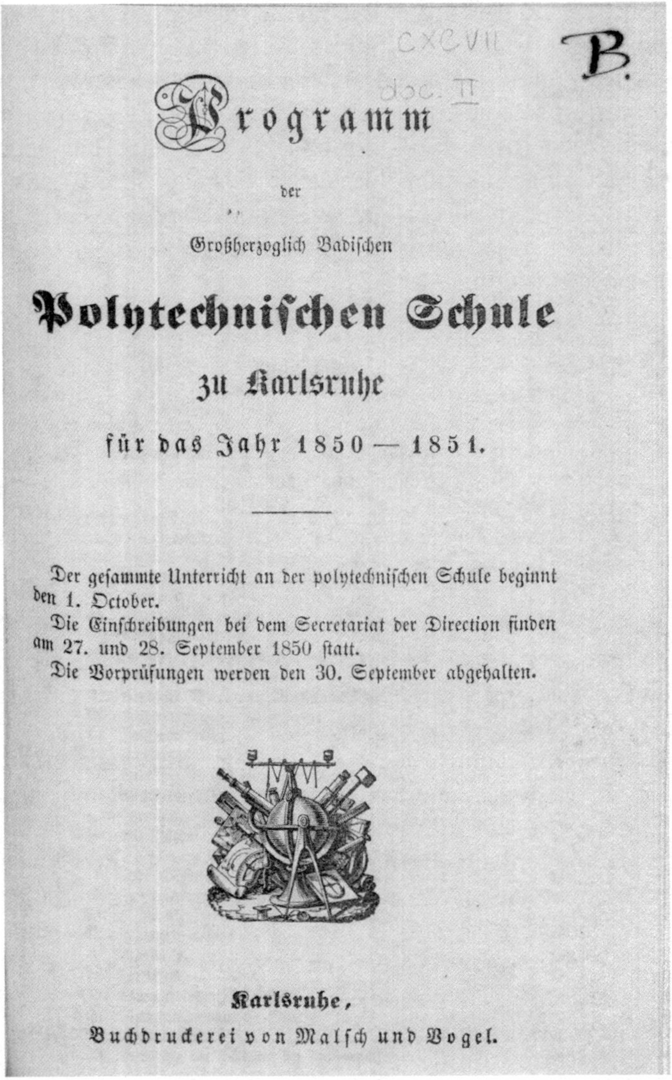

Programm

der

Großherzoglich Badischen

Polytechnischen Schule

zu Karlsruhe

für das Jahr 1850 — 1851.

Der gesammte Unterricht an der polytechnischen Schule beginnt den 1. October.

Die Einschreibungen bei dem Secretariat der Direction finden am 27. und 28. September 1850 statt.

Die Vorprüfungen werden den 30. September abgehalten.

Karlsruhe,

Buchdruckerei von Malsch und Vogel.

Figure 3 : Programm der Grossherzoglich Badischen Polytechnischen Schule zu Karlsruhe für das Jahr 1850–1851 (publié dans le journal de De Villiers).

Source : Bibl. ENPC, ms 3310 (1).

ferroviaires. Une fois de plus, cette démarche consiste à ne pas oublier d'information, pour former leurs successeurs, tout en renseignant les autorités administratives.

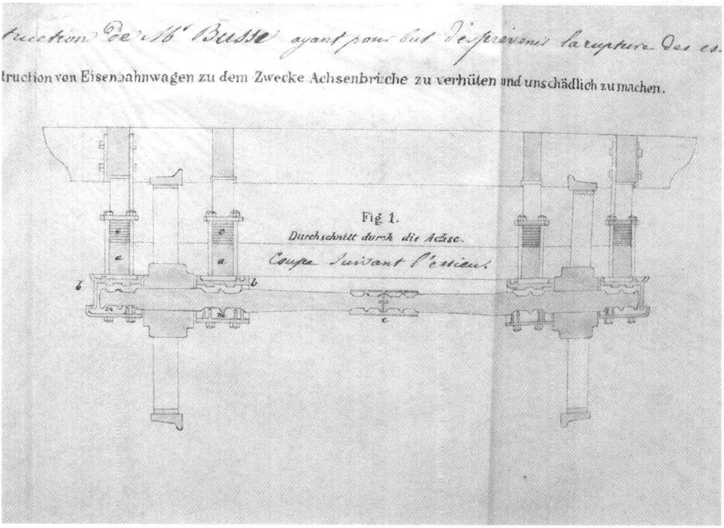

Figure 4 : Coupe d'un essieu dans le journal de mission de De Sappel.

Source : Bibl. Ecole des Ponts et Chaussées, Ms 3304.

Au total, les missions réalisées en Allemagne s'inscrivent au cœur des réflexions techniques et stratégiques du XIXe siècle. Cette démarche devient une pratique administrative à part entière. Les autorités françaises exploitent les connaissances techniques des élèves des Ponts et Chaussées pour rattraper le retard dans le développement industriel.

Le rapport à l'étranger ne repose pas uniquement sur un principe de concurrence entre les pays. En effet, cette approche prouve que l'administration enquête et s'informe de manière continuelle, afin de renouveler ses propres méthodes et de préserver un haut niveau de compétence technique.

Au XIXe siècle, le corps des Ponts et Chaussées est déjà réputé pour ses savoirs techniques, mais il éprouve le besoin de se rénover en s'inspirant des procédés mis en œuvre ailleurs en Europe. Les sources disponibles posent toutefois de sérieux problèmes, car elles insistent sur des liens unilatéraux entre la France et l'Allemagne. A ce titre, elles n'abordent pas les transferts depuis la France vers l'Allemagne, ni la manière dont les informations recueillies sont traitées de manière concrètes ou exploitées au retour de la mission.

De Cuvier à Boutmy: la référence allemande dans les projets de formation des administrateurs français

Brigitte KRULIC
Université Paris Ouest Nanterre La Défense/CRPM - EA 4418

Les modalités de formation et de recrutement des serviteurs de l'Etat s'inscrivent dans les débats qui accompagnent, au cours du XIXe siècle, la construction d'un Etat «moderne» qui implique la professionnalisation d'une administration dotée des qualifications nécessaires à son efficacité et sa légitimité. La constitution d'un corps de fonctionnaires compétent, la définition d'une hiérarchie claire et de procédures de gestion s'inscrivent dans un processus de rationalisation qui va de pair avec un lent travail de démocratisation, au sens où l'administration exécute les décisions résultant de la volonté générale. La mise en perspective comparatiste montre que ces deux mouvements – rationalisation et démocratisation - ne coïncident pas nécessairement: dans les Etats allemands, seul le processus de rationalisation démarre, il est vrai très précocement, tandis qu'en France, on observe une situation complexe, largement due aux bouleversements de la Révolution qui «accélère et perturbe en même temps la rationalisation administrative tout en opérant la rupture d'ordre démocratique[151]».

L'«ingénieur public» des corps de l'Etat (Mines, Ponts et chaussées tout particulièrement) est resté jusqu'aux années 1870 au moins la seule catégorie d'administrateurs soumise à des critères stricts de recrutement et de capacité professionnelle, élaborés sous l'Ancien Régime. La loi du 3 brumaire an IV avait mis en place un système reposant

151 Pierre ROSANVALLON, *Le Modèle politique français. La société civile contre le jacobinisme de 1789 à nos jours*, Paris, Le Seuil, 2004, p. 116.

essentiellement sur les Ecole centrales et les Ecoles spéciales, dotées d'une visée professionnelle et reconnues d'utilité nationale: y figuraient les établissements fondés sous l'Ancien Régime (Ecole des Mines, Ecole des Ponts et Chaussées), quelques grands établissements scientifiques comme le Collège de France ainsi que des créations comme l'Ecole centrale des travaux publics (septembre 1794), par la suite appelée Ecole Polytechnique ou l'Ecole Normale Supérieure (octobre 1794), sans oublier un projet d'«Ecole des sciences politiques» jamais abouti. La réforme napoléonienne de l'Université, après 1806, laissa intactes dans leur relative autonomie ces grandes Ecoles spéciales.

Mais en dehors de ces cas particuliers, le recrutement des employés de ministères s'est opéré pendant des décennies sans condition de diplôme ni de qualification. Les données chiffrées dont nous disposons indiquent que sur moins de 3 000 employés pour l'ensemble des ministères en 1845 (chiffre stable en 1870), dont 350 «employés supérieurs» (chefs de bureaux, sous-directeurs et directeurs), le nombre de bacheliers était inférieur à 300, celui des licenciés à 100 (chiffre de 1870), ce qui explique l'importance numérique et qualitative des «corps» pour l'exercice des fonctions de directeur[152].

A partir de ce constat, les projets de réforme visant à instaurer une formation spécifique pour les employés de ministères n'ont pas manqué; la lente gestation de l'ENA en illustre de manière paradigmatique les difficultés, arrière-plans et enjeux. Les «réformateurs» s'accordaient à déplorer que la loi exigeât des conditions de capacité pour les avocats défenseurs des intérêts privés, mais pas pour les administrateurs des intérêts généraux, mais ils étaient très divisés sur l'identification des besoins – la définition du niveau de connaissances prérequises puis

152 Sous le Second Empire, sur 120 Directeurs, 35 étaient polytechniciens, 9 issus de l'Ecole Normale Supérieure, 6 de l'Ecole Navale, 10 de Saint-Cyr. Sur tous ces aspects, voir les travaux de Guy THUILLIER, en particulier *La Vie quotidienne dans les ministères au XIX*^e^ *siècle*, Comité pour l'histoire économique et financière de la France, Paris, 2004; *La Bureaucratie en France aux XIX*^e^ *et XX siècles*, préface de Jean TULARD. Paris, Economica, 1987; *L'ENA avant l'ENA*, Paris, PUF, 1983; *Pour une histoire de la bureaucratie* en France T. 1 et 2, Comité pour l'histoire économique et financière de la France, Paris, 1999 et 2001.

nécessaires à la carrière et la promotion, les contenus disciplinaires[153] – mais aussi sur le modèle institutionnel à privilégier, avec en ligne de mire le modèle de Polytechnique fondé sur le concours et la logique de corps. La référence au modèle allemand des sciences camérales[154] enseignées dès la première moitié du XVIIIe siècle, et plus largement la référence aux universités de recherche prussiennes traversent en fil conducteur la plupart de ces projets de réforme, que ce soit pour en proposer une adaptation plus ou moins libre ou pour la récuser au nom d'une spécificité française. En filigrane: le débat mené entre les partisans d'un modèle éducatif décentralisé à vocation plutôt encyclopédique et ceux d'une recomposition du modèle de l'Ecole spéciale, sur fond de luttes d'influence pour le contrôle social des élites et de l'institution universitaire. On rappellera enfin que les projets de formation spécifiques des fonctionnaires, quelles que soient leurs sources d'inspiration, ont suscité de fortes résistances: au niveau des institutions universitaires, en particulier des facultés de droit, mais aussi du pouvoir politique jaloux de ses prérogatives en matière de recrutement, enfin des employés eux-mêmes qui refusaient la formation d'une aristocratie administrative. Plus fondamentalement, ces réticences prenaient leur source dans ce que Pierre Rosanvallon analyse comme un effet collatéral de la souveraineté de la nation et de la sacralisation de la loi: la conception émergeant en 1789 d'un pouvoir administratif simple, exécutant mécaniquement les lois, subordonné aux directives du pouvoir politique. Le schéma des grands corps techniques et militaires de l'Etat, recrutés par concours, ne pouvait donc pas être étendu à l'administration sous peine de lui voir prendre trop d'autorité et d'indépendance par rapport au législateur[155].

Un rapide examen, sans prétention d'exhaustivité, de différents documents consacrés à la formation des administrateurs où la référence

153 Guy THUILLIER, *Pour une histoire de la bureaucratie en France* (T. 1), *op. cit.* pp. 471 sq.

154 *Cf. Les Sciences camérales, Activités pratiques et histoire des dispositifs publics*, P. LABORIER, F. AUDREN, P. NAPOLI, J. VOGEL (dir), Paris, PUF, 2011.

155 P. ROSANVALLON, *L'Etat en France de 1789 à nos jours,* Paris, Le Seuil, 1990, pp. 59 sq.

allemande joue un rôle significatif appelle les constatations suivantes. Ce corpus[156] réunit des rapports sur l'organisation des sciences administratives dans un certain nombre d'Etats allemands (en particulier Prusse et Etats du Sud). Il s'agit de rapports publiés comme tels (*Rapport remis à M. le Ministre de l'Instruction Publique sur l'organisation de l'enseignement du droit et des sciences politiques et administratives dans quelques parties de l'Allemagne,* du juriste Charles-Henri Vergé, 1846) ou sous forme d'article (Laboulaye, «De l'enseignement et du noviciat administratif en Allemagne», 1843[157]) ou de notes de cabinet (celle par exemple rédigée en avril 1866 par un membre du cabinet du ministre de l'Instruction publique Duruy[158]), d'ouvrages théoriques intégrant les résultats d'une enquête de terrain (Anselme Batbie, 1860[159]), enfin de mémoires présentés au concours de l'Académie des sciences morales et politiques en 1863 sur la question suivante:

156 En sont exclus des rapports d'enquête consacrés au système éducatif allemand, sans référence particulière aux sciences administratives ni même à l'enseignement supérieur, comme celui de Saint-Marc Girardin *De l'Instruction intermédiaire et de son état dans le midi de l'Allemagne,* Levrault, 1835 ou celui de Victor Cousin, *Rapport sur l'instruction publique dans quelques pays de l'Allemagne et particulièrement en Prusse*, Paris, Levrault, 1833, adressé à Montalivet, ministre de l'Instruction publique.

157 LABOULAYE, *in Revue de législation et de jurisprudence*, t. 18, juillet-décembre 1843, pp. 513–611.

158 La note demande la création d'une chaire de «science financière», enseignement qui existe en Allemagne «dans des proportions étendues et qui y rend d'éminents services», mais qui «manque entièrement à la France, lacune regrettable qui est sans doute la cause principale de l'ignorance qu'on y remarque dans le public, et souvent même parmi les administrateurs, sur les questions relatives à la monnaie, à l'impôt, à l'organisation financière. [...] La faible somme dont une pareille création grèverait le budget serait une charge minime en comparaison des services qu'on doit en attendre pour le gouvernement de l'Empereur et pour le pays» (cité par Corinne DELMAS, «La promotion des sciences camérales en France au XIXe siècle. L'institutionnalisation académique des sciences morales et politiques», *in Les Sciences camérales, Activités pratiques et histoire des dispositifs publics*, *op. cit.*, p. 279, note 31.

159 La mission de Batbie (Allemagne, Belgique et Pays-Bas) concerne particulièrement le droit administratif. On en retrouve des éléments dans son *Traité théorique du droit public et administratif* publié entre 1861 et 1867.

> Déterminez les connaissances utiles aux administrateurs qui peuvent être comprises dans l'enseignement public. Distinguez les aptitudes administratives qui nécessiteraient une instruction théorique et collective d'avec celles qui se développent mieux par le noviciat et la pratique. Etudiez le développement en France surtout depuis 1789 des institutions établies à cet effet. Comparez ces institutions dans leur état actuel avec celles qui sont en vigueur dans divers Etats de l'Europe et particulièrement en Allemagne. Recherchez à l'aide de cette comparaison les éléments d'extension et de transformation qui pourraient servir à améliorer sous ce rapport les institutions en France.[160]

Plus généralement, l'enseignement universitaire des sciences camérales ou administratives est perçu comme une spécificité allemande qui est fréquemment citée, sur le mode positif comme sur le mode négatif, dans les débats parlementaires ou les travaux des diverses commissions ministérielles[161] relatifs aux projets de réforme de la formation administrative ou universitaire.

Ces rapports s'appuient le plus souvent sur des missions de terrain commanditées par les pouvoirs publics, en particulier par les ministres de l'Instruction publique (Salvandy, en 1845: mission Vergé;

160 Six mémoires sont envoyés et c'est celui d'Eugène Lenoël, ancien avocat au Conseil d'Etat, ancien chef de cabinet du ministre de l'Intérieur Thorigny, limogé après le 2 décembre 1851, qui est primé; Lenoël partage la méfiance des cercles libéraux et républicains envers le système du concours et le modèle de Polytechnique, accusés de restreindre le nombre des bénéficiaires de l'instruction supérieure (voir G. THUILLIER, *L'ENA avant l'ENA, op. cit.* p. 109).

161 Par exemple: devant la commission de révision des services administratifs créée en mai 1871, le préfet Charon, ancien secrétaire général du ministère de l'Instruction Publique en mars 1848, demande qu'on réfléchisse à la «création d'écoles préparatoires pour les services administratifs, comme en Prusse et dans le Wurtemberg» (*cf.* G. THUILLIER, *La Vie quotidienne…*, p. 236).
Voir aussi la proposition de loi sur l'enseignement supérieur de Duruy en juillet 1870 (Chap. II «Dispositions particulières aux Facultés des Sciences économiques et administratives»); lors de la séance au Sénat du 4 juillet 1870, Duruy rappelle que l'Allemagne possède depuis longtemps ces facultés «que nos intérêts réclament, que les hommes les plus autorisés conseillent et dont Cuvier traçait le plan il y a plus d'un demi-siècle» (G. THUILLIER, *L'ENA avant l'ENA, op. cit.* p. 121, Note 38).

Rouland en 1860: mission Batbie; Duruy, en 1866: mission Chaurand de Malarcé, ancien élève de l'ENA de 1848). On relève aussi les liens de proximité intellectuelle et politique qui unissent, souvent sur deux générations, les auteurs et commanditaires de rapports ainsi que la prédominance des juristes parmi les auteurs: Laboulaye est membre de la Haute Commission des Etudes de droit reconstituée par Salvandy en 1845; Anselme Batbie, professeur de droit à Paris et futur ministre de l'Instruction publique (ministère de Broglie, 1873), est conseiller de Victor Duruy pour les projets de réforme de l'enseignement supérieur et membre de la sous-commission du Sénat qui examina en 1878 le projet Carnot de recréation d'une Ecole d'Administration. On remarque par ailleurs que la plupart de ces auteurs, comme d'ailleurs les partisans d'un enseignement spécifique des sciences administratives, se réfèrent systématiquement à Cuvier à qui revient incontestablement le rôle de promoteur et défricheur du sujet.

Rappelons que le naturaliste Cuvier s'est aussi illustré comme juriste chargé de nombreuses missions au Conseil d'Etat – où il avait été nommé maître des requêtes en 1813 - et au sein de divers Comités et Conseils, sous l'Empire et la Restauration. Napoléon lui avait confié un rôle clé dans la refondation de l'Université et l'avait chargé en 1811 d'une mission en Allemagne qui donna lieu un rapport intitulé *Rapport sur l'instruction publique dans les nouveaux départements de la basse Allemagne*[162]. De ce document ainsi que de ses notes non publiées rédigées en 1815–1816 et d'un *Rapport au Ministre de l'Intérieur sur l'état de l'instruction publique* (1818) ressort un bilan critique des carences de la formation des administrateurs et des juristes français qui s'appuie sur une connaissance approfondie du système allemand. Cuvier, natif de Montbéliard alors rattaché au duché de Wurtemberg, en avait une expérience toute personnelle: il avait été formé entre 1784 et 1788 à l'Académie Caroline de Stuttgart, comme l'évoque le baron Pasquier dans son éloge funèbre devant la Chambre des Pairs en 1832: «On y apprenait, avec les parties élémentaires et pratiques du droit, tout ce qu'un

162 *Rapport sur l'instruction publique dans les nouveaux départements de la basse Allemagne* fait en exécution du décret impérial du 15 décembre 1810, suivi du projet de décret d'organisation à la signature de Fontanes, 1811, p. 118.

bon administrateur ne peut se dispenser de connaître en finances, en police, en agriculture, en technologie. L'utilité d'une telle instruction avait tellement frappé son esprit qu'il a toujours déploré depuis que l'usage n'en fût pas établi en France. [...] D'où vient qu'on dédaigne, (disait-il), ou du moins qu'on néglige de fournir à la jeunesse les moyens d'acquérir méthodiquement la connaissance de cette foule de dispositions, de règlements qui influent si puissamment sur un nombre infini d'intérêts publics et privés?[163]». Pasquier développe les idées exposées par Cuvier dans ses notes: tout d'abord la nécessité d'instaurer un enseignement «méthodique» et «régulier» des différentes branches de l'administration qui conditionnerait l'accès aux emplois[164]; cela supposerait d'une part une réforme de l'enseignement du droit «trop borné aux choses de pure pratique» et la création de «chaires de police, finances, comptabilité, fabriques, agriculture, commerce», avec une insistance sur la «technologie» (les techniques de l'agriculture, des mines, c'est-à-dire les «moyens mécaniques et chimiques de modifier les substances naturelles pour les usages de la société, ainsi que les genres de fabrication les plus répandus et les plus utiles»).

C'est dans le Rapport de 1811, dont l'objet principal n'est pas la formation des administrateurs mais la réorganisation du système éducatif primaire et secondaire dans les nouveaux départements allemands intégrés à l'Empire[165] qu'on trouve l'esquisse d'une interprétation «culturaliste» du système éducatif allemand: Cuvier souligne le particularisme des formes de souveraineté politique, de gouvernement et de religion[166], mais note que «(toutes) participent plus ou moins à l'esprit qui dirige en Allemagne l'éducation publique et qui tient elle-même aux mœurs et au naturel de la nation allemande». Valorisation de la vie familiale, goût de la lecture et de la «spéculation générale» convergent avec des facteurs d'ordre politique et social, en particulier la «multiplication des souverainetés» et donc de législations diverses,

163 Cité *in* G. THUILLIER, *L'ENA avant l'ENA*, *op. cit.*, pp. 59–60.

164 *Ibidem*, p. 57.

165 Bouches du Weser, Bouches de l'Elbe, Ems oriental, Ems supérieur, Lippe (c'est-à-dire Hambourg, Brême, Munster, Osnabrück, Lünebourg).

166 CUVIER, *Rapport*.... pp. 2–3.

pour favoriser en Allemagne une approche intellectuelle fondée sur les méthodes de la recherche: vérification des sources, sous peine de tout trouver «étranglé et insuffisant[167]», acquisition d'une formation générale de type encyclopédique permettant ensuite un accès plus aisé aux savoirs spécialisés, ainsi qu'une perspective plus large: «le jurisconsulte ne se contente point de posséder le code qui prévaut dans son pays». Grâce à l'étude des principes généraux du droit naturel et de la politique, l'analyse des institutions des pays européens, l'histoire du droit, l'histoire politique des nations, les «grands fonctionnaires» ne risquent pas d'être laissés «dans l'ornière de leur profession primitive». Cuvier note en conclusion du rapport qu'il sera très difficile d'appliquer aux nouveaux départements un «régime uniforme[168]».

Si Cuvier ne put réaliser son projet, élaboré entre 1819 et 1820, de «faculté des sciences administratives et politiques», il n'en influença pas moins les partisans de la réforme, et ce jusqu'à la fin du siècle, puisque Taine s'y réfère dans *Les Origines de la France contemporaine*[169]. Rendre hommage à Cuvier semble être un point de passage obligé dans tous les projets de réformes qui se succèdent: on lui sait gré d'avoir mis en évidence les lacunes du système français en le confrontant à la situation outre-Rhin. Citons par exemple Salvandy qui dans un rapport de 1838 à la Commission des Hautes Etudes de Droit évoque Cuvier comme «l'un des hommes les plus éminents que la science administrative comme tant d'autres sciences ait compté à sa tête» et qui voulait ériger l'étude approfondie et complète de la science administrative au rang de faculté[170].

On ne s'étonnera donc pas de retrouver quelques idées clés de Cuvier dans le rapport de mission rédigé en 1843 par Laboulaye.

167 *Ibidem,* p. 5.
168 *Ibidem*, p. 107.
169 H. TAINE, *Les Origines de la France contemporaine,* Tome 2, Livre 6, Paris, Robert Laffont, coll. Bouquins, 1986, p. 742: Taine fait référence au Rapport de 1811 ainsi qu'au *Rapport sur l'instruction publique dans quelques pays de l'Allemagne et particulièrement en Prusse* de V. Cousin (1833); on trouve aussi une citation du Rapport de Cuvier en note 1, p. 716.
170 Cité *in* G. THUILLIER, *L'ENA avant l'ENA, op. cit.* pp. 65–66.

Historien du droit nommé en 1849 à la chaire de droit comparé du Collège de France, auteur d'un *Essai sur Savigny* publié en 1843 et bon connaisseur des travaux de Humboldt, en particulier *Ideen zu einem Versuch, die Grenzen der Wirksamkeit des Staats zu bestimmen* dont on trouve l'écho dans son ouvrage *L'Etat et ses limites* (1863), Laboulaye appartient sous l'Empire aux cercles libéraux; il fera une belle carrière de sénateur sous la IIIe République. Dans son article de 1843 – dont on retrouve les idées importantes dans d'autres publications, par ex. «Quelques réflexions sur l'enseignement du droit en France[171]», il déplore les «maigres ressources offertes par une grande nation à ceux qui se vouent aux emplois publics», réduites à un enseignement de droit administratif dans les facultés de droit et quelques chaires d'économie politique; il contraste cette situation avec celle prévalant en Prusse. Sont particulièrement concernées certaines branches du gouvernement pourtant importantes comme la Cour des comptes, les services fiscaux, les douanes, postes, la carrière préfectorale où l'on n'entre et n'avance qu'à la «faveur», sans autre condition de sélectivité que le surnumérariat. Laboulaye rappelle ensuite la nécessité d'instaurer un enseignement public qui ne se borne pas à la formation de praticiens: il vise là l'enseignement du droit administratif fondé sur le contentieux plutôt que sur le système administratif, avec les conséquences induites: des employés sans ouverture intellectuelle, routiniers, incapables de concevoir des idées d'amélioration et de progrès, et une infime minorité d'hommes supérieurs qui ne doivent qu'à eux mêmes leur éducation et ne sont ni compris ni soutenus par leur hiérarchie. «L'ignorance commune» favorise l'immobilisme et le refus du progrès car personne n'est en mesure d'évaluer les conséquences des changements. Une administration bien formée, recrutée parmi l'élite d'une génération inspirerait l'estime du public et assurerait la stabilité du gouvernement en dépit de la mouvance des partis et des opinions.

Toujours à la suite de Cuvier, Laboulaye décrit le système universitaire allemand en matière de sciences administratives, en développant l'exemple de l'université de Tübingen; il propose de créer sur ce modèle

171 *In Revue de législation et de jurisprudence*, novembre 1845, pp. 1–83.

une ou plusieurs Facultés d'administration distinctes des Facultés de Droit, comprenant quatorze chaires (sciences politiques et administratives, économie politique, administration financière, droit des gens, etc., sans oublier la «technologie»). Toutefois, on relève chez lui la volonté d'adapter ces nouvelles structures aux spécificités de cette «nation du midi» qu'est la France où l'administration doit former une «véritable armée qui a besoin d'une direction énergique et visible[172]». Ce qui est bien loin d'être le cas, souligne-t-il: d'un côté, les cadres formés dans les Grandes Ecoles techniques de l'Etat (Ponts, Mines, Artillerie), égaux en science et en travail, légitimés par le même «baptême scientifique», de l'autre, une «administration sans unité» où l'on trouve le préfet, le directeur des contributions, le conseiller de préfecture, «tous partis de points différents [...], étrangers l'un à l'autre», agissant chacun «dans l'intérêt étroit de leur direction», recrutés «par protection» ou par le hasard des circonstances. Pour corriger cette situation, il faut que se constitue chez les administrateurs cet «esprit de corps» fondé sur une formation commune et un recrutement par concours, lequel permet aux candidats de «faire publiquement preuve (de leur) instruction et de (leur) capacité[173]». On voit qu'il propose en fait de greffer sur le modèle allemand de formation universitaire «encyclopédique» certains aspects du modèle bien français de Polytechnique.

Le rapport de Laboulaye énonce un certain nombre de propositions autour desquelles s'articulent les débats autour de la formation des administrateurs: le choix du concours de préférence à l'examen pour le recrutement des étudiants; l'orientation «encyclopédique» du cursus. Dans son rapport déjà cité (1846), Vergé se démarque de Laboulaye sur ces deux points essentiels. Plus fondamentalement, les désaccords qui freinent la mise en place durable de réformes renvoient à des conceptions différentes du rapport à la tradition éducative et administrative, et corrélativement, à l'influence plus ou moins grande qu'on est prêt à accorder à des modèles étrangers. Cette idée est résumée par Hippolyte Carnot en avril 1865 dans un plaidoyer devant le Corps législatif

172 LABOULAYE, «De l'enseignement et du noviciat administratif en Allemagne», p. 543.
173 *Ibidem.*

pour la création d'un «enseignement supérieur des sciences politiques à l'usage des jeunes gens qui se destinent aux fonctions civiles de l'Etat, soit qu'à l'exemple de l'Allemagne on joigne cet enseignement à celui des facultés, soit que, préférant une tradition plus française, on songe à créer une école spéciale suivant le type de l'Ecole Polytechnique[174]».

Les premiers projets d'institution d'enseignement destinée à la formation des cadres de l'administration préconisaient une transposition du modèle Polytechnique: Guy Thuillier a fait un inventaire précis des différentes ébauches antérieures à la création de l'ENA de 1848 où la prédominance de la référence à Polytechnique, c'est-à-dire de la «tradition plus française», est claire, depuis le rapport au ministre de l'Intérieur présenté en 1800 par Destutt de Tacy demandant la création d'une école spéciale pour les sciences morales et politiques qui soit «l'équivalent» de l'X, avec pour objectifs prioritaires la formation de «bons citoyens» et l'attribution des «places éminentes de la République» à ceux qui auraient fait la preuve de leurs connaissances et de leur mérite[175]. On la retrouve encore, par exemple, dans une série d'articles publiés par l'ingénieur des Mines Lamé-Fleury en 1864–1865 dans le *Journal des Economistes*, intitulés «De l'enseignement professionnel (sciences administratives et politiques) et du mode de recrutement des fonctionnaires publics[176]»; Lamé-Fleury analyse les systèmes étrangers pour conclure en faveur du modèle de Polytechnique et de ses écoles d'application (Mines, Ponts); soucieux d'éviter une prééminence des juristes dans la haute administration, il rejette l'idée d'une Ecole recrutant ses auditeurs parmi les licenciés en droit, idée défendue par Salvandy auquel il reproche d'avoir «trop légèrement admis le système allemand et son effroyable cortège de chaires[177]».

Les raisons et enjeux de cette célébration des grands corps d'ingénieurs publics qui perdure depuis deux siècles ont été abondamment analysés; pour citer Rosanvallon: «L'Ecole polytechnique n'a cessé d'être chérie pour cette raison, ajoutant à la réinvention démocratique

174 Cité *in* G. THUILLIER, *L'ENA avant l'ENA, op. cit.* p. 115.
175 G. THUILLIER *La Vie quotidienne ds les ministères au XIXe siècle*, pp. 229 sq.
176 *L'ENA avant l'ENA*, pp. 111 sq.
177 *Ibidem,* p. 114, note 14.

de l'élitisme la gloire d'une identification à l'Etat[178]». On est là au cœur même des stratégies présidant à la formation des élites françaises: le rôle et le statut des différents acteurs, le niveau de contrôle exercé par l'Etat, la place accordée aux universités, les concurrences institutionnelles et disciplinaires, qui expliquent les réticences des juristes envers la création de nouvelles formations, comme par exemple la licence de sciences administratives créée sous le Second Empire par Duruy[179]. Mais surtout, la réorganisation des études juridiques amorcée par la loi du 1er mars 1802 s'était opérée selon des principes radicalement différents des projets d'Académies de sciences administratives et politiques élaborés à la Révolution et des modèles d'universités à l'allemande: le système napoléonien fixait des règles restrictives à l'exercice des fonctions juridiques (avocat, juge, commissaire du gouvernement; avoué près les tribunaux; ou enseignant de droit à université) en les liant à des grades garantis par l'Etat[180]. La fonction sociale des facultés de droit était ainsi limitée «aux tâches utilitaires d'inculcation du droit appliqué[181]», sans aucune dimension historique, philosophique ni d'ouverture à des sciences de l'Etat, suspectes aux yeux de Napoléon. L'unicité des diplômes sanctionnée par la puissance publique imposait des programmes «conformes aux prescriptions de l'Etat suivant la représentation que lui-même se fait des besoins professionnels[182]», représentation détachée des mouvements scientifiques contemporains.

C'est à partir de ce constat que Boutmy publie en 1871 *Quelques idées sur la création d'une faculté libre d'enseignement supérieur*[183]. L'essai se présente comme une variation, bien dans l'air du temps, sur

178 P. ROSANVALLON, *Le Modèle politique français. La société civile contre le jacobinisme de 1789 à nos jours*, Paris, Le Seuil, 2004, p. 401.

179 Sur ce sujet, voir Pierre FAVRE, *Naissance de la science politique en France*, 1870–1914, Paris, Fayard, 1989.

180 Depuis 1813, la licence en droit était exigée pour les auditeurs au Conseil d'Etat.

181 *Cf.* Jacques VERGER (dir.), *Histoire des universités en France*, Paris, Bibliothèque historique Privat, 1986, 3e partie: Victor KARADY «Des facultés napoléoniennes à l'université de masse», p. 267.

182 *Ibidem*, p. 268.

183 E. BOUTMY, *Quelques idées sur la création d'une faculté libre d'enseignement supérieur*, Paris, Lainé, 1871.

le thème de l'indispensable «réforme politique et morale» de la France vaincue; selon Boutmy, la défaite est aussi imputable au fait que les élites politiques administratives devaient trop souvent leurs postes à la cooptation ou aux circonstances et manquaient de formation spécifique: c'est l'université de Berlin qui a triomphé à Sadowa et Sedan[184]. Boutmy ne développe pas ses idées en matière de formation des fonctionnaires mais énonce quelques principes généraux destinés à inspirer l'Ecole libre des sciences politiques en gestation: la nécessité d'inculquer le culte des choses élevées et le goût des études difficiles pour former une élite de citoyens éclairés qui de proche en proche donnera le ton à toute la nation. Cette orientation libérale, marquée par le protestantisme et la référence à l'université de recherche à l'allemande[185], marque une prise de distance critique par rapport au modèle centralisé et étatique dont on trouve une synthèse brillante dans les *Origines de la France contemporaine*. Rendant hommage à Cuvier et à Cousin qui ont démontré les mérites d'un système académique à vocation encyclopédique et de recherche, Taine reprend l'argumentation de Laboulaye contre les facultés de droit conçues par Napoléon pour former des exécutants capables d'appliquer les lois, mais non des critiques capables de les juger[186]. Quant au principe de l'«Ecole spéciale» destinée à former dans un «art limité[187]», il est vicié dans son fondement même par sa subordination aux besoins de l'Etat: il en résulte des institutions «séparées les unes des autres, chacune ayant pour but de créer, constater et proclamer une capacité pratique», où l'élève est «caserné[188]». «Ce sont des entreprises de jardinage systématique, énergique et prolongé; l'Etat, jardinier en chef, agrée ou choisit des plants qu'il se charge de mener à bien, chacun en son espèce[189]».

184 E. BOUTMY, *op. cit.* p. 5.
185 Voir Pierre FAVRE, *Naissance de la science politique en France*, 1870–1914, *op. cit.*
186 *Les Origines de la France contemporaine*, T. 2, p. 720.
187 *Les Origines* Tome 2, p. 718.
188 *Ibid.* p. 754.
189 *Ibid.* p. 755.

On sait que très vite, l'Ecole libre admit la nécessité de professionnaliser ses enseignements, en liant certains cours, dès 1872–1873, aux impératifs de préparation des concours dont l'institutionnalisation dans l'administration fut à peu près contemporaine (après 1880[190]), avec des effets de décalage importants selon les ministères et les corps.

La référence allemande traverse en leitmotiv discret mais continu les projets de réforme du système d'enseignement supérieur et de formation des cadres administratifs, sur plusieurs décennies. On y reconnaît en écho certains thèmes bien connus, comme par exemple la valorisation, chez les Libéraux, du modèle universitaire prussien réputé incarner l'esprit de liberté d'inspiration protestante et le goût du savoir, tout à rebours de l'étatisme français. La plupart de ces projets manifestent le souci d'emprunter au modèle allemand des éléments susceptibles d'être acculturés à l'administration et la culture étatique françaises. Concours ou examen, chaires universitaires ou grandes Ecoles spéciales, les occasions de tiraillements et d'oscillations ne manquaient pas, parfois à fronts renversés, lorsqu'on voit les Libéraux partisans de la *Lern- und Lehrfreiheit* se ranger parmi les défenseurs du concours. De ce fait, l'histoire de la référence allemande dans les projets de formation administrative s'inscrit dans l'histoire des relations intellectuelles franco-allemandes sous la forme d'un essai non abouti de transfert culturel.

190 Sur cette évolution complexe due entre autres aux réticences de l'administration, *cf.* P. FAVRE, *op. cit.* p. 40.

L'Ecole d'Administration de 1848: entre le modèle de Polytechnique et la référence aux universités allemandes

Françoise DREYFUS
Université Paris 1

> Au nom du peuple français, une Ecole d'administration, destinée au recrutement des diverses branches d'administration dépourvues jusqu'à présent d'écoles préparatoires, sera établie sur des bases analogues à celles de l'Ecole Polytechnique[191].

La création de cette école dont la vie fut de courte durée[192] – elle est supprimée par une loi du 9 août 1849[193] – résulte d'un projet politique et s'appuie sur une conception des savoirs au service de l'action dont les fonctionnaires doivent être dotés, ne se limitant pas à la seule connaissance du Code civil qui constitue l'essentiel de l'enseignement dans les facultés de droit.

En fait, comme l'ont noté les auteurs qui se sont intéressés à l'Ecole d'administration de 1848, celle-ci «ne fut pas une création spontanée. A dire vrai, elle était l'aboutissement d'une longue série d'études et d'essais[194]», parmi lesquels «le seul projet élaboré semble avoir été celui du saint-simonien Charles Duveyrier[195]», qui le décrit avec un

191 Arrêté du Gouvernement provisoire du 8 mars 1848.

192 Voir l'analyse des raisons de la suppression de l'Ecole, V. WRIGHT, «L'Ecole nationale d'administration de 1848–1849: un échec révélateur», *Revue historique*, CCLV, 1, 1976, pp. 21–42.

193 A la suite de l'élection présidentielle de décembre 1848, Falloux, très hostile à l'Ecole, est nommé ministre de l'Instruction publique et la victoire du parti de l'ordre aux élections législatives de mai 1849 lui permet de mettre un terme à cette expérience «républicaine».

194 A. LOUVEL, «Ecole d'administration de 1848», *Etudes d'histoire moderne et contemporaine*, Paris, Hatier, 1948, T. II, p. 20.

195 G. THUILLIER, *L'ENA avant l'ENA*, Paris, PUF, 1983, p. 479.

luxe de détails dans sa 20ème Lettre politique[196]. La prise de position de C. Duveyrier – qui écrit sur les sujets les plus divers - s'inscrit dans le contexte d'un débat engagé à la fin des années 1830 qui concerne la formation des fonctionnaires et porte, en particulier, sur les connaissances que recouvre le terme «science administrative», mais aussi sur l'institution qui devrait être chargée de son enseignement.

Comme on le sait, Cuvier avait déjà présenté en 1820, un projet d'ordonnance – tombé aux oubliettes – créant une «faculté ou école spéciale d'administration» qui visait à introduire en France un système directement inspiré de celui existant en Allemagne[197], où l'accès à la fonction publique était conditionné par la possession d'un diplôme «de sciences camérales». Sous la monarchie de Juillet, les questions auxquelles Cuvier entendait répondre sont remises à l'ordre du jour dès 1838 et matières à controverses[198].

Au-delà du double problème du contenu des enseignements utiles aux futurs fonctionnaires et de l'institution qui doit les dispenser, les modalités de recrutement dans l'administration constituent un sujet épineux; et le parti adopté sur ces différents enjeux par Hippolyte Carnot, ministre provisoire de l'Instruction publique[199] qui crée l'Ecole d'administration en 1848, contribuera à sa liquidation.

196 C. DUVEYRIER, *Lettres politiques,* Paris, Beck, 1843 T. II, pp. 197–252; voir *in* G. THUILLIER, *op. cit.*, pp. 483–496.

197 Cuvier avait fait ses études d'histoire naturelle à la faculté d'administration de l'université de Stuttgart, cette chaire faisant partie des sciences camérales.

198 Voir, p. ex. F. DREYFUS, *L'Invention de la bureaucratie. Servir l'Etat en France, en Grande Bretagne et aux Etats Unis (XVIIIè–XXè siècles)*, Paris, La Découverte, 2000, pp. 180–181.

199 La carrière d'H. Carnot au ministère fut de courte durée (24 février-5 juillet 1848); il fut renversé par l'Assemblée constituante qui le tenait responsable du Manuel civique élaboré par Renouvier, le secrétaire de la Haute commission des études créée par le ministre, et jugé «trop socialisant»; P. CARNOT, *Hippolyte Carnot et le ministère de l'Instruction publique et des cultes de la IIè République: 24 février- 5 juillet 1848*, PUF, 1948, p. 8. Son successeur, Vaulabelle, défendit avec vigueur le 31 août le projet de loi visant à donner un statut à l'Ecole d'administration.

Quelle science pour les administrateurs?

Il n'est pas inutile de rappeler tout d'abord que, bien que les écoles de droit aient été créées en 1804 et que la loi les instituant avait prévu qu'il y serait enseigné le droit civil et le droit public français, la première chaire de Droit public et administratif français ne voit le jour qu'en 1819, à Paris; celle de droit constitutionnel n'est créée qu'en 1835. Mais ces disciplines restent marginales dans les cursus - l'enseignement du droit administratif emprunte d'ailleurs sa méthode à celle du droit civil, l'exégèse des textes[200] - et ne contribuent pas à former des administrateurs. Vivien notait:

> tandis que l'Etat entretient et propage toutes les connaissances qui ont pour objet le bien-être individuel ou les droits privés des citoyens, il a toujours laissé dans l'oubli et négligé celles qui embrassent les intérêts généraux de la société. Il prépare et fait des avocats et des médecins, il ne s'occupe point de créer des hommes publics, des administrateurs, des diplomates, des financiers.[201]

Pourtant «depuis longtemps, les vœux d'hommes éclairés appellent [...] l'institution d'un vaste enseignement des sciences politiques et administratives», à l'instar «des systèmes mis en pratique avec succès

200 Le baron de Gérando, titulaire de la chaire de droit administratif à Paris depuis 1818, publie les *Institutes de droit administratif français*, Paris, Pourchet, 1829–1836, vol. 6, un recueil des textes législatifs relatifs à l'organisation et aux pouvoirs des autorités administratives, dont le titre fait référence sans ambigüité au droit romain et au-delà, au code civil. Toutefois, selon F. Laferrière rendant hommage à l'esprit philosophique de Gérando, «le droit public et administratif français apparaissait, dès lors, dans l'enseignement comme une importante branche de la science sociale, comme une théorie féconde par son alliance avec la pratique», F. LAFERRIERE, De l'enseignement administratif dans les facultés de droit et d'une école spéciale d'administration, *Revue de législation*, T. XXXIV, 1849, p. 107.

201 VIVIEN, *Etudes administratives*, Paris, Cujas, 1859, T. I, p. 204. Il faut noter que l'édition de 1859, publiée cinq ans après le décès de son auteur, reproduit celle de 1852 remaniant et augmentant celle de 1845; le coup d'Etat du 2 décembre 1851 et la dissolution du Conseil d'Etat dont Vivien était le vice-président mirent un terme à sa carrière.

dans plusieurs Universités d'Allemagne[202]». Ce constat de F. Laferrière, inspecteur général de l'université, s'appuie notamment sur l'étude menée par Edouard Laboulaye, chargé en 1840 par Victor Cousin[203] (alors ministre de l'Instruction publique) de visiter les universités allemandes pour examiner leur système[204]. V. Cousin avait lui aussi séjourné en Allemagne et à n'en pas douter, il savait qu'on y enseignait les sciences camérales.

Quant à Carnot, se référant d'abord à Cuvier et à son projet «de fonder en France l'enseignement de la science administrative[205]», il écrit: «nous-même nous avons reconnu l'importance de cet enseignement en le voyant à l'œuvre en Allemagne[206]». Il avait en effet vécu à Magdebourg, en exil avec son père, jusqu'en 1823[207].

Quel est alors le contenu de cette science administrative dont Carnot estime que les administrateurs doivent y avoir été formés? Les chaires créées par le gouvernement prussien par un décret du 23 juillet 1727 s'intitulent: «Economie et affaires camérales et de la police». Cette dernière notion est englobante en Allemagne[208], comme en France d'ailleurs; pour Vivien,

> La police […] est l'ordre même qui préside à une société […] Dans un sens plus restreint, la police embrasse encore tout ce qui importe au bien-être habituel, à la sécurité, et si nous osions employer ce mot, au confort du peuple […] Si l'on voulait étudier la police dans tous les objets qu'elle comprend, il faudrait passer en revue l'administration toute entière[209].

202 F. LAFERRIERE, *precit.*, p. 104.

203 Voir Lettre de Victor Cousin, 6 juin 1840 *in* Pierre LEGENDRE, «Méditation sur l'esprit libéral. La leçon d'Edouard de Laboulaye, Juriste-témoin», *Revue du Droit Public*, 1971, 1, p. 103.

204 Edouard de LABOULAYE, «De l'enseignement et du noviciat administratif en Allemagne», *Revue de législation et de jurisprudence*, 1843, T. XVIII, pp. 513 sq.

205 H. CARNOT, *Le ministère de l'Instruction publique et des cultes depuis le 24 février jusqu'au 5 juillet 1848*, Paris, Pagnère, 1848, p. 58.

206 *Ibid.*

207 Voir P. CARNOT, *op. cit.*, p. 17.

208 Voir P. LABORIER, «La ‹bonne police›. Sciences camérales et pouvoir absolutiste dans les Etats allemands», *Politix*, 1999, n° 48, pp. 7–35.

209 VIVIEN, *op. cit.,* T. II, pp. 112–113.

Les chaires allemandes comportent également «de nouvelles disciplines techniques, financières, statistiques ou économique ou branches latérales de la médecine et de la biologie», et sont intégrées à Berlin, Leipzig et Heidelberg dans le cursus des facultés de philosophie, «en tant que dérivés de la philosophie pratique, parties des sciences philosophiques de l'Etat[210]». En Bavière et dans le Wurtemberg, ces matières sont enseignées dans une faculté des sciences politiques et administratives. Mais partout la science juridique reste, de son côté, professée dans les facultés de droit.

Le débat français qui s'était développé au sein de la commission des hautes études de droit, créée en 1846 par Salvandy, redevenu ministre de l'Instruction publique[211], avait porté sur les savoirs nécessaires aux futurs administrateurs; un souhait unanime se manifestait en faveur d'un renforcement de l'enseignement du droit administratif, grâce à la création d'une deuxième chaire de cette discipline dans chaque faculté de droit. Quant aux autres disciplines non juridiques *stricto sensu*, elles n'étaient envisagées que dans le cadre d'une école spéciale de science politique et administrative[212] destinée à former les futurs administrateurs et dont l'accès ne serait ouvert qu'aux licenciés en droit[213]. Cette proposition n'avait pas été concrétisée avant que n'éclate la révolution de 1848.

L'épineuse question du lien entre l'école spéciale et la formation juridique, ne serait-ce que par l'obligation pour les candidats d'être titulaires d'une licence en droit, est tranchée par le gouvernement provisoire au détriment de tout rattachement aux facultés de droit. Vivien en explique sans ambages les raisons:

210 M. STOLLEIS, *Histoire du droit public en Allemagne, 1600–1800*, Paris, PUF, 1998, p. 570.

211 Ministre de l'Instruction publique de 1837 à 1839, il avait déjà nommé une Commission des hautes études de droit en vue d'introduire les sciences administrative et politique dans le cursus des facultés de droit qu'il souhaitait réorganiser.

212 F. Laferrière qui a été membre de la Commission des études de droit de 1846 donne la liste des cours qui auraient pu figurer dans le programme de l'école spéciale d'application dont la création avait été proposée, sans succès. Voir F. LAFERRIERE, *art. precit.*, pp. 131–132.

213 Voir F. LAFERRIERE, *art. precit.*, p. 112.

> Ce n'est pas un simple développement de l'enseignement actuel qu'il s'agit de constituer, mais un enseignement spécial avec son esprit propre et son caractère particulier. De nouveaux professeurs attachés aux facultés de droit ne tarderait point à en adopter l'esprit trop juridique[214].

L'Ecole d'administration dont H. Carnot est le promoteur n'est pas conçue comme une école d'application, mais bien comme une institution dispensant une formation de haut niveau pendant trois années d'études.

Une école polytechnique pour les administrateurs

L'idée de l'école destinée à préparer aux différents métiers de l'administration en enseignant des matières très variées, c'est-à-dire privilégiant une formation généraliste, s'inspire du modèle de l'Ecole polytechnique, créée en 1794 par la Convention conformément aux propositions, entre autres, de Monge et de Lazare Carnot, le père d'Hippolyte[215].

Outre la révérence à l'histoire familiale, le passé saint-simonien d'H. Carnot[216] et celui de ses amis Edouard Charton et Jean Reynaud[217]

214 VIVIEN, *op. cit.* T. I, p. 205.

215 Sadi, frère aîné d'Hippolyte, fut élève de l'Ecole (promotion 1812) et le «découvreur» des lois de la thermodynamique. Sa brillante carrière de physicien fut interrompue par le choléra dont il mourut en 1832.

216 «La pensée de la perfectibilité individuelle et sociale et le sentiment de la solidarité humaine n'ont été, nulle part, professés et pratiquée avec une ardeur plus sincère que dans l'Ecole Saint-simonienne» H. CARNOT, *Sur le Saint-Simonisme*, Académie des Sciences morales et politiques, 1887, cité in P. CARNOT, *op. cit.*, pp. 11–12. Il avait adhéré à l'école saint-simonienne en 1825, rédigé un «exposé de la doctrine» en quatre volumes, puis en désaccord avec la «légitimation de l'adultère» prônée par Enfantin il s'en était séparé, voir P. CARNOT, *op. cit.*, pp. 23–24.

217 Tous deux ont été appelés au ministère par H. Carnot: J. Reynaud, polytechnicien et ingénieur des mines, présidait la Haute commission des études scientifiques et littéraire qui approuva la création de l'Ecole, puis il devint sous-secrétaire d'Etat

n'est pas sans influence sur la création de l'Ecole d'administration. A l'instar d'Enfantin qui voyait dans Polytechnique le véhicule de la doctrine saint-simonienne[218], l'Ecole d'administration a vocation à former des administrateurs républicains imprégnés des idéaux de 1848. Dans une circulaire programmatique, adressée aux recteurs, qui embrasse l'ensemble du système d'enseignement H. Carnot rappelle que l'Ecole polytechnique «en 1848, comme en 1830 et en 1815, a su remplir si héroïquement ses devoirs envers le peuple», qu'«il faut que toutes les branches du service national aient aujourd'hui leur école polytechnique[219].» Le propos est clair:

> Je ne saurais cependant terminer cette lettre sans vous signaler un des devoirs nouveaux les plus considérables que la révolution qui vient de s'accomplir impose désormais à notre ministère. C'est la formation des administrateurs et des hommes d'Etat [...] par une éducation spéciale[220].

Alors que le projet de Cuvier, qu'invoque Carnot, consistait à créer une faculté d'administration comportant des cours et exercices sur diverses matières et délivrant après deux années d'études un diplôme exigé pour accéder notamment aux fonctions de sous-préfet, préfet et maître des requêtes au Conseil d'Etat, le ministre de 1848 justifie l'autonomie d'une école par rapport à l'université. Carnot, tout en reconnaissant l'importance de l'enseignement des sciences camérales tel qu'il est dispensé en Allemagne, estime en se référant «aux traditions de la révolution française, qui a créé les écoles spéciales, [...] qu'une école spéciale peut seule acclimater [l'enseignement de la science

---

du ministère; c'est lui qui rédigea les programmes d'enseignement de l'Ecole. Charton fut nommé secrétaire général du ministère.

218 «Il faut que l'Ecole Polytechnique soit le canal par lequel nos idées se répandent dans la société; c'est le lait que nous avons sucé à notre chère Ecole qui doit nourrir les générations à venir. Nous y avons appris la langue positive et les méthodes de recherche et de démonstration qui doivent aujourd'hui faire marcher les sciences politiques», S. CHARLETY, *Histoire du Saint simonisme (1825–1864)*, Paris, Hachette, 1896, p. 61.

219 Circulaire du 28 février 1848 adressée aux recteurs, *in* H. CARNOT, *op. cit.*, p. 20.

220 *Ibid.*, p. 22.

administrative] parmi nous[221]». En 1878 – après qu'un nouveau projet d'Ecole, présenté en 1876, a été repoussé – il rappelle que

> ce n'est pas seulement le juste renom et la popularité de l'Ecole polytechnique qui nous avait inspiré ce rapprochement. Il caractérisait la pensée de la nouvelle institution. C'était bien un établissement supérieur que nous voulions fonder[222].

Malheureusement des circonstances du moment – notamment financières – ne permettant pas de créer de toutes pièces un établissement avec son personnel propre, naît l'idée de placer cette école «sous les auspices du Collège de France [...] jusqu'au jour où elle pourrait vivre de sa propre vie[223]. Ce choix n'est évidemment pas innocent. Indépendant de l'université, ayant toujours servi «de foyer aux enseignements nouveaux», le Collège de France jouit de privilèges particuliers et se rattache «d'une manière toute spéciale au pouvoir gouvernemental, et peut se modifier conformément aux connaissances nouvelles dont l'enseignement est reconnu nécessaire par l'Etat[224]». La suppression de trois chaires en raison des orientations idéologiques de leurs titulaires, peu conformes aux idéaux du moment[225], est justifiée par le fait qu'aucun système absolu ne devait être enseigné au nom de l'Etat.

Afin de former les élèves de l'Ecole d'administration aux diverses disciplines considérées comme professionnellement utiles, neuf chaires sont créées au Collège de France[226]; quatre d'entre elles, consacrées au

221 H. CARNOT, *Le ministère de l'Instruction publique et des cultes depuis le 24 février jusqu'au 5 juillet 1848*, *op. cit.*, p. 58.

222 H. CARNOT, *L'Ecole d'administration*, Versailles, Aubert, 1878, cité *in* P. CARNOT, *op. cit.*, p. 62.

223 H. CARNOT, *Le ministère de l'Instruction publique et des cultes...*, *op. cit.*, p. 58.

224 *Ibid.*, p. 57.

225 En particulier, est supprimée la seule chaire d'économie politique existant en France, dont le titulaire Michel Chevallier répandait les théories des économistes anglais, alors que l'Etat n'a pas «adopté le libre échange comme sa religion économique»; voir *ibid.*, pp. 59–60.

226 Droit politique français et droit politique comparé; droit international et histoire des traités; droit criminel; économie générale et statistique de la population; économie générale et statistique de l'agriculture; économie générale et statistique des mines, arts et manufactures; économie générale et statistique des travaux publics;

droit, remplacent celle de droit naturel qui a été supprimée. Toutefois, au sein du cursus qui aurait dû s'étendre sur trois ans, une large place était faite à d'autres enseignements[227].

> Notre ambition, écrivait Carnot, visait plus haut qu'à établir une pépinière pour les services publics: nous voulions élever en France le niveau de l'éducation politique, à la fois par l'exemple, par le rayonnement et par la concurrence. C'est pourquoi les programmes [...] devaient, – à côté de l'Enseignement professionnel – faire une large part aux études scientifiques et littéraires, qui meublent les intelligences et leur donnent de l'ampleur[228].

Le programme, établi par Jean Reynaud, est contesté parce qu'il comporte diverses matières sans liens avec les fonctions auxquelles se destinent les élèves[229]. Que dire aussi du fait que les chaires nouvellement créées au Collège de France soient confiées à des républicains parmi lesquels figurent quatre membres du gouvernement provisoire? Cette initiative assez peu judicieuse a contribué, parmi d'autres, à mobiliser les oppositions politiques contre l'Ecole. Celles-ci, quels que soient les arguments avancés pour les légitimer, trouvent cependant leur origine dans ce que représente l'école d'administration qui, à l'instar de Polytechnique[230], doit être démocratique et, fondamentalement, dans le système de recrutement des fonctionnaires parmi ceux qui auront accompli leur scolarité à l'Ecole d'administration.

économie générale et statistique des finances et du commerce; droit administratif, histoire des institutions administratives françaises et étrangères. Voir A. LOUVEL, «Ecole d'administration de 1848», *op. cit.*, p. 24.

227 *Ibid.*, p. 28.

228 H. Carnot, *in* P. CARNOT, *op. cit.*, p. 61.

229 Voir V. WRIGHT, *art. precit.*, p. 39.

230 «Cette école n'est pas seulement chère au peuple français par le patriotisme qui l'a toujours distinguée, mais par son institution qui est essentiellement démocratique», H. CARNOT, *op. cit.*, p. 20.

Promouvoir un recrutement démocratique

La création de l'école trouve son fondement dans le fait que

> tandis que pour exercer comme avocat ou comme médecin, pour arriver aux grades de l'armée, pour servir le pays comme ingénieur des mines ou des ponts et chaussées, il faut avoir constaté son aptitude par des examens, on peut obtenir la direction d'un département, la gestion des plus grands intérêts financiers, la responsabilité des affaires diplomatiques les plus graves, sans avoir fait aucune étude de l'administration, des finances ou de la politique. La faveur, la fortune, le hasard, conduisent et poussent dans les carrières[231].

En un mot, les fonctionnaires doivent être recrutés en fonction de leur mérite, attesté par leurs résultats aux examens, et non pas en raison de leur capital social ou financier. Considérant que l'éducation des serviteurs de l'Etat est un devoir de l'Etat, Carnot note que

> ce devoir, les démocraties peuvent l'accomplir en faisant émerger sans cesse de leur sein les jeunes citoyens les plus dignes de les servir. Dans une démocratie, les choix ne sont pas limités à quelques familles: ils s'étendent à l'universalité des familles[232].

La gratuité des études est l'un des moyens permettant théoriquement à tous, quelle que soit leur origine sociale, d'y accéder; Carnot ayant rétabli la gratuité à Polytechnique, Saint-Cyr et à l'école Normale supérieure[233], l'institue à l'école d'administration[234]. Les candidats reçus au concours d'entrée ne bénéficient toutefois pas de bourses permettant de faire face à leurs frais d'entretien, ce qui limite *de facto* l'accès à l'école pour des provinciaux peu fortunés. Dans leur étude très détaillée sur *Les*

231 H. CARNOT, *op. cit.,* p. 57.

232 H. Carnot, cité *in* P. CARNOT, *op. cit.*, p. 60.

233 Voir H. CARNOT, *op. cit.*, p. 50.

234 Dès le 27 février, Carnot adresse une circulaire aux recteurs, visant à ce que l'accès à Polytechnique, qui ne s'opère qu'à des conditions inabordables, «s'étende à tout le peuple»: «des examens destinés à faire connaître, dès leur enfance, les sujets propres à cette école auront lieu dans toutes les écoles élémentaires et les collèges serviront gratuitement à leur préparation aux examens de l'école polytechnique», H. CARNOT, *op. cit.*, p. 19.

élèves de l'école nationale d'administration de 1848–49, H. Machin et V. Wright notent cependant que «considérant les dépenses nécessaires, ce qui peut surprendre n'est pas qu'il y ait eu si peu mais qu'il y ait eu autant d'élèves issus des classes populaires[235]». L'examen de la profession des pères des 232 élèves montre l'une de leurs caractéristiques particulièrement notable, à savoir

> que les possibilité du ‹patronage› paternel direct (qui était si important pour accéder aux rangs les plus élevés de l'administration pendant la monarchie de Juillet et le second Empire) étaient extrêmement limitées: il y avait relativement peu de pères occupant des fonctions importantes dans l'administration [14] ou au Parlement [2][236].

La comparaison avec les élèves de Polytechnique met en évidence une assez forte similitude de leurs origines sociales; même si le recrutement dans les classes populaires y était infime, Polytechnique

> favorisait la promotion d'hommes nouveaux [...] surtout sur le plan social. Certains venaient de familles aisées, mais qui n'avaient qu'une notoriété locale; leur entourage n'aurait pas suffi à leur ouvrir des carrières de responsabilité auxquelles ils pouvaient prétendre grâce à leur titre d'ancien élève d'école. Enfin l'école Polytechnique permettait à des jeunes gens sans fortune et relation, d'avoir accès de plain-pied à une position, où malgré leurs origines modestes, ils avaient les mêmes droits et les mêmes espoirs que leurs camarades plus favorisés par leurs origines familiales.[237]

Mais alors que les polytechniciens accèdent directement à un emploi, il n'en va pas de même pour les élèves de l'école d'administration dans la mesure ils ne bénéficient pas d'un statut leur garantissant un recrutement automatique au sein de l'administration. Le nombre d'élèves pouvant y entrer dépend, en effet, de celui des postes vacants; selon

235 *Revue d'histoire moderne et contemporaine*, T. XXXVI, 1989, octobre-décembre, p. 616. Sur les 258 élèves des deux promotions (juin 1848, novembre 1848), la profession des pères et l'origine sociale de 232 d'entre eux est connue: «environ un huitième appartient à la noblesse, environ un cinquième à la haute bourgeoisie, à peu près trois cinquièmes à la moyenne et petite bourgeoisie, et le reste, moins d'un sur douze, était d'origines modestes», p. 612.

236 *Ibid.*, pp. 611–612.

237 A. DAUMARD, «Les élèves de l'Ecole Polytechnique de 1815 à 1848», *Revue d'histoire moderne et contemporaine*, T. V, 1958 juillet-septembre, p. 234.

les calculs, seul environ un tiers des élèves d'une promotion avait une chance de devenir fonctionnaire. L'ambition de mettre fin au favoritisme, au népotisme et aux recommandations, d'ouvrir l'accès à la haute fonction publique à toute la société et de n'avoir comme critère de recrutement que les seules compétences, qui s'était déjà manifestée sous la monarchie de Juillet sans aboutir, ne peut pas se réaliser davantage à l'issue de la scolarité à l'école d'administration. En effet, les élèves ne disposant pas d'un droit à l'emploi, ils sont en concurrence avec d'autres postulants – titulaires par exemple d'une licence en droit –; dans ces conditions, les ressources sociales liées à l'origine familiale et à sa capacité d'influence continuent de jouer leur rôle traditionnel pour accéder à une fonction élevée. La recension des carrières des élèves des deux promotions, dont la scolarité n'étant pas arrivée à son terme, ont obtenu d'autres diplômes[238], l'atteste. Alors que deux cinquièmes des anciens élèves de l'Ecole ont accédé à des postes administratifs, la plupart d'entre eux n'ont occupé que des fonctions modestes et le recrutement dans un «beau» poste fut sans rapport avec le rang de classement obtenu au concours d'entrée[239]. Autrement dit, le mérite n'a pas été la condition déterminante de l'accès à la haute fonction publique; outre les relations et/ou l'engagement politique, il était nécessaire de disposer d'un appui financier substantiel au cours des premières années de carrière, notamment dans un grand corps[240].

La démocratisation des élites administratives à laquelle aspirait Carnot n'aurait sans doute pas été couronnée de succès si l'Ecole avait perduré, dans la mesure où le système mis en place n'assurait pas d'accès automatique à la fonction publique. Il n'empêche que brider un tant soit

238 En mai-juin 1848, 865 candidats se sont présentés à l'examen d'entrée pour la première promotion, en novembre l'examen pour la seconde promotion ne réunit que 174 candidats. L'Ecole ayant été supprimée par la loi du 9 juin 1849, celle-ci accorda quelques compensations aux élèves: le grade de bachelier s'ils ne le possédaient pas déjà, un certain nombre d'inscriptions dans les facultés de droit et de médecine, et l'autorisation de se présenter aux examens d'admission pour les écoles du gouvernement jusqu'à la fin de l'année scolaire 1849–1850. Voir A. LOUVEL, *art. precit.*, p. 29.

239 H. MACHIN et V. WRIGHT, *op. cit.*, pp. 618–636.

240 *Ibid.*, p. 617.

peu la liberté de choix dont disposaient les ministres – une mesure véritablement révolutionnaire, voire scandaleuse – allait à l'encontre des usages politiques et sociaux de l'époque. La pratique de la recommandation, ou pour le dire autrement le patronage, était certes critiquée si elle conduisait à recruter des personnes sans qualification pour occuper les emplois. Ainsi pour Vivien, qui s'élevait contre le favoritisme et le népotisme,

> un enseignement complet de toutes les sciences qui se rapportent aux affaires publiques, est donc le point de départ d'une bonne organisation du personnel des fonctionnaires. Tant qu'il ne sera pas constitué, toutes les mesures prises pour consacrer les droits du talent et pour procurer à l'Etat des serviteurs intelligents et capables, seront vaines et sans effets[241].

Il estime, néanmoins, que l'autorité détentrice du pouvoir de nomination doit conserver une marge de pouvoir discrétionnaire pour opérer ses choix, et il s'oppose à la création de tout droit absolu au profit des fonctionnaires qui restreindrait ce pouvoir, en particulier pour les plus hautes fonctions[242].

L'idéal démocratique et égalitaire[243] qui animait le créateur de l'école d'administration, les visées politiques qu'il poursuivait – attestées par les nominations de membres du gouvernement provisoire dans les chaires d'enseignant – ont été balayés par la victoire du parti de l'ordre aux élections législatives du 13 mai 1849, le suffrage universel ayant amené au pouvoir les ennemis de la révolution.

*

Finalement, on peut noter que la référence aux sciences camérales, en tant que savoirs nécessaires aux administrateurs, n'a joué qu'un rôle assez modeste dans la composition des enseignements de l'école d'administration; l'ouverture du service de l'Etat, hautes fonctions incluses, à toutes les catégories sociales, l'exigence d'une formation spécifique – à

241 VIVIEN, *op. cit.*, T. I, p. 206.
242 VIVIEN, *op. cit.*, T. I, pp. 218–221.
243 «Sous le régime de l'égalité, il ne saurait y avoir d'autre titre aux fonctions publiques que le mérite», circulaire de Carnot du 28 février 1848, in H. CARNOT, *op. cit.*, p. 22.

l'instar de celle des polytechniciens – de nature à s'assurer de la compétence des fonctionnaires[244], celle-ci ne se limitant pas à la connaissance du droit, ont constitué les objectifs primordiaux auxquels l'école devait répondre. Alors que le modèle allemand était déjà invoqué par ceux qui, avant 1848, voulaient réformer les études et intégrer la science administrative dans les cursus à destination des administrateurs, cette référence permet à Carnot d'éviter que la formation des administrateurs soit assurée dans les facultés de droit, dont l'enseignement était conservateur. Si l'on se tourne vers l'Allemagne, on constate un mouvement inverse: «après 1848, la majorité des hauts fonctionnaires, mis à part le personnel technique, reçut une formation exclusivement juridique. Le droit administratif remplaça les sciences administratives du 18e siècle[245]».

Si l'Ecole d'administration, comme l'ensemble des vastes projets de Carnot – en particulier concernant l'enseignement primaire[246] -, n'a pas survécu aux élections de 1849, l'Ecole créée en 1945 ne s'inscrit pas dans la lignée de Polytechnique mais dans la conception d'une école d'application[247], défendue par les libéraux en 1846.

244 Se référant à la Prusse, Carnot rappelle la règle qui y avait été instaurée: «Aucun emploi public ne doit être confié à qui n'a pas fait preuve de ses compétences», H. Carnot cité *in* P. CARNOT, *op. cit.*, p. 59.

245 H.-U. DERLIEN, «Héritage historique et évolutions récentes de haute fonction publique allemande», *Revue internationale des sciences administratives*, 1991, 57, p. 446. Voir aussi M. STOLLEIS, *op. cit.* p. 592–593.

246 Gratuité, obligation et liberté de l'enseignement, voir H. CARNOT, *op. cit.*, p. 22. Projets réalisés sous la IIIe République.

247 «Le label d'école d'application, que les dirigeants de l'ENA revendiquent tout au long de la période, apparaît comme un compromis entre l'ambition de doter les hauts fonctionnaires d'une culture commune (parfois qualifiée de «sens de l'Etat»), distincte de la culture universitaire, et de les préparer à leur corps spécifique de destination», E. BILAND et S. KOLOPP, «La fabrique de la pensée d'Etat» Luttes d'institutions et arrangements cognitifs à l'ENA (1945–1982), *Gouvernement et action publique*, 2013/2 n° 2, p. 228.

Deux métiers de l'Etat en France au XIXe siècle: les préfets et les ingénieurs des ponts

Pierre ALLORANT
Université d'Orléans/POLEN, équipe CEPOC et CHPP

Servir l'Etat est-il un métier, présuppose-t-il la maîtrise de savoirs particuliers pour l'exercer au mieux? La question touche à l'essentiel, non aux «deux corps du roi» révélés par Kantorowicz[248], mais à la nature même de l'administration et du droit public, du service public cher à Léon Duguit à la puissance publique défendue par Hauriou[249]. En France, deux corps incarnent traditionnellement ces conceptions de l'Etat: d'une part, la représentation par essence politique de la tutelle administrative, sans exigence de compétence professionnelle *a priori*, trouve ses serviteurs au sein de l'administration préfectorale, critiquée depuis deux siècles, mais jamais véritablement écartée par des exécutifs soucieux d'une loyauté sans faille dans la mise en œuvre des normes et des décisions sur le territoire; et de l'autre, le savoir scientifique reconnu de l'ingénieur, recruté par concours depuis le règne de Louis XV[250].

Ainsi, dès leur entrée dans la carrière administrative, préfets et ingénieurs vivent une frappante séparation de corps, avant de suivre des voies parallèles dans la maîtrise des savoirs indispensables à leur service. Comme le relevait Michel Debré, il n'y a pas eu d'administration en France avant 1945, simplement des ministères[251]. Toutefois,

248 Ernst KANTOROWICZ, *Les Deux Corps du roi*, Gallimard, 1989.

249 Sur la confrontation, et les convergences, des deux systèmes, voir Charles EISENMANN, *Revue philosophique de la France et de l'étranger*, t. 110, juillet-décembre 1930, pp. 231–279.

250 Antoine PICON, *Architectes et ingénieurs au siècle des Lumières,* Parenthèses, 1988.

251 Michel DEBRE, *Trois Républiques pour une France. Mémoires. Combattre,* Albin Michel, 1984, p. 364.

loin d'une structuration schizophrénique, ce dualisme administratif s'articule au XIXe siècle en des relations denses dans le cadre des circonscriptions privilégiées du déploiement de l'action de l'Etat (le département et, à titre de relais, les arrondissements), avec des lieux de dialogue, de conflit, mais aussi d'alliances en réseaux confortées par les stratégies matrimoniales[252]. Ainsi, derrière cette façade caricaturale du népotisme et de la recommandation opposés au concours méritocratique, le rapprochement des deux corps préfigure l'émergence d'une haute fonction publique unifiée, dans son vivier comme dans sa culture. Si l'entrée dans la carrière et la maîtrise des savoirs de l'Etat semblent opposer ces deux corps emblématiques, la pratique et leur évolution les rapprochent. Toutefois, des circonstances exceptionnelles apportent confirmation de cette antinomie existentielle.

Entrer dans la carrière

L'entrée dans la haute administration des ingénieurs des ponts et des préfets diffère totalement à l'origine, mais leur apprentissage pratique recèle des passages comparables.

Recommander et recruter

Au dernier siècle de l'Ancien régime, les ingénieurs de l'Etat initient la voie de la compétence et de l'excellence méritocratique qui légitimera au XXe s. la nouvelle noblesse du service de l'Etat. L'école des Ponts et Chaussées illustre dès le milieu du XVIIIe s. le succès des théories utilitaristes et des idées physiocratiques en faveur de la circulation des richesses,

252 Pour une approche sociologique récente, voir Jules NAUDET, *Entrer dans l'élite. Parcours de réussite en France, aux Etats-Unis et en Inde,* PUF, coll. Le lien social, 2012.

la volonté du souverain éclairé de faciliter la diffusion des progrès par l'amélioration des infrastructures, l'accélération de l'échange des biens et du mouvement des hommes, objectif également visé par les intendants. A ce service public, la Révolution ajoute l'Ecole polytechnique, le «rêve de toutes les mères[253]», dont le vivier est formé par les élèves des grands lycées, le plus souvent issus de la fusion des nouvelles élites.

Il est facile de distinguer, voire d'opposer, au souci du bonheur des peuples incarné par l'ingénieur civil la puissance de l'Etat et de son premier consul dont le bras armé départemental serait le préfet, agent politique révocable *ad nutum*, et l'outil militaire, le polytechnicien. Mais tant les missions dévolues au préfet, fonctionnaire généraliste, que les viviers au sein desquels les premiers titulaires sont puisés nuancent le tableau. A côté des officiers militaires et des diplomates, les anciens administrateurs des généralités ou des directoires collégiaux révolutionnaires sont nombreux, ainsi que les anciens législateurs, très conscients des besoins concrets des populations provinciales. S'ils sont choisis pour leur loyauté personnelle à l'égard de Bonaparte, le recrutement est suffisamment éclectique pour mettre au premier plan l'expérience dans la gestion des hommes, la capacité à s'approprier les normes juridiques et à faire partager les priorités gouvernementales aux petits notables cantonaux, relais obligés du message émis d'en haut vers la paysannerie[254].

Apprendre et se former

Si les modalités de recrutement des deux corps les plus caractéristiques de l'Etat s'opposent, leur apprentissage professionnel et leur formation permanente les rapprochent étonnamment.

L'absence de toute exigence de diplôme avant le XXe siècle favorise une grande variété des parcours initiaux chez les jeunes membres du corps préfectoral, même si progressivement la licence en droit et,

253 Gustave FLAUBERT, «Ecoles», *Dictionnaire des idées reçues, Oeuvres,* tome II, Gallimard, Bibliothèque de la Pléiade, 1952, p. 1008.

254 Christophe CHARLE, *Les Hauts fonctionnaires en France au XIXe siècle,* Gallimard-Julliard, coll. Archives, 1980, p. 79.

à partir de 1872, le passage sur les bancs de Sciences-Po deviennent courants. Les changements constitutionnels favorisent le renouvellement périodique du vivier préfectoral au profit des journalistes, des élus d'opposition et des membres du barreau.

En revanche, la formation des ingénieurs civils de l'Etat se transforme profondément entre 1789 et 1914, au profit d'un enseignement abstrait et mathématique. Après une classe préparatoire scientifique, les futurs ingénieurs reçoivent des enseignements en analyse, en géométrie, en mécanique, en art militaire et topographie, en dessin, en lavis et architecture, mais aussi en littérature et en allemand.

Comme le jeune auditeur sous-préfet apprend, sous l'Empire, les rudiments du métier auprès d'un patron préfectoral au chef-lieu, l'élève ingénieur puis l'ingénieur stagiaire sont placés sous la tutelle bienveillante d'un ingénieur en chef chevronné, voire de deux quand ses missions relèvent de domaines distincts: canaux, ports, chemins de fer ou routes.

A sa sortie de Polytechnique et de l'école d'application des Ponts, le jeune Marcel Jozon effectue ainsi à l'été 1860, avec des condisciples de l'X, un voyage d'étude à Alger et à «Blida la voluptueuse», dans le sillage du séjour des époux impériaux, et une première mission dans la Meuse auprès du père de Raymond Poincaré, avant de suivre un stage à Saint-Malo à sa sortie des Ponts à l'été 1862. Il y applique les conseils de son ingénieur en chef de parcourir la Bretagne, ses chantiers navals et ses canaux. Dans ses lettres à ses parents, il décrit sa journée d'élève ingénieur: travail de bureau de 7 h 30 à 9 h 30, baignade en pleine eau depuis une baleinière, déjeuner, à nouveau travail de midi et demi à trois heures et demi, puis course à la voile ou visite d'arsenaux et le dimanche, réception puis whist avec d'autres jeunes ingénieurs chez l'ingénieur en chef et sa femme, qu'il voit «à peu près autant, car comme Mme Poincaré, à chaque instant elle entre comme une avalanche avec sa famille dans le cabinet de son mari, où je suis près de cinq heures par jour pour copier des dessins[255]». Il prend son premier poste à Napoléonville qu'il rejoint sur le toit d'une diligence, frappé de la

255 Lettre de Marcel Jozon à sa mère le 17 juillet 1862. Fonds privés Jacqueline Jozon.

désolation des campagnes bretonnes et du sous-équipement de la sous-préfecture de Pontivy, à peine équipée comme un chef lieu de canton du Bassin parisien, arriération qu'il attribue à la pesanteur de l'obscurantisme du clergé catholique. Transplanté de sa Brie à la Bretagne intérieure, il met à profit ce poste de début pour s'initier aux rectifications de routes, au relèvement de barrages des réservoirs du canal de Nantes à Brest et à la pisciculture.

Le contraste avec la modernité est encore avivé par son voyage d'études de trois mois aux Etats-Unis en 1869, destiné à la fois à étudier les ponts métalliques et, à la demande de son frère, à prendre contact avec des correspondants au titre de la toute récente Société de Législation Comparée, sorte de *think-tank* orléano-républicain fondé sous la protection de Laboulaye et Dufaure par Alexandre Ribot et Paul Jozon[256]. C'est aussi l'occasion de discuter avec des collègues américains passés par l'armée durant la guerre de Sécession, mais ayant complété leur formation à l'Ecole centrale de Paris. Un ingénieur lui expose également la création récente du *Massachussets Institute of Technology* dont les programmes sont inspirés de ceux de Polytechnique, associant l'étude des principes scientifiques aux travaux pratiques[257].

Par ailleurs, les fonctions de ces jeunes hauts fonctionnaires comprennent le contact et la direction des cadres intermédiaires, conducteurs de travaux et maires de chefs-lieux de canton, curés et juges de paix. Homme de terrain, l'ingénieur ordinaire reste proche de la main d'oeuvre chargée des tâches d'exécution, il effectue ses tournées à l'instar du sous-préfet. Son sens de l'observation et de la description se déploie aussi bien à l'égard des paysages que des hommes et de leurs moeurs, avec un souci d'exactitude forgé par sa formation.

Toutefois, le périmètre de leurs fonctions les place dans une rivalité dissymétrique: l'administration préfectorale a vocation à recouvrir, à

256 Sur Alexandre Ribot, voir la thèse de Walter Badier, en préparation sous la direction de Jean Garrigues.

257 Notes du 31 mai 1869, Journal de voyage de Marcel Jozon. Pierre ALLORANT, Lucie PAYE-MOISSINAC et Walter BADIER, *Voyages en Amérique. La société américaine vue par Marcel Jozon en 1869 et Alexandre Ribot en 1886–1887*, Paris, L'Harmattan, Inter-national, 2011.

l'instar des compétences initiales pléthoriques du ministère de l'Intérieur, toute la palette des interventions de l'Etat sur le territoire, y compris les Travaux publics. Mais sa compétence professionnelle pousse l'ingénieur des ponts et chaussées à rejeter toute subordination à l'administration préfectorale, au nom même de la préservation de l'intérêt général, trop souvent mis de côté à son goût au profit des impératifs électoraux et des interventions des grands notables du lieu.

Là où le préfet cherche à mobiliser les maires autour de la défense de la politique gouvernementale et du régime en place en vue de «bonnes élections», l'ingénieur visite et inspecte, fait prévaloir les normes techniques et le bénéfice de l'art. S'il s'adonne aux conférences publiques, c'est dans un souci d'éducation populaire et non de soutien public au candidat officiel. Toutefois, l'inauguration des lignes de chemin de fer, des gares, des canaux et des routes les réunit, de Guizot à Freycinet, dans une communion sous les deux espèces de la religion saint-simonienne du progrès tangible, au service de tous, ici et maintenant[258].

Maîtriser les savoirs professionnels de l'Etat

Le métier préfectoral consiste avant tout au XIXe s. à savoir encadrer et guider les populations en s'appuyant sur les notables à travers le dosage savant et la composition territorialement harmonieuse de conseils consultatifs puis délibérants.

Gouverner les hommes et les conseils

L'ingénieur est, par la nature de ses missions, moins directement en prise avec les habitants, excepté au cours des enquêtes de *commodo*

258 Antoine PICON, *Les Saint-simoniens. Raison, imaginaire et utopie,* Belin, coll. Histoire et société/modernités, 2002.

et *incommodo* qui précèdent obligatoirement les opérations liées à une procédure d'expropriation pour cause d'utilité publique, d'où des conflits avec la bourgeoisie propriétaire, si bien relayée dans les conseils locaux, comme à Gien en 1832 pour l'établissement des quais de Loire, l'alignement des rues ou la construction d'une halle[259].

Toutefois, l'ingénieur en chef du département entretient des liens privilégiés avec les grands élus, parlementaires nationaux et maires des villes principales de son département d'exercice, et avec les conseillers généraux les plus actifs, président et vice-présidents de l'assemblée et membres de la commission administrative après la loi de 1871. Il leur présente ses rapports et son travail, les projets d'équipement et en retour, ils peuvent orienter sa carrière, l'accélérer ou la mettre dans une ornière. Ainsi un jeune ingénieur pénalisé dans son avancement faute d'être catholique pratiquant sous l'Ordre moral bénéficie, après la démission de Mac-Mahon, d'une compensation qui prend en compte ses capacités, augmentées de sa loyauté républicaine. Enfin, au sommet de la carrière, échelon rarement atteint, le conseil général des ponts et chaussées fournit à l'ingénieur des contacts politiques au plus haut niveau, en appui au ministre des Travaux publics.

Aménager les territoires et conduire les travaux

Alors que sous l'Ancien régime les intendants n'avaient qu'une connaissance approximative du territoire de leur ressort en-dehors des chefs-lieux de généralité et de subdélégations, les préfets et les ingénieurs du XIXe siècle bénéficient des progrès de la cartographie et surtout de l'amélioration des réseaux de communication et des moyens de transport pour maîtriser leur circonscription. Les membres du corps préfectoral sont régulièrement sommés par circulaire d'arpenter les

259 Lettre du sous-préfet de Gien au préfet du Loiret le 26 janvier 1832. *Archives Départementales du Loiret,* Z 80017. «Dans un régime censitaire, les dirigeants du monde politique et ceux du monde des affaires étaient fatalement les mêmes personnes». Louis GIRARD, *La Politique des travaux publics du Second Empire,* thèse Lettres Paris 1952, Armand Colin, 1952, p. 5.

communes de leurs arrondissements, de porter la bonne parole gouvernementale aux maires et de les initier aux bonnes pratiques de la correspondance administrative, de la tenue de l'état-civil et de la régularité des actes communaux de base. Ils y ajoutent sous le Second Empire des conférences cantonales et une pédagogie municipale à la fois par contact personnel et par correspondance, à travers la multiplication, de manuels, de guides-formulaires à destination des maires dépassés.

Mais les véritables spécialistes du territoire et de son aménagement, en-dehors des gouverneurs coloniaux[260], sont les ingénieurs des Ponts, missionnaires du progrès, hussards noirs de l'industrialisation. L'imprégnation saint-simonienne des élèves de Polytechnique les prédispose à ce rôle d'apôtres des producteurs, des créateurs et des entrepreneurs, nouvelle élite utilitariste louée par la doctrine. Certains vont même jusqu'au fouriérisme, bien que les convulsions sanglantes de juin 1848 et de mai 1871 choquent leurs aspirations à la pacification sociale et à l'union des classes productives[261]. Convaincus du «rôle social de l'ingénieur»[262] et, au-delà, de la mission des élites de montrer le chemin de la conciliation, nombreux sont les ingénieurs qui, tout en se désolant des excès de la Commune, font porter à l'intransigeance de Thiers la responsabilité de ce gâchis humain et national.

Faire carrière: maîtriser les réseaux de recommandation

L'image d'une carrière dont le rythme d'avancement serait uniquement placé sous le baromètre de l'influence des protecteurs colle à l'uniforme préfectoral. Cette représentation est globalement juste à partir de la monarchie de Juillet, mais la satisfaction des aspirations des ingénieurs

260 Robert CORNEVIN (dir.), *Hommes et destins,* 8, *Gouverneurs, administrateues, magistrats: dictionnaire biographique d'Outre-mer*, Académie des sciences d'outre-mer 1988.

261 Bernard DESMARS, *Militants de l'utopie? Les fouriéristes dans la seconde moitié du XIXe siècle,* Dijon, Les Presses du réel, 2010.

262 Georges LAMIRAND, *Le Rôle social de l'ingénieur. Scènes de la vie d'usine,* Editions de la Revue des jeunes, 1932.

dépend tout autant de l'évaluation de leurs talents que de la conformité de leurs opinions avec celles des majorités en place. Coups de frein et accélérations rythment ainsi les déroulements de carrière, d'autant qu'un individu est jugé aussi selon ses ascendants, ses collatéraux et ses alliances matrimoniales, ses relations. Pour obtenir une promotion vers un poste convoité, important et rapproché de Paris, l'ingénieur est conduit, à l'instar du sous-préfet, à hanter les couloirs du ministère, à mobiliser ses réseaux, «son» préfet, les grands élus de son département d'origine et de celui de son exercice, et si possible, les membres de son corps les plus influents au sommet de la hiérarchie. Le «piston», tant individuel que partisan, fonctionne chez les ingénieurs et différencie les déroulements de carrière, semant l'amertume chez les membres compétents, dévoués, mais oubliés des mouvements.

Le lobbying pratiqué pour obtenir le poste de son choix est très semblable à celui des mouvements préfectoraux, avec montée au créneau du concerné et de ses soutiens. Sous Louis-Philippe, le polytechnicien Eugène Berthot, sorti l'un des premiers de l'X, pâtit de son conflit avec son supérieur direct, ce qui le détermine à «pantoufler» au Creusot, puis à se porter volontaire pour reconstruire la Guadeloupe ravagée par un séisme, en dépit de la volonté de son père, recteur à vie de Dijon, qui supplie le ministre de ne pas satisfaire son voeu[263]. Ses petits-fils Eugène et Jean Résal mènent à la Belle époque de belles carrières, mais entrent en conflit avec les élus municipaux lyonnais, bordelais et parisiens dans la conduite de leurs travaux d'hygiène publique, de construction des ponts Mirabeau et Alexandre III et de direction du tramway électrique. Le seul culte en vigueur au sein de telles dynasties de Polytechniciens est celui de «l'Ecole», élevée au rang de modèle social par l'élite du talent.

Pour les préfets, l'échec de l'instauration d'une Ecole nationale d'administration laisse la main aux réseaux d'élus et de fonctionnaires à leur dévotion, formés sous la Troisième République autour d'un grand

263 Jacques RESAL et Claude THIÉBAUT, *Trois ans à la Guadeloupe. Lettres d'Eugène Berthot à son épouse demeurée en France. 1843–1846*, Paris, L'Harmattan, 2012, Paul BARBIER, «La carrière rigoriste de Nicolas Berthot (1776–1849). Polytechnicien de l'an III. Recteur à vie de l'académie de Dijon (1815–1848)», *Sabix*, n° 27, juin 2001.

notable de «*Profession parlementaire*»[264], avocat ou professeur disposant d'un organe de presse et d'une solide base départementale: Henri Brisson dans le Cher, Maurice Viollette en Eure-et-Loir ou Joseph Paul-Boncour en Loir-et-Cher disposent de la prérogative de coopter les fonctionnaires préfectoraux, souvent puisés au sein des collaborateurs de leur cabinet, d'avocat puis ministériel, à la conférence du stage, dans les «parlottes» ou à la conférence Molé-Tocqueville[265]. Ces fonctionnaires d'autorité deviennent leurs obligés, en une inversion du schéma initial de la tutelle exercée sur les élus.

Entre unité de l'administration et repli identitaire des corps

Au début du XXe siècle, ingénieurs de l'Etat et membres de l'administration préfectorale éprouvent la nécessité de s'organiser en associations corporatives, à la fois de prévoyance et d'assistance solidaire, mais aussi de défense des intérêts du corps auprès du gouvernement et dans l'opinion. Au surplus, le ministère de l'Intérieur utilise articles de revues administratives et thèses de droit public pour redorer le blason du sous-préfet, terni par le reproche lancinant d'inutilité pratique et de dangerosité démocratique.

Une ambition: évaluer et comparer pour réformer

Le constat du manque d'unité de l'administration française incite au lendemain de la débâcle de 1870 à analyser les modèles étrangers, particulièrement celui du vainqueur prussien, afin d'améliorer le recrutement, l'efficacité du travail et la justice de l'avancement des fonctionnaires. La création de Sciences-Po constitue une première réponse, qui ne suffit

264 André TARDIEU, *La Profession parlementaire*, tome II de *La Révolution à refaire,* Flammarion, 1937.

265 Gilles LE BEGUEC, *La République des avocats,* Armand Colin, coll. «L'Histoire au présent», 2003.

pas à mettre un terme à la pluralité des concours des ministères, mais du moins forme un moule pour y préparer les futurs hauts fonctionnaires[266]. Dans les mêmes milieux de la bourgeoisie protestante et libérale des lecteurs du *Temps*, la Société de Législation Comparée réfléchit dès 1869 à améliorer la législation française en étudiant la jurisprudence et les lois étrangères. Les travaux de ces juristes alimentent en 1872 les travaux de la Commission Jozon de révision des services administratifs qui souligne les carences, la faible productivité et l'absence de statut des fonctionnaires[267]. En outre, le député Paul Jozon, traducteur de Savigny avec son beau-frère Camille Gérardin, professeur de droit romain à la Sorbonne, tente de promouvoir le français comme «langue réformée» universelle, au service du rayonnement juridique et intellectuel de la France, grâce à une orthographe simplifiée et rationnelle[268].

L'essence des corps: une rivalité cultivée par les associations professionnelles

L'association de prévoyance et d'assistance de l'administration préfectorale, née en décembre 1907 sous le patronage de Clemenceau, voit son statut approuvé par le président du Conseil, ministre de l'Intérieur: les membres sont «recrutés dans tous les degrés de la hiérarchie», mais l'amendement proposant d'admettre dans les rangs de l'association les chefs de cabinet est immédiatement rejeté au motif que «ces agents ne sont pas fonctionnaires, ils sont en quelque sorte en marge de l'administration préfectorale[269]».

266 Gérard VINCENT, *Sciences-Po, histoire d'une réussite*, Olivier Orban, 1987. François et Renaud LEBLOND, *Emile Boutmy, le père de Sciences-Po,* éditions Anne Carrière, 2013.

267 Guy THUILLIER et Jean TULARD, *Histoire de l'administration française,* PUF, coll. Que-sais-je?, 1985, p. 76.

268 Paul JOZON, *Des principes de l'écriture phonétique et des moyens d'arriver à une orthographe rationnelle*, Germaire-Baillière, 1877.

269 Schewaebel chef de cabinet du préfet du Morbihan, lettre du 22 octobre 1907. *Arch. Nat.,* F/1bI/865.

Le but est de fonder une association de solidarité de la famille des fonctionnaires d'autorité, par compensation au refus du «syndicalisme intégral», mais elle devient une association de défense professionnelle. Entonnant la complainte des «sans grades», les sous-préfets réclament que le conseil d'administration puisse intervenir dans l'avancement. Ils dénoncent une préparation insuffisante à leurs fonctions et constatent qu'à âge égal, «il n'y a pas un jeune homme qui ne soit pourvu, dans le commerce ou l'industrie, dans la banque ou les affaires, d'une situation cinq ou six fois plus avantageuse», au détriment de la considération des populations. Ils avancent la solution de supprimer les conseillers de préfecture, ou du moins de transformer leurs conseils en vingt tribunaux administratifs interdépartementaux[270].

Chez les ingénieurs, la puissance du corps est soutenue par sa capacité à imposer la cogestion des carrières à travers les avis émis sur le tableau d'avancement par le conseil général des Ponts et chaussées. En outre, les membres de l'Association Mines-Ponts contrôlent la formation et la sélection du corps par leur direction de l'école et des laboratoires. Le vice-président du conseil général des Ponts et chaussées incarne cette «double monarchie personnelle»: il préside à la fois l'association et la société des ingénieurs des Ponts et des Mines; la première, constituée en 1902, organise tournées et visites de travaux afin d'augmenter l'instruction technique de ses membres, avec une publication de compte-rendu dans les Annales. La Société, issue de la fusion de deux amicales de secours, vise à «soulager efficacement de grandes misères».

Il règne au sein du corps des Ponts un certain antiparlementarisme, y compris en 1914–1918, une présomption de méconnaissance préfectorale des réalités économiques et de démagogie municipale. L'envers du décor est révélé par la période clé de Vichy où s'interpénètrent de manière inédite les deux corps, délestés de la pression des élus. Dans le Loiret puis dans le cadre de la préfecture régionale d'Orléans, l'expérience pionnière de l'équipe formée par l'ingénieur Morane pour dresser les premiers plans de reconstruction des villes ligériennes sinistrées éclaire les ressorts

270 Pierre ALLORANT, *Le Corps préfectoral et les municipalités dans les départements de la Loire moyenne au XIXe siècle (1800–1914)*, PU Orléans, 2007.

du modèle technocratique; l'administration territoriale peut fusionner ses deux corps principaux à une condition: la disparition de la nécessité de dialoguer avec les représentants élus par les populations, de négocier l'application des décisions centrales avec les notables[271]. Déjà en 1870, Freycinet auprès de Gambetta exprime ce soulagement d'un service technique de la nation délesté de la dérive partisane des préfets à poigne, caricaturés par Zola dans *Son Excellence Eugène Rougon*.

Des ponts et passerelles existent entre ces deux voies et corps, à travers les relations professionnelles de travail, les réseaux, les liens de parenté, et le point de rencontre, au sommet des carrières, que forme le Conseil d'Etat. Aujourd'hui, la fusion et recomposition des directions départementales, les nouvelles dénonciations de l'inutilité des sous-préfectures dépeuplées, le remodelage des circonscriptions des futurs conseils départementaux et la déconnexion inédite de l'axiome un canton/un élu préfigurent un nouvel âge des territoires, sans que sa légitimité et ses relais pour l'action publique aient été redéfinis. Le rapprochement de formations des élites administratives, industrielles, financières et politiques autour de masters communs à HEC, à Sciences-Po, aux Ponts, à l'ENSAE et à Polytechnique témoigne des frontières mouvantes des branches du service public et des intérêts privés. On ne forme plus uniquement aux métiers et aux savoirs de l'Etat, mais aussi bien au management et à la finance. Seule consolation pour le *Trésor historique de l'Etat*[272]: son savoir-faire en matière de formation des élites est reconnu, y compris dans le cadre de l'économie mondialisée. Mais le couple grandes écoles/grands corps, celui-là même qui a su moderniser la France après 1945, a échoué face aux mutations fin de siècle, tant de l'industrie que d'une société française fracturée et désabusée, méfiante et coupée de ses élites. Or, à quoi servirait une tête qui n'arriverait plus à mouvoir le corps social et ses membres, et singulièrement les plus jeunes?

271 Pierre Allorant, «Reconstruction nationale et urbanisme technocratique: l'action pionnière du préfet Morane», *in* Pierre ALLORANT, Noëlline CASTAGNEZ et Antoine PROST (dir.), *Le Moment 1940. Effondrement national et réalités locales* Paris, L'Harmattan, Cliopolis, 2012, pp. 139–150.

272 Pierre LEGENDRE, *Trésor historique de l'Etat. L'administration classique*, Fayard, coll. Les savoirs, 1992.

«Une administration à l'état d'appropriation continuelle aux besoins sociaux»: le ministère du Commerce et de l'Industrie à la fin du XIXe siècle

Jean-Philippe DUMAS
Ecole Pratique des Hautes Etudes, HISTARA (EA 4115)

Au début de la IIIe République, le Commerce est l'un des plus petits ministères par le nombre d'employés[273]. Son administration centrale comprend seulement une centaine de fonctionnaires, auxquels s'ajoutent un millier d'agents environ travaillant dans ses services extérieurs (école centrale, conservatoire des arts et métiers, poids et mesures, etc.).

L'importance du ministère du Commerce, séparé en 1881 de l'Agriculture, n'est pas proportionnelle à ses effectifs, mais aux responsabilités dont il est chargé. Les nombreuses missions nouvelles qui lui sont confiées montrent que les députés comptent sur son action pour renforcer une société déstabilisée par l'industrialisation. Comme l'état de santé dégradé des conscrits a été reconnu comme l'une des causes de la défaite de 1870, le Commerce doit organiser une police du travail efficace[274]. Il doit aussi encourager le grand commerce d'exportation, pour permettre à la France de conserver sa place de deuxième exportateur mondial, devant l'Allemagne. Il doit enfin faire participer les «couches nouvelles», catégorie bientôt étendue à l'élite ouvrière, aux institutions républicaines, responsabilité politique essentielle à la pérennité du régime.

273 Par convention, est appelé ici ministère du Commerce, le département du Commerce et de l'Industrie, que son intitulé soit ministère de l'Agriculture et du Commerce, ministère du Commerce, ministère du Commerce et des Colonies, etc.

274 J.-P. DUMAS, «Vous allez faire détester la République!», dans J.-L. ROBERT, dir., *Inspecteurs et inspection du travail sous la IIIe et IVe République,* Paris, 1998, pp. 34–40.

L'intérêt accordé par les hommes politiques au ministère du Commerce influe-t-il sur la formation, le recrutement ou les carrières de son personnel? L'étude de l'action de la Chambre des députés et du gouvernement, mais aussi de celle du fonctionnement de l'administration doit permettre de mieux cerner l'évolution du ministère entre 1870 et 1914.

Une administration centrale sous le contrôle des députés

L'organisation de l'administration centrale

Sous la IIIe République, l'administration centrale du ministère du Commerce est composée principalement d'agents titulaires, qui bénéficient du statut de fonctionnaires. Seuls sont exclus de cette qualité les employés à qui sont confiées des tâches de simple exécution, qui pourraient être aussi bien accomplies par des personnes privées: il en est ainsi des ouvriers, des huissiers ou des personnels de service qui sont simplement agents de l'Etat, abstraits des avantages et contraintes statutaires.

Les fonctionnaires sont, comme leur nom l'indique, investis d'une fonction précise dans l'organisation administrative. Pour l'administration centrale, on distingue celles de directeur, chef de bureau, sous-chef, rédacteur et expéditionnaire, c'est-à-dire chargé de la copie des documents. Les postes de chefs de division ou de sous-directeurs n'apparaissent qu'exceptionnellement dans les décrets régissant le Commerce. Ils constituent des aménagements qui donnent lieu à des compensations pour les chefs de bureau qui reçoivent ce titre, sous forme d'indemnité annuelle ou de supplément de traitement.

L'organisation de chaque département ministériel est établie par le ministre, en accord avec les principes généraux définis par la loi. Des dispositions de la fin du Second Empire précisent que chaque ministre fixe par décret le nombre d'agents autorisés, les attributions de ses bureaux ainsi que ses règles d'avancement et de fonctionnement[275].

275 H. NOELL, «Les ministères, leur organisation, leur rôle», dans *Revue générale d'administration,* t. 111, 1911, pp. 15–20.

Ce cadre est maintenu après l'arrivée des républicains au pouvoir. La loi de finances du 30 décembre 1882 charge le Conseil d'Etat, épuré en 1879, de contrôler et d'harmoniser les dispositions relatives aux différents ministères. Jeune ministère, le Commerce tarde à s'y conformer. Le travail le concernant n'est achevé que le 11 avril 1887, par la signature d'un décret portant règlement d'administration publique pour l'organisation des services. Ce règlement est refondu une première fois le 2 février 1892, puis modifié à nouveau, principalement le 6 juin 1897 puis le 30 janvier 1909, ainsi que, sur des questions de détail, de nombreuses fois dans les années intermédiaires.

L'évolution des effectifs

Les effectifs des ministères ne dépendent pas de la libre volonté du ministre mais des moyens accordés par le Parlement. Le nombre de fonctionnaires est placé sous le contrôle étroit de la commission du budget de la Chambre des députés. Rapportant en 1896 le budget du Commerce, Jules Charles-Roux fixe pour objectif à l'administration de «simplifier les services et arriver à produire la même somme de travail avec un personnel réduit[276]». Cette demande, qui n'est pas adressée seulement au Commerce, est une constante dans les rapports de la commission, qui n'accorde que peu d'attention aux besoins de l'administration. Charles Chaumet, rapporteur du budget en 1909, a conscience des effectifs réduits du ministère: «S'il est des administrations avec un personnel surabondant, ce n'est point au ministère du Commerce! Ici les employés de tous ordres, très peu nombreux, ne peuvent accomplir la tâche qui leur incombe qu'au prix d'un labeur, d'un dévouement exceptionnel[277]». Cela ne le conduit pas à

276 J. CHARLES-ROUX, *Rapport fait au nom de la commission du budget chargée d'examiner le projet de loi portant budget général... (ministère du Commerce),* 11 juillet 1896, n° 2043, pp. 125–126.

277 C. CHAUMET, *Rapport fait au nom de la commission du budget chargée d'examiner le projet de loi portant budget général... (ministère du Commerce),* 27 juillet 1909, n° 2759, dans *Documents parlementaires, Chambre,* [1910], p. 1939.

recommander une augmentation des effectifs, bien au contraire. Ce paradoxe dure jusqu'à la Première Guerre mondiale.

En conséquence, les effectifs de l'administration centrale stagnent entre 1881 et 1914. Le Commerce comprend en 1885 trois directions, une division, quatorze bureaux et cent cinq personnes. La comparaison avec la veille de la Première Guerre mondiale fait apparaître une baisse importante, puisque: «L'effectif est tombé de cent cinq personnes en 1890 à quatre-vingt-cinq personnes en 1913[278]».

Effectif de l'administration centrale du ministère du Commerce		
	1883	1909
Directeurs	3	3
Sous-directeurs	3	-
Chefs de bureau	13	6
Sous-chefs	10	9
Rédacteurs	35	25
Expéditionnaires	45	27
Total	109	70

Sources: arrêté du 1er mai 1883; décret du 30 janvier 1909.

En réalité, la baisse constatée cache plutôt une double stagnation, que vient couper la création du ministère du Travail par Clemenceau, en 1906. En raison du transfert au Travail d'une partie des effectifs du Commerce, le nombre de fonctionnaires du ministère, qui était resté globalement stable de 1881 à 1906, diminue brutalement, pour rester à nouveau stable par la suite. Cette évolution apparaît nettement quand on considère les emplois d'encadrement du ministère:

278 R. BESNARD, *Rapport fait au nom de la commission du budget chargée d'examiner le projet de loi portant budget général... (ministère du Commerce)*, 7 février 1914, n° 3490, p. 6.

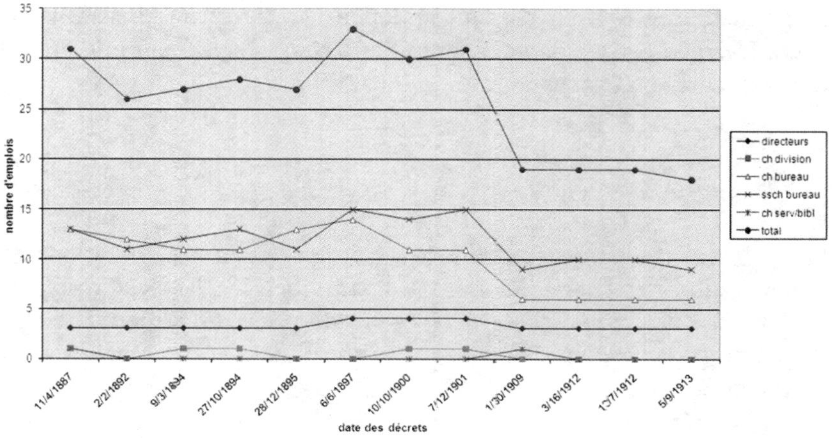

Figure 1 : Evolution des emplois de cadres.

Dans ce contexte difficile, l'administration trouve des expédients pour faire face à des responsabilités croissantes sans augmenter les effectifs. Au début du XXe siècle, elle commence à faire appel au personnel féminin, soustrait au contrôle de la Chambre des députés car exclu du régime des pensions civiles[279]. Les premiers recrutements ont lieu au service de la statistique générale de la France, pour le dépouillement du recensement de 1896. Vingt dames classeuses commencent leur travail le 1er janvier 1897. La périodicité quinquennale des recensements contraint à renouveler ce personnel temporaire, qui occupe en réalité des emplois permanents[280].

A la veille de la Première Guerre mondiale, l'arrivée des femmes, personnel précaire et peu rémunéré, est une manière habile de moderniser

279 G. BERRY, *Rapport fait au nom de la commission du budget chargée d'examiner le projet de loi portant budget général... (ministère du Commerce),* 13 juillet 1905, n° 2670, dans *Documents parlementaires, Chambre,* [1905], p. 1378.

280 Sur ces questions, voir D. GARDEY, *La Dactylographe et l'expéditionnaire: histoire des employés de bureau, 1890–1930,* Paris, 2001, pp. 55–57.

l'administration tout en limitant la dépense[281]. C'est un effet de la rigueur affichée par les députés, qui relativise la stabilité du nombre de fonctionnaires constatée pour l'administration centrale.

La crise du XXe siècle

La Chambre des députés applique la même rigueur aux conditions de rémunération des fonctionnaires. A la fin du XIXe siècle, la plupart des agents ont comme seule perspective de passer toute leur carrière au même poste et pratiquement au même traitement. «Pour les cinq sixièmes des fonctionnaires, il n'y a aucune garantie de carrière».[282] Il faut attendre un départ en retraite ou un décès pour espérer de l'avancement. La stabilité du franc Germinal et l'absence d'inflation justifient aux yeux des députés la faible évolution des rémunérations. La commission du budget s'impose pour «règle de n'accorder aucune augmentation pour majoration de traitement»[283]. Les traitements en début de carrière sont, à la veille de la Première Guerre mondiale, pratiquement identiques à ce qu'ils étaient au début de la IIIe République[284].

Les fonctionnaires déplorent cette situation. Au début du XXe siècle, des conflits touchent les grandes administrations, comme les Postes ou l'Instruction primaire. Les fonctionnaires se rassemblent dans des associations sous le régime de la loi de 1901, auxquelles n'est pas reconnu le statut de syndicat professionnel. En 1907, le conflit entre le gouvernement et les fonctionnaires est intense. De nombreuses grèves ont lieu dans toute la France. Refusant toute concession, le président du

281 J. CHARLES-ROUX, *Rapport fait au nom de la commission du budget…, op. cit.*, 11 juillet 1896, n° 2043, pp. 127–129.

282 G. CAHEN, *Les Fonctionnaires, leur action corporative,* Paris, 1911, p. 11.

283 F. FAURE, *Rapport fait au nom de la commission du budget chargée d'examiner le projet de loi portant budget général… (ministère du Commerce),* 25 juillet 1883, n° 2210, dans *Documents parlementaires, Chambre,* [1883], p. 1252.

284 Voir M. PINET, dir., *Histoire de la fonction publique en France,* t. III, *Les XIXe et XXe siècles,* Paris, 1995, pp. 330–331.

Conseil, Clemenceau, n'hésite pas à prononcer des centaines de révocations, ce qui lui vaut d'être accusé de persécuter les fonctionnaires[285].

Le gouvernement fait cependant quelques concessions[286]. Parmi les réformes adoptées, plusieurs décrets améliorent à partir de 1909 la situation du personnel du Commerce. Ils revalorisent de façon importante la condition des rédacteurs et instaurent pour la première fois un avancement à l'ancienneté. Le traitement en début de carrière reste identique à celui fixé en 1899 mais ceux des catégories supérieures augmentent progressivement. Des chevauchements dans la grille de traitement entre différentes catégories sont créés: il est admis qu'un rédacteur en fin de carrière puisse être mieux rémunéré qu'un jeune sous-chef de bureau, pourtant doté d'une autorité hiérarchique sur lui. Le traitement des directeurs est revalorisé. Des facilités d'accès au corps des rédacteurs sont accordées aux expéditionnaires. Pour les plus anciens, l'intégration peut avoir lieu sur rapport motivé du chef de service; pour les plus jeunes, l'absence de conditions d'âge ou de diplôme pour le concours de rédacteur est prévue. C'est une conséquence de l'arrivée du personnel féminin pour accomplir les tâches subalternes. Elle permet de rendre plus intéressantes les carrières masculines. Quelques mesures bénéficient aux employés qui ne sont pas fonctionnaires. A l'occasion d'une requête élevée par certains agents du ministère du Commerce, le Conseil d'Etat, par un arrêt du 20 juin 1912, affirme leur droit à verser des retenues rétroactives pour leur pension de retraite.

L'examen des dispositions qui régissent le personnel de l'administration centrale du Commerce met en évidence les restrictions qui lui sont imposées par le gouvernement et la Chambre des députés. Les objectifs fixés au Commerce par les hommes politiques semblent contredits par les décisions successives par lesquelles ils organisent son fonctionnement, qui montrent une profonde hostilité au développement des effectifs et à l'amélioration des conditions de rémunération du personnel.

285 Voir J. SIWEK-POUYDESSEAU, *Le Syndicalisme des fonctionnaires jusqu'à la guerre froide, 1848–1948,* [Villeneuve-d'Ascq], 1989, pp. 36–57.

286 Voir notamment G. CAHEN, *Les Fonctionnaires, op. cit.,* pp. 150–230; G. DEMARTIAL, *La Réforme administrative, ce qu'elle devrait être,* Paris, 1911, p. 58.

La professionnalisation des services extérieurs

L'étude de l'administration centrale doit être complétée par celle des services extérieurs. Ces derniers échappent à certaines des critiques adressées aux «ronds-de-cuir», terme généralement appliqué aux administrations centrales, car ils incarnent la capacité du régime à produire des avancées concrètes pour les citoyens, ce que Gambetta appelle, au début de la IIIe République, «la politique des résultats[287]». Leurs activités souvent techniques sont essentielles à la démocratie, qui repose sur le jugement que les électeurs sont à même de porter sur l'action publique.

Les questions industrielles

Au début de la IIIe République, le ministère du Commerce n'appuie son action que sur un seul corps de fonctionnaires, celui des poids et mesures. Les vérificateurs des poids et mesures, simples employés nommés par les sous-préfets sous l'Empire, sont recrutés à partir de la Monarchie de Juillet sur concours et organisés en corps. A la fin du XIXe siècle, le service est présent dans chaque département et compte près de quatre cents fonctionnaires.

La loi du 19 mai 1874 crée au ministère du Commerce un nouveau corps, l'inspection du travail, chargée d'organiser la police du travail sur l'ensemble du territoire. L'inspection s'appuie initialement sur des inspecteurs départementaux et des bénévoles. A partir de 1892, elle est prise en charge entièrement par l'Etat. Les quinze postes d'inspecteurs créés à l'origine sont augmentés pour atteindre 95 en 1900. Le renforcement de ce corps est une priorité pour le Commerce jusqu'à la création du ministère du Travail en 1906[288].

287 Discours à Charonne, 15 février 1876, dans L. GAMBETTA, *Discours et plaidoyers politiques,* Paris, 1880–1885, t. V, pp. 153–154.

288 V. VIET, *Les Voltigeurs de la République, l'inspection du travail en France jusqu'en 1914,* Paris, 1994.

L'inspection du travail a un caractère technique qui lui confère une certaine indépendance de l'administration centrale. Les responsabilités d'encadrement du corps sont, comme pour les ingénieurs rattachés au ministère des Travaux publics, en grande partie déléguées aux inspecteurs généraux du travail. Ces derniers assument des fonctions qui pourraient en toute logique revenir aux directions du ministère du Commerce.

L'enseignement technique

La création d'un service de l'enseignement technique ne repose pas sur la création d'un corps de fonctionnaire, mais sur un dispositif original et ingénieux. Au niveau national, le ministère soutient directement quelques établissements peu nombreux et réservés à l'élite (Conservatoire national des arts et métiers, Ecole centrale, Ecole d'Arts et Métiers). Au niveau local, il crée en 1892 un modèle d'établissement, les écoles pratiques de commerce et d'industrie, rattachées généralement aux communes, pour lesquelles il prend en charge la rémunération du personnel. Le succès de cette initiative est tel que les créations de postes sont nombreuses. La commission du budget de la Chambre des députés estime nécessaire, avant la fin de l'année 1902 «la nomination de douze directeurs ou directrices et de quatre-vingt-onze professeurs ou chefs d'ateliers» pour faire face à la création de neuf écoles nouvelles[289]. Le nombre important d'écoles en 1914 permet d'estimer à plusieurs centaines les emplois à la charge du ministère du Commerce.

L'organisation d'un corps d'inspecteurs généraux, qui permet de garantir la qualité pédagogique de l'enseignement dispensé dans les écoles, suit avec un certain retard leur développement. L'article 46 de la loi de finances du 31 décembre 1907 donne pour la première fois à ce corps un «statut régulier», prévoyant cinq inspecteurs généraux, aidés

289 P. ASTIER, *Rapport fait au nom de la commission du budget chargée d'examiner le projet de loi portant budget général… (ministère du Commerce)*, 6 juillet 1901, n° 2638, p. 66.

de cinq adjoints. Leurs conditions de recrutement et d'avancement sont fixées par décret du 10 février 1908. Ils peuvent être choisis parmi les anciens directeurs des établissements d'enseignement technique ou les fonctionnaires de la direction de l'enseignement technique[290].

L'appui des communes et, pour l'enseignement supérieur commercial, des chambres de commerce, permet finalement au ministère du Commerce de financer à moindre frais un réseau complémentaire de l'Instruction publique qui accueille, en 1914, un nombre d'élèves supérieur à celui de l'enseignement secondaire[291].

Les offices

Le ministère du Commerce met en œuvre des solutions nouvelles pour traiter de deux problèmes essentiels, la question sociale et le redressement du commerce extérieur. Deux offices lui sont adjoints, dotés de responsabilités de documentation, d'étude, d'enquête ou de recherche.

Les offices disposent d'une relative liberté de recrutement. L'office du travail juxtapose des situations extrêmement diverses[292]. On y trouve des fonctionnaires en détachement d'autres administrations, notamment du corps des Mines ou des Ponts et Chaussées, mais aussi des rédacteurs ou des enquêteurs. «L'office recrute ses enquêteurs essentiellement par recommandation, connaissance, en fonction de leur notoriété dans le domaine de la sociologie, de l'économie politique, ou dans le domaine attenant au sujet de l'enquête[293]». Ses agents, obligés de se confronter à d'autres milieux pour éprouver leurs idées, sont proches des professeurs de droit qu'ils ont côtoyés durant leurs études et avec lesquels ils ont souvent conservé des liens. La liberté dont bénéficie l'office du travail inquiète la Chambre des députés. C'est vraisemblablement la

290 Voir F. DUBIEF, *L'Apprentissage et l'enseignement technique,* Paris, 1910, p. 238.

291 A. PROST, *Histoire de l'enseignement en France, 1800–1967,* Paris, 1968, p. 330.

292 I. MORET-LESPINET, *L'Office du Travail 1891–1914, la République et la réforme sociale*, Rennes, 2008.

293 I. LESPINET, «Rôle et fonctionnement de l'Office du travail» dans J. LUCIANI, dir., *Histoire de l'Office du travail, 1890–1914,* Paris, 1992, p. 227.

raison de son rattachement à l'administration centrale du Commerce, en 1897. A partir de cette date, un certain nombre d'employés sont recrutés par les concours du ministère du Commerce, notamment les rédacteurs. Les exceptions ne disparaissent pas pour autant. Le célèbre syndicaliste Fernand Pelloutier, à qui Alexandre Millerand offre un emploi temporaire, émarge un moment à l'Office du travail[294].

Tel que défini à l'article 2 de la loi du 4 mars 1898: «l'office [national du commerce extérieur] a pour mission de fournir aux industriels et négociants français les renseignements commerciaux de toute nature pouvant concourir au développement du commerce extérieur et à l'extension de ses débouchés dans les pays étrangers, les colonies françaises et les pays de protectorat.» L'office a le statut d'établissement public et, bénéficiant du soutien de la chambre de commerce de Paris, dispose d'un immeuble dans la capitale et de crédits qu'elle met à sa disposition grâce au prélèvement de centimes additionnels sur les patentes[295]. Son comité de direction est présidé par le président de la Chambre de commerce de Paris et comprend majoritairement des membres des corps consulaires. Sa gestion est confiée à des commerçants, non à des fonctionnaires, et son recrutement se fait malgré certaines critiques parmi les anciens élèves diplômés des écoles supérieures de commerce[296].

L'examen des services extérieurs du ministère du Commerce permet de nuancer les conclusions tirées de l'étude de l'administration centrale. Il montre que, tous services confondus, les effectifs du ministère progressent de façon conséquente. Il fait aussi apparaître une évolution des responsabilités d'encadrement au sein du ministère, qui n'incombent plus à la seule administration centrale. La création de nouveaux services, qui prennent en charge la police du travail et l'enseignement technique, se traduit par l'organisation de nouveaux corps et la nomination d'agents expérimentés et qualifiés, qui déchargent les

294 L. DERFLER, *Alexandre Millerand, the socialist years,* La Haye, 1977, p. 164.

295 Voir P. LACOMBRADE, *La Chambre de commerce, Paris et le capitalisme français (1890–1914),* thèse de doctorat en histoire, dir. Francis Démier, Université de Paris-Nanterre, 2002, pp. 61–62 et 258–259.

296 P. ASTIER, *Rapport fait au nom de la commission du budget..., op. cit.,* 6 juillet 1901, n° 2638, pp. 89–99.

directeurs de certaines de leurs tâches[297]. Ce transfert de responsabilité peut contribuer à expliquer la stagnation des effectifs de l'administration centrale: une telle évolution est-elle confirmée par une étude de la carrière des directeurs du ministère?

Des directeurs réformateurs

Entre 1870 et 1914, le ministère du Commerce emploie dans ses trois ou quatre directions vingt-trois directeurs[298].

Les directions du commerce extérieur et du commerce intérieur

Les directeurs conservent leurs fonctions environ cinq ou six années, durée largement supérieure à celle des ministres, qui se succèdent à un rythme rapide[299]. La grande stabilité des directeurs dans leurs fonctions s'explique en partie par la spécificité des attributions des deux principales directions du ministère du Commerce. La variété des tâches de la direction du commerce intérieur, aux compétences particulièrement vastes (propriété industrielle, police du travail, santé, prévoyance, enseignement technique, etc.), et de celle du commerce

297 J.-P. DUMAS, «Politique républicaine ou science de l'Etat: le cas du ministère du Commerce et de l'Industrie à la fin du XIXe siècle», dans J.-M. LENIAUD, F. MONNIER, dir., *Experts et décision, journée annuelle d'étude de l'équipe Histoire des cultures et pratiques administratives (EA 112),* Paris, 2013, pp. 41–46.

298 Pour un tableau présentant la carrière des directeurs du ministère du Commerce: J.-P. DUMAS, *L'administration du Commerce et de l'Industrie: institutions publiques et transformation de l'Etat de 1870 à 1914*, thèse de doctorat, dir. François Monnier, Ecole pratique des hautes études, 2006, pp. 701–702.

299 Voir notamment P. BARRAL, «Les cabinets ministériels sous la IIIe République (1871–1914)», dans M. ANTOINE *et al.*, *Origines et histoire des cabinets des ministres en France,* Genève, 1975, pp. 67–73.

extérieur, qui prépare le tarif des douanes et organise les expositions internationales, exige que soient placés à leur tête des fonctionnaires particulièrement expérimentés, parfaitement au courant des affaires qu'ils ont à traiter.

Certains directeurs restent plus de dix années en fonctions. Eugène Marie conserve la direction du commerce extérieur douze années entre 1879 et son départ en retraite en 1891. Après un court intérim assuré par un conseiller d'Etat, Paul Dislère, chargé de suivre l'adoption du tarif Méline, compromis douanier voté en 1892, la direction est confiée à Gabriel Chandèze, qui la garde six années à compter de 1894. Les directeurs du commerce intérieur ont une longévité encore plus grande. César Nicolas reste dix-sept années en fonctions avant son départ en retraite en 1900, à 61 ans. Il a succédé en 1884 à Girard, qui a lui-même remplacé en 1879 Dumoustier de Frédilly, resté dix années.

Les trois-quarts des directeurs sont issus de l'administration centrale. Avant de gravir les échelons de la hiérarchie, ils ont pour la plupart occupé des fonctions subalternes au ministère. Ce point ne doit pas être interprété comme un indice de médiocrité, car leur niveau d'études montre que plusieurs d'entre eux ont une formation supérieure, souvent à la faculté de droit, où quatre ont obtenu une licence, deux un doctorat. Deux sont polytechniciens. Comme dans les autres ministères, la plupart sont Parisiens, de naissance ou par leurs études[300]. L'avancement dont ils ont fait l'objet signifie qu'ils ont bénéficié de nombreuses promotions au choix sous des ministres différents, marque de leurs qualités personnelles.

Trouver de nouvelles compétences

A partir de 1886, sous la pression des radicaux qui veulent que le ministère du Commerce s'engage plus efficacement dans les questions

300 C. CHARLE, *Les Elites de la République, 1880–1900,* Paris, 1987, p. 103. «Etre à Paris précocement fournit un avantage autant mondain que scolaire pour ce type de filière».

sociales, des modifications importantes sont apportées à l'organisation du ministère. Les ministres créent de nouvelles directions chargées de l'enseignement technique et de la législation du travail (syndicats, chômage, accidents du travail, coopératives, logement social, etc.). Les qualités requises pour prendre la tête de ces directions se distinguent sensiblement de celles souhaitées dans celles qui ont des attributions plus traditionnelles. Leurs titulaires doivent créer de nouvelles institutions et coordonner celles qui œuvrent déjà dans le domaine économique et social.

L'étude de quelques carrières permet de mieux saisir les aptitudes recherchées. En janvier 1886, Edouard Lockroy, ministre du Commerce, nomme à la tête de la direction du cabinet et du personnel un fonctionnaire de l'administration des Beaux-Arts, Gustave Ollendorff, depuis cinq ans chef du bureau des musées[301]. Celui-ci apporte au Commerce une expérience du ministère de l'Instruction publique, qui va lui permettre d'organiser le service de l'enseignement technique. Nommé en décembre 1886 directeur du personnel et de l'enseignement technique, Ollendorff trouve à l'issue d'âpres débats un compromis avec l'Instruction publique[302]. Il meurt prématurément en fonctions le 19 septembre 1891, non sans avoir donné à son service une impulsion suffisante pour l'organisation des premiers établissements.

Lointain successeur de Gustave Ollendorff à la direction de l'enseignement technique, Louis Bouquet entre au ministère du Commerce en septembre 1882, comme secrétaire particulier du ministre, Pierre Legrand. Nommé sous-chef du cabinet de Charles Hérisson, son remplaçant, en février 1883, il fait pendant douze ans carrière au ministère comme chef de bureau. Durant cette période, il mène une réforme importante, celle de l'inspection du travail, organisant le corps

301 Archives nationales [désormais A.N.], F12 7634 et F12* 11828. Voir aussi sa notice nécrologique dans G. PAULET, dir., *Annuaire de l'enseignement commercial et industriel,* Paris-Nancy, 1892, pp. 263–266.

302 T. CHARMASSON, éd., *L'Enseignement technique de la Révolution à nos jours. 1, De la Révolution à 1926: textes officiels avec introd., notes et annexes,* Paris, 1987, pp. 42–44 et 290–292.

d'inspecteurs d'Etat[303]. Ayant fait montre de sensibilité politique et d'expérience de terrain, il accède, le 1er juillet 1895, au poste de directeur de la prévoyance et de l'assurance sociales. Il est ensuite directeur du personnel et de l'enseignement technique, puis, à partir de 1900, directeur de l'enseignement technique. Doué d'une «autorité morale indiscutable et indiscutée»[304], il met ses qualités personnelles au service de sa direction. En 1902, il crée l'association française pour le développement de l'enseignement technique, qui relaie l'action du ministère[305]. Il quitte l'administration centrale en 1906 pour prendre la direction du Conservatoire national des arts et métiers.

Georges Paulet présente un profil similaire à celui de Louis Bouquet. Après avoir débuté au cabinet du ministre, il fait l'essentiel de sa carrière au ministère du Commerce[306]. Rédacteur au cabinet en 1884, il travaille en 1885 au ministère de la Guerre. En 1886, il est détaché au bureau du cabinet du ministre du Commerce, Edouard Lockroy. Il devient sous-chef du bureau du cabinet, puis chef du bureau du cabinet et du secrétariat. En 1887, à vingt-huit ans, il est chef du bureau du personnel et du secrétariat, puis, en 1892, chef du bureau de l'enseignement commercial et des expositions, secrétaire de la commission supérieure des expositions internationales. Il est l'auteur d'un nombre considérable de travaux de vulgarisation[307] et de rapports techniques devant le conseil supérieur du travail[308]. En 1899, il est nommé chef de division puis, en

303 A.N., F12* 11828. Voir sa notice dans J. TULARD, *et al.*, *Dictionnaire biographique des membres du Conseil d'Etat, 1799–2002,* Paris, 2004, p. 419.

304 L. CHERMETTE, notice «Louis Bouquet» dans C. FONTANON, A. GRELON, dir., *Les Professeurs du Conservatoire national des arts et métiers,* Paris, 1994, p. 234–236.

305 J. TULARD, *et al.*, *Dictionnaire biographique...*, *op. cit.*, p. 419. Il est nommé conseiller d'Etat en service extraordinaire en 1900.

306 A.N., F12* 11828.

307 Voir sa notice dans J. TULARD, *et al.*, *Dictionnaire biographique...*, *op. cit.*, pp. 568–569.

308 Voir A. FAURE, «Bibliographie des enquêtes et publications officielles françaises sur les questions ouvrières et sociales (1891–1914)» dans *Bulletin du centre d'histoire de la France contemporaine*, n° 8, 1987, pp. 59–73 et n° 9, 1988, pp. 83–105.

1900, directeur de l'assurance et de la prévoyance sociales. Paulet possède l'expérience et l'entregent nécessaire à sa promotion, deux facteurs dont la combinaison lui permet d'accéder à des fonctions directoriales.

Exemple intéressant de directeur issu des grands corps, Arthur Fontaine présente quelques points communs avec les précédents[309]. Ingénieur ordinaire du corps des Mines, détaché au ministère du Commerce, il est nommé chef de section à l'office du travail en septembre 1891. En février 1893, il est chargé des fonctions de sous-directeur au même office puis, en juin 1894, sous-directeur titulaire. En août 1899, il est nommé directeur du travail par Alexandre Millerand, premier socialiste à accéder à des fonctions ministérielles[310]. Il occupe pendant plusieurs années des fonctions techniques avant d'être nommé directeur. Comme Ollendorff, Bouquet ou Paulet, il professe publiquement son adhésion aux valeurs républicaines mais cette seule qualité, même assortie de l'appartenance à un grand corps, ne suffit pas à le faire accéder aux fonctions supérieures. Il doit faire ses preuves dans l'administration en occupant pendant plusieurs années des responsabilités techniques qui, loin de nuire à sa carrière, lui permettent d'obtenir une autorité incontestée dans son domaine.

Ces quelques exemples montrent que les directeurs du ministère du Commerce sont des fonctionnaires expérimentés, qui ont une longue pratique administrative, mais que cette seule qualité ne suffit pas à leur nomination. Le choix des ministres se porte aussi sur des réformateurs, dont l'expérience doit servir le changement. Le ministère du Commerce est, selon la définition qu'en donne en 1900 le rapporteur de la commission du budget de la Chambre des députés, «une administration à l'état d'appropriation continuelle aux besoins sociaux auxquels elle doit répondre[311]». Ses directeurs, sans cesse sollicités par

309 M. COINTEPAS, *Arthur Fontaine, 1860–1931: un réformateur, pacifiste et mécène au sommet de la Troisième République*, Rennes, 2008.

310 Voir sa notice dans J. TULARD, *et al.*, *Dictionnaire biographique...*, *op. cit.*, p. 480.

311 P. BEAUREGARD, *Rapport fait au nom de la commission du budget chargée d'examiner le projet de loi portant budget général... (ministère du Commerce)*, 10 juillet 1900, n° 1867, p. 26.

le personnel politique, doivent coordonner l'action des services placés sous leurs ordres. Mais ils doivent surtout lancer de nouvelles réformes, auxquelles la création de services extérieurs compétents et autonomes, qui les déchargent d'une partie de leurs tâches, doit leur permettre de se consacrer entièrement.

***

Les études sur la fonction publique se limitent souvent à des considérations sur la situation globale du personnel. Il est utile de nuancer leurs conclusions par l'examen du fonctionnement interne d'un ministère et des carrières de ses hauts fonctionnaires.

A la fin du XIXe siècle, le ministère du Commerce se trouve dans une situation paradoxale. Alors que la pauvreté des moyens de l'administration et la médiocrité des rémunérations pourraient en écarter les éléments les plus dynamiques, l'examen des carrières montre qu'il continue à attirer des fonctionnaires compétents et énergiques. L'étude des seuls règlements ne rend pas compte de l'attrait qu'exerce le service de l'Etat au début de la IIIe République. Derrière une façade anonyme, l'administration propose des responsabilités intéressantes, permettant d'exercer des métiers de mieux en mieux définis au service de l'intérêt général, ce qui explique l'attrait qu'elle exerce sur les candidats. Pour la plupart des hauts fonctionnaires, la pauvreté des moyens qui leur sont consentis est largement compensée par l'intérêt de leurs fonctions, d'autant qu'au début de la IIIe République, l'instabilité ministérielle fait que les directeurs sont souvent conduits à suppléer les ministres dans leurs tâches traditionnelles d'animation de la politique.

Pour les fondateurs de la IIIe République, comme Gambetta, le succès de celle-ci dépend de sa capacité à s'appuyer sur un Etat efficace, doté d'un personnel compétent, condition de sa réussite[312]. L'étude du ministère du Commerce permet de comprendre comment

312 Voir J.-P. DUMAS, *Gambetta, le commis-voyageur de la République*, Paris, 2011, pp. 131–142.

ce projet est mis en œuvre. La professionnalisation de l'administration ne repose pas seulement sur les moyens humains ou matériels accordés aux administrations centrales, elle s'appuie aussi sur de nouvelles institutions, sur la création de corps techniques et sur une sélection rigoureuse de fonctionnaires aptes à promouvoir les réformes. Les effectifs de l'administration centrale du Commerce stagnent. Mais les équipes restreintes dont elle dispose, scrupuleusement sélectionnées, lui permettent de poursuivre avec résolution les objectifs qui lui sont assignés.

Bureaucratie, capitalisme et Etat à l'époque de l'empire bismarckien. Les controverses au sein de l'Association pour la politique sociale

Bernd Zielinski
Paris Ouest Nanterre la Défense/CRPM - EA 4418

La question du rôle économique et politique de la bureaucratie a suscité de vifs débats au sein de l'«Association pour la politique sociale» (*Verein für Sozialpolitik*) qui, à l'époque de l'Empire (1871–1918), regroupait des intellectuels représentant plusieurs disciplines des sciences sociales. Les positions extrêmes au sein de ce groupe allaient de l'idéalisation à la condamnation du phénomène bureaucratique, faisant écho à des changements structurels dans le rapport entre bureaucratie, Etat et économie. Parmi les principaux protagonistes se trouvaient des personnalités aussi importantes que les économistes Gustav Schmoller et Adolph Wagner d'un côté, les frères Alfred et Max Weber de l'autre.

Mais avant d'aborder ces débats de la fin du 19ème siècle je voudrais évoquer une analyse de la bureaucratie plus ancienne, en raison de l'influence considérable qu'elle a exercée dans l'histoire des idées politiques, sociales et économiques en Allemagne. Il s'agit de la théorie du philosophe Georg Wilhelm Friedrich Hegel, telle qu'elle est notamment exposée dans sa philosophie du Droit. On verra par la suite qu'une partie des intellectuels de l'«Association pour la politique sociale» défendait avec vigueur une vision de la bureaucratie inscrite dans la tradition hégélienne alors qu'une autre contestait de manière virulente cette approche.

Au début du 19ème siècle, Hegel s'était intéressé aux nouvelles théories du libéralisme anglo-saxon représenté notamment par Adam Smith et il en avait saisi la modernité. Il adopta une attitude critique par rapport à la thèse de l'autorégulation du marché défendue par Smith et tenta de prouver le rôle important de l'Etat et de sa bureaucratie pour la stabilisation du système économique, social et politique. Hegel se situait ainsi dans la tradition du caméralisme, la théorie économique allemande prédominante à l'époque de l'absolutisme éclairé. Le philosophe tentait de trouver une synthèse entre cette approche et les théories anglo-saxonnes[313].

Dans sa «philosophie du droit», Hegel développe un modèle de société basé sur l'existence de trois états *(Stände)*, c'est-à-dire des groupes structurant la société doté chacun d'une fonction spécifique. Le premier est l'«état agricole», appelé également «état substantiel», caractérisé par le caractère «concret» du travail visant à la production de nourriture pour les besoins des paysans et la rémunération des propriétaires de la terre. Cet état est marqué par une «confiance dépourvue d'individualité» dans la mesure où sa production dépend largement des conditions naturelles. Selon Hegel, le travail de cet état ne nécessite ni réflexion approfondie ni volonté spécifique. La mentalité des paysans est marquée par la confiance, l'obéissance et l'esprit de famille. Le deuxième état, l'« état industriel », qui englobe l'artisanat, l'industrie, et le commerce est caractérisé par le caractère plus abstrait du travail dans la mesure où il produit pour le marché, c'est-à-dire pour la masse anonyme des consommateurs. La recherche du gain monétaire est prioritaire par rapport à la satisfaction simple des besoins. Ces deux premiers états représentent au sein de l'économie et de la société les activités réalisées en fonction des intérêts et des besoins des individus[314]. La bureaucratie figure dans cette théorie comme le troisième état, l'« état de l'universalité» *(der allgemeine Stand)* qui a pour vocation de représenter l'intérêt général et d'unifier ainsi le peuple. Ses membres doivent être libérés de l'obligation de travailler pour leurs propres besoins soit parce qu'ils possèdent une

313 PRIDDAT, Birger P., *Hegel als Ökonom,* Duncker und Humblot, Berlin, 1990, p. 15.

314 HEGEL, G.W.F., Werke 7, *Grundlinien der Philosophie des Rechts*, Suhrkamp, Frankfurt am Main, 1986, Paragraph 203–205, pp. 355 sq.

fortune, soit parce que l'Etat les rémunère. La bureaucratie est donc présentée par Hegel comme une instance qui transcende la sphère des intérêts particuliers et représente la raison et la morale de la société. Elle seule lui semble capable d'une analyse pertinente et neutre des nécessités objectives du développement de l'économie et de la société. Les acteurs individuels sur le marché manquent de connaissances ou de capacités d'analyse pour pouvoir remplacer l'action coordinatrice de l'Etat, idéalisé par Hegel en tant que «la réalité de l'idée morale» *(Wirklichkeit der sittlichen Idee)*. Cette approche hégélienne de l'Etat et de la bureaucratie a par exemple influencé des intellectuels comme Lorenz von Stein et son idée d'une «monarchie sociale» *(soziales Königstum)*.

La conception hégélienne du rôle de la bureaucratie trouve une traduction dans les processus historiques en Prusse au cours de la première moitié du 19ème siècle. Après la défaite contre Napoléon, c'est en effet une bureaucratie réformatrice, sous l'impulsion de personnalités comme Heinrich Friedrich Karl von Stein et Karl August von Hardenberg, qui mit en place un ensemble de réformes imposées d'en haut, jetant les bases de l'économie de marché et de l'Etat de droit au sein même des régimes monarchiques. Un conglomérat au pouvoir entre monarchie, noblesse et bureaucratie était au cœur d'un processus de modernisation qui ne mettait néanmoins pas fondamentalement en cause les structures traditionnelles du pouvoir. La bureaucratie n'était pas soumise à un contrôle parlementaire et partait du principe que la gestion politique se résumait à l'action administrative[315].

315 WEHLER, H. U., *Deutsche Gesellschaftsgeschichte*, Band 2: Von der Reformära bis zur industriellen und politischen deutschen Doppelrevolution 1815–1845/49, C.H. Beck, München 2005, p. 298, KOCKA, Jürgen, *Unternehmensverwaltung und Angestelltenschaft, am Beispiel Siemens 1847–1914*. Ernst Klett Verlag Stuttgart, 1969, pp. 37 sq.

L'essor de la bureaucratie dans le Kaiserreich

Le *Kaiserreich*, né en 1871 de la guerre avec la France, avec à sa tête l'empereur, était un Etat semi-autoritaire caractérisé par un «constitutionalisme de façade» et marqué dans une première période par la figure dominante du chancelier Bismarck. Le Reichstag, parlement élu au suffrage universel par les hommes ayant au moins 25 ans, manquait de pouvoir par rapport à la Chambre haute, le Bundesrat, représentation des états fédérés dominés par la Prusse où existait seulement un droit de vote censitaire[316]. Des réformes décisives dans le sens d'un l'élargissement des droits du parlement n'ont été entamées que pendant les dernières semaines de la première guerre mondiale, peu de temps avant la révolution du 9 novembre 1918 qui mit un terme définitif à la monarchie des Hohenzollern. La noblesse de Prusse orientale, les grands propriétaires terriens *(Junker)*, les militaires et la bureaucratie ministérielle constituaient souvent des freins à la démocratisation des structures politiques. Ces différents éléments ont suscité des débats historiographiques controversés sur «la voie particulière allemande» *(Sonderweg)* caractérisée, pour les défenseurs de ce concept, par la coexistence d'un système politique semi-autoritaire avec un capitalisme industriel en plein essor[317].

En ce qui concerne l'économie, la période consécutive à la fondation de l'empire bismarckien fut marquée par la modernisation rapide dans le cadre de la seconde révolution industrielle. Des secteurs comme la chimie, l'électrotechnique ou les machines-outils constituaient la base d'un rattrapage rapide de l'industrie anglaise par le capitalisme industriel allemand

316 WEHLER, H.U., *Deutsche Gesellschaftsgeschichte* Band 3, Von der deutschen Doppelrevolution bis zum Beginn des Ersten Weltkrieges, C.H. Beck, München 2007, pp. 355 sq. NIPPERDEY, Th. Deutsche Geschichte 1866–1918, Band II Machtsstat vor der Demokratie, Verlag C.H. Beck, 1998, pp. 85 sq.

317 WALSER SMITH, Helmuth, „Jenseits der Sonderwegsdebatte“, in MÜLLER, Sven-Oliver und TORP, Cornelius (Hrsg.), *Deutsches Kaiserreich in der Kontroverse*, Vandenhoeck und Ruprecht, Göttingen 2009, pp. 31 sq., WEHLER H.U., *op. cit*, pp. 463 sq.

qui devint l'un des plus développés en Europe. Mais l'époque fut également marquée par des crises conjoncturelles, des bouleversements sociaux comme l'urbanisation et l'exploitation de la classe ouvrière (travail des enfants et des femmes dans des conditions inacceptables, salaires misérables, manque de droits), ce qui fut l'une des causes principales de la montée de la social-démocratie. Les caractéristiques du capitalisme allemand de l'époque ont, surtout dans les années 1970 et 1980, suscité des débats historiographiques autour de la notion de «capitalisme organisé» et ultérieurement autour du concept de «capitalisme néocorporatiste»[318]. Au-delà des discussions méthodologiques, la plupart des historiens et des économistes ont souligné l'importance en Allemagne de certaines formes de coopération entre entreprises comme les cartels, des liens entre banques et sociétés anonymes dans l'industrie, d'une forte influence des associations, notamment patronales, et d'un interventionnisme d'Etat renforcé par exemple dans les domaines de la recherche et des infrastructures. On assista également entre 1871 et 1918 au début de la mise en place de l'Etat social et interventionniste moderne, à travers l'introduction des premières assurances sociales (retraite, accident, maladie) dans les années 1880. Il faut souligner que cet Etat social avait des traits autoritaires et conservateurs dans la mesure où il alliait réformes et répression comme en témoigne la loi d'interdiction des activités de la social-démocratie (1878–1890).

Le processus spectaculaire de modernisation économique a été à l'origine d'un élargissement du secteur public suivi d'une augmentation conséquente de la bureaucratie. «La bureaucratie a été revalorisée par le corporatisme et cela dans une mesure que même les représentants de l'administration étatique n'avaient pas imaginée dans leurs rêves les plus hardis»[319] Urbanisation, industrialisation et complexité accrue de la société mettaient notamment l'Etat et les communes devant de nouveaux défis et les obligeaient à étendre massivement leurs champs

318 Pour un résumé des débats, voir H.U. WEHLER, *op. cit*, p. 664, ABELSHAUSER, Werner, *Deutsche Wirtschaftsgeschichte seit 1945*, Bundeszentrale für politische Bildung, Bonn, 2004, pp. 39 sq.

319 WEHLER, H.U. *op. cit*, p. 673, voir également VINCENT, Marie-Bénédicte, *Serviteurs d'Etat: les élites administratives en Prusse de 1871 à 1933*, Belin, Paris, 2006.

d'action. Pendant la période du *Kaiserreich* la part des dépenses de l'Etat par rapport au produit national doubla. Entre 1875 et 1907 le nombre de fonctionnaires civils augmenta de 524 000 à 1 475 000.[320] La part des employés publics par rapport à l'ensemble des personnes actives augmenta de 7,2% (1882) à 10,6% en 1907. Au niveau international, l'Allemagne faisait ainsi partie des pays possédant une bureaucratie importante. Elle se situait certes avec ses 126 fonctionnaires pour 10 000 habitants derrière la France avec 176 fonctionnaires pour 10 000 habitants, mais devant les Etats Unis (113) et la Grande Bretagne (73).[321] L'augmentation rapide du nombre de fonctionnaires était particulièrement marquée dans le domaine des transports (chemin de fer et transport urbain) et de la poste. L'éducation jouait également un rôle important dont témoigne le doublement du nombre de professeurs d'école sur la période. La mise en place des premières assurances sociales dans les années 1880 contribua également à la tendance générale.

Un autre domaine de forte augmentation des fonctionnaires concernait l'administration des communes et les entreprises communales dont le nombre était en pleine expansion. Une ville comme Essen n'avait en 1840 que neuf responsables administratifs, en 1900 il y en avait 377.[322] Les communes, qui avaient le plus souvent limité leur activité jusqu'en 1850 au maintien de l'ordre, commençaient depuis 1870 à aménager l'espace urbain et à proposer un ensemble de services publics.[323] Dans ce contexte, elles prenaient de plus en plus le contrôle des entreprises privées ou fondaient directement des entreprises municipales. En 1907 il existait déjà 14 762 de ces entreprises avec environ 190 000 employés.[324] Leurs activités concernaient des secteurs comme l'approvisionnement du gaz et de l'eau, les transports et les hôpitaux.

320 WUNDER, Bernd, *Geschichte der Bürokratie in Deutschland*, Suhrkamp, Frankfurt am Main, 1986, p. 72.

321 WEHLER, H. U., *Das deutsche Kaiserreich*, Vandenhoeck und Ruprecht, Göttingen, 1994, p. 74.

322 WEHLER, H.U. *Deutsche Gesellschaftsgeschichte, op. cit,* p. 534.

323 BOCH, Rudolf, *Staat und Wirtschaft im 19. Jahrhundert*, Oldenbourg, München 2004, p. 45.

324 *Ibid,* p. 46.

Ce phénomène suscitait des discussions sur ce que l'on appelait un «socialisme au niveau des communes» *(Munizipalsozialismus)* porté par la bureaucratie.

La bureaucratie selon les sociaux-conservateurs

En 1873 un groupe d'intellectuels souvent dans la mouvance de la «jeune école historique» fonda «l'Association pour la politique sociale», sorte de forum de discussion qui tentait de trouver des réponses théoriques et pratiques à la «question sociale» et d'exercer une influence sur le monde politique.[325] Au-delà de cet objectif commun, l'Association fut marquée depuis le début par l'opposition entre deux groupes: les sociaux-conservateurs comme Gustav Schmoller et Adolph Wagner prônaient une réforme sociale sans transformation profonde du régime politique du *Kaiserreich*. Les sociaux-libéraux comme Lujo Brentano, Alfred et Max Weber et Friedrich Naumann souhaitaient lier les réformes sociales à une démocratisation des structures politiques.[326] Les controverses autour du rapport entre économie, Etat et bureaucratie concernaient notamment la question des cartels et des entreprises communales. Les débats sur le rôle politique de la bureaucratie tournaient autour des enjeux de la démocratisation et du renforcement du parlement du Reich.

Parmi les défenseurs de l'Etat monarchique et de sa bureaucratie figuraient Adolph Wagner et Gustav Schmoller. Sur la base d'une approche inspirée par l'historicisme, ils étaient à la recherche d'une troisième voie entre le libéralisme économique radical (dit libéralisme de

325 LINDENLAUB, Dieter, *Richtungskämpfe im Verein für Sozialpolitik: Wissenschaft und Sozialpolitik im Kaiserreich vornehmlich vom Beginn des „Neuen Kurses" bis zum Ausbruch des Ersten Weltkrieges, (1890–1914)*, Verlag F. Steiner, Wiesbaden, 1967, pp. 1 sq.

326 KRÜGER, Dieter, *Nationalökonomen im wilhelminischen Deutschland*, Vandenhoeck und Ruprecht, Göttingen, 1983, pp. 13 sq.

Manchester) d'un côté et le socialisme d'orientation marxiste de l'autre. Wagner critiquait la thèse selon laquelle l'économie de marché serait un «ordre naturel» et rejetait le postulat d'une stricte limitation des interventions de l'Etat. Le marché était selon lui structurellement dans l'incapacité d'organiser les activités économiques en fonction des «intérêts de la collectivité». L'Etat devait jouer le rôle d'éducateur des acteurs sociaux, notamment en imposant la production de biens publics. Par conséquent, en critiquant le libéralisme économique, Wagner défendait la conception du «socialisme d'Etat» *(Staatssozialismus)*, antimarxiste, qui visait l'établissement d'une économie mixte dans laquelle le secteur public jouerait un rôle central.[327] Des nationalisations et la défense du «socialisme municipal» faisaient partie de cette vision. Dans une argumentation quasiment téléologique, il affirmait l'existence de la loi de l'inévitable «expansion relative et absolue des activités publiques et de l'Etat au cours de l'histoire» (dite «loi de Wagner»). L'économiste était conscient que sa thèse impliquait un budget public en croissance permanente et une augmentation considérable du nombre des fonctionnaires. Mais si l'extension de la bureaucratie lui semblait en principe inévitable et souhaitable, Wagner la voyait également d'un œil critique en affirmant qu'elle aurait tendance à aller au delà du nécessaire à cause des pratiques de cooptation réalisées de manière autoréférentielle par l'administration. Ces pratiques douteuses rendaient, selon Wagner, un contrôle parlementaire nécessaire.[328] Par ailleurs, le programme de Wagner était antisocialiste dans la mesure où il voyait dans la monarchie des Hohenzollern et sa bureaucratie la seule instance capable de réaliser la réforme sociale afin d'écarter le danger révolutionnaire et de permettre l'intégration de la classe ouvrière dans la «communauté nationale». En tant que nationaliste, Wagner prônait la soumission de l'individu à l'Etat, perçu comme une entité supérieure agissant selon ses propres règles.

327 WAGNER, Adolph, *Grundlegung der politischen Ökonomie*, 1. Teil, Grundlagen der Volkswirtschaft, C.F. Winter, Leipzig 1892, pp. 805 sq.

328 DLUHOSCH, Barbara et ZIMMERMANN Klaus W., *Adolph Wagner und sein „Gesetz"*. Einige späte Anmerkungen, Helmut Schmidt Universität, Working Papers N° 85, Hamburg, 2008, p. 8.

Gustav Schmoller, l'autre grand représentant des sociaux-conservateurs, défendait avec autant de véhémence que Wagner la vision du rôle positif de la bureaucratie. Dans sa critique de l'individualisme méthodologique et de l'approche déductive de l'école néo-classique formulée à l'occasion de la controverse méthodologique avec l'économiste Carl Menger, il insistait sur le fait que les trajectoires historiques des économies sont fortement marquées par les cultures et les cadres institutionnels nationaux particuliers, notamment par des formes spécifiques de l'organisation de l'Etat[329]. Selon lui, la division du travail, tout en générant la modernisation technologique, sociale et culturelle, détruisait les communautés traditionnelles et les formes de solidarité sociale précapitalistes. Elle devenait ainsi source d'inégalités, d'injustices, de désintégration et de luttes sociales mettant en cause l'«homogénéité du peuple». Pour sortir de cette crise la réforme sociale semblait indispensable: elle devait être réalisée par l'Etat monarchique et sa bureaucratie. La liste des réformes souhaitables était longue: elle incluait entre autres l'introduction d'un impôt progressif sur le revenu, la mise en place d'un système d'assurances sociales obligatoires, la création d'un système collectif de négociations salariales, la participation des salariés (qualifiés) aux bénéfices et à l'organisation interne de l'entreprise, le contrôle par les instances publiques du respect des contrats du travail, jusqu'à la mise en place d'un secteur public important et le développement des coopératives de salariés[330]. La bureaucratie prussienne était capable d'être le moteur de ces réformes car elle était, selon la vision idéalisée de Schmoller, compétente, stable, efficace et guidée par les valeurs de la justice et de la raison. Schmoller partait du principe que la bureaucratie était en mesure d'identifier l'intérêt général car elle possédait les

329 Il n'est pas dans l'objectif de cet article de thématiser l'importance de l'approche institutionnaliste de l'Ecole historique pour l'histoire des idées économiques, voir par exemple CHAVANCE, Bernard, L'économie institutionnelle, La Découverte, Paris 2007 et PRIDDAT, Birger P., *Die andere Ökonomie: Eine neue Einschätzung von Gustav Schmollers Versuch einer „ethisch-historischen" Nationalökonomie im 19. Jahrhundert,* Metropolis Verlag, Marburg, 1994.

330 SCHMOLLER, Gustav, *Grundriss der allgemeinen Volkswirtschaftslehre*, Dunkker und Humblot, Berlin, 1904, p. 205.

informations et le savoir nécessaires pour pouvoir critiquer les principaux préjugés diffusés dans la société.[331] La prise en compte des intérêts particuliers des différents groupes sociaux lui permettrait de rester neutre et objective en se situant au-dessus des conflits de classe. La position neutre de la bureaucratie serait favorisée par le fait que les fonctionnaires bénéficiaient de la sécurité de l'emploi et qu'ils seraient recrutés parmi toutes les classes sociales. La bureaucratie représentait ainsi, selon Schmoller, la rationalité collective et l'unité de la société et il souhaitait lier la formation des fonctionnaires aux procédures de sélection des élites politiques. Dans l'ensemble, il proposait la vision d'un Etat monarchique, autoritaire et paternaliste qui maîtrisait et régulait le capitalisme, inspiré par les intellectuels penseurs de la réforme sociale et appuyé sur la bureaucratie.

La critique des sociaux-libéraux: débats sur les entreprises communales et le contrôle des grands groupes

Les positions des «sociaux-conservateurs» sur l'Etat, l'économie et la bureaucratie furent vivement critiquées par des «sociaux-libéraux» lors des débats au sein de l'«Association pour la politique sociale». L'un de ces affrontements eut lieu lors du congrès de Mannheim, en 1905, au sujet d'une mesure proposée par Schmoller pour mieux contrôler le pouvoir des grandes entreprises souvent organisées sous la forme de cartels. Dans les sociétés anonymes de plus de 75 millions de Mark de capital, un quart des membres des conseils de surveillance devaient selon ses propositions être nommés par l'Etat et la part des bénéfices dépassant 10% confisquées.[332] Max Weber

331 Une approche comparable se trouve déjà chez Lorenz von Stein.

332 *Schriften des Vereins für Sozialpolitik*, Bd 116., Verhandlungen der Generalversammlung in Mannheim, 25., 26., 27. u. 28.9.1905, auf Grund der stenographischen Niederschrift hg. v. Ständigen Ausschuß, Leipzig (Duncker & Humblot) 1906, p. 367.

et Friedrich Naumann critiquèrent radicalement ce projet. Weber argumentait que l'entrée de bureaucrates dans les entreprises comporterait un grand risque dans la mesure où la bureaucratie aurait une logique d'action et des objectifs spécifiques incompatibles avec les nécessités de gestion d'un établissement privé. Il affirmait que la rationalité et l'efficacité des stratégies des entreprises dépendaient de la possibilité pour les dirigeants privés d'agir sans interférence de l'Etat et de la bureaucratie[333]. Selon Friedrich Naumann, la proposition de Schmoller témoignait d'une forme de pensée autoritaire dépassée. Une poignée de fonctionnaires ne pourrait pas représenter un contre-pouvoir contre le capital, rôle qui devait selon lui être joué par le mouvement ouvrier. Schmoller, profondément blessé, répondit que la position de Naumann était celle d'un «démagogue» sans connaissance des réalités et influencé par les thèses matérialistes du marxisme.[334]

Quatre ans plus tard, en 1909, une autre controverse sur le rapport entre économie et bureaucratie eut lieu lors du congrès de l'Association à Vienne au sujet des entreprises communales. Adolph Wagner plaida pour l'extension du nombre de ces entreprises publiques en défendant les idées du «socialisme au niveau des communes» et du «socialisme d'Etat» qui permettraient la prise en compte du bien commun et une répartition des richesses plus juste. La bureaucratie prussienne devrait jouer le rôle central dans la réalisation de cette stratégie qu'il prônait depuis des années et avec laquelle Bismarck lui-même sympathiserait. Il affirmait que même l'Angleterre serait en train de choisir la voie des entreprises publiques au niveau communal.[335]

La réponse des adversaires sociaux-libéraux à cette plaidoirie fut virulente. Alfred Weber était le premier à monter au créneau en fustigeant «l'appareil bureaucratique» qui, en réduisant l'homme au statut

333 LINDENLAUB, *op. cit.*, p. 298.

334 *Ibidem*, p. 411.

335 KRÜGER, Dieter, *Nationalökonomen im wilhelminischen Deutschland,* Göttingen, Vandenhoeck und Ruprecht, 1983, p. 79.

d'une petite roue de machine, étoufferait la vie et la liberté individuelle. Au lieu de dénoncer cette aliénation, les «sociaux-conservateurs» étaient, selon Weber, devenus les adeptes d'une sorte de «métaphysique de l'Etat» qui donnerait à la bureaucratie «idolâtrée» et «théocratisée» une aura quasi religieuse.[336] A travers les entreprises communales on essayerait d'installer dans le champ économique le principe bureaucratique et pré-moderne de la «fidélité» *(Treueverhältnis)*, exigeant la soumission inconditionnelle du fonctionnaire à l'autorité. Ainsi, la bureaucratie prendrait de plus en plus la place de l'entrepreneur libre et anéantirait toute forme d'autogestion des acteurs. En outre, les bureaucraties communales en Allemagne seraient sous l'influence des forces conservatrices et discrimineraient des candidats aux opinions politiques non désirables. Lors des embauches dans les entreprises communales, des critères politiques, par exemple contre les sociaux-démocrates, seraient ainsi régulièrement appliqués.

Avec une certaine verve polémique, Alfred Weber pronostiquait qu'il serait créé à terme un peuple de «fils à papa et à maman» et un nouveau type d'homme: «allemand, fidèle, ayant le droit à sa pension» *(deutsch, treu und pensionsberechtigt)*[337]. Au delà de la bourgeoisie, cette mentalité progresserait également au sein du mouvement ouvrier. Ce type de personnage étoufferait les vrais caractères d'exception et il fallait donc vigoureusement combattre les tendances à la bureaucratisation.[338] Alfred Weber estimait par ailleurs que les Allemands étaient plus prédestinés que d'autres peuples à succomber au pouvoir des bureaucrates:

> On ne réussit jamais à réduire un Français au rôle de simple bureaucrate. Car «Monsieur» peut certainement calculer formuler, décréter et obéir mais il ne peut pas en faire le sens de sa vie. Car en général cela lui est égal, cela l'ennuie et il a besoin d'autre chose: la chaleur, le changement, la stimulation, il ne peut pas vivre autrement. C'est pour cela qu'il ne peut pas être immergé dans l'appareil bureaucratique. En Allemagne la situation est différente: trop grande est la

336 *Schriften des Vereins für Sozialpolitik*, Bd. 132: Verhandlungen der Generalversammlung in Wien, 27., 28. u. 29.9.1909, auf Grund der stenograph. Niederschrift hg. v. Ständigen Ausschuß. Leipzig (Duncker & Humblot) 1910, pp. 238 sq.

337 *Schriften des Vereins für Sozialpolitik*, Nr.132, p. 244.

338 *Schriften des Vereins für Sozialpolitik*, Nr.132, p. 245.

> proximité entre la lourdeur de nos sentiments et l'appareil bureaucratique figée et sans âme.[339]

Afin d'écarter l'influence des partis politiques sur la bureaucratie, Alfred Weber proposait la mise en place d'«offices d'embauche» des fonctionnaires, composés sur une base paritaire de représentants des employés et de délégués des instances publiques. Weber se déclarait également favorable au droit de grève des fonctionnaires et citait la France comme exemple positif en la matière.[340]

Lors du même débat, Max Weber appuya et compléta les arguments de son frère en affichant une attitude ambivalente face à la bureaucratie. S'il la condamnait, il en faisait aussi l'éloge. Ainsi la bureaucratie était pour lui incontestablement la forme d'organisation la plus efficace «Il n'y a rien au monde qui travaille d'une manière aussi précise que cette machine humaine – et en plus tellement bon marché. [...] Faisons table rase de tout le reste et mettons en place des bureaucraties qui règlent les questions efficaces et sans états d'âme comme une machine. La supériorité du mécanisme bureaucratique est une certitude inébranlable, elle est aussi certaine que le fait de la supériorité des machines par rapport au travail manuel.»[341]

Le calcul rationnel et l'esprit d'efficacité bureaucratique auraient déjà, au delà de l'Etat et de son administration, largement envahi la sphère économique et les entreprises privées. Mais en même temps qu'il louait son efficacité, Max Weber critiquait la bureaucratie comme une force de destruction de la liberté humaine. La passion ambiante pour la bureaucratisation était selon lui «à désespérer» et le monde ne «connaîtra bientôt rien d'autre que les hommes de l'ordre» *(Ordnungsmenschen)*[342] La question serait donc de savoir comment on pourrait s'opposer à cette tendance à la bureaucratisation pour défendre les restes de l'autonomie des individus.

339 WEBER, Alfred, *Der Beamte, in Schriften zur Kultur-und Geschichtssoziologie,* Alfred Weber Gesamtausgabe Band 8, Metropolis Verlag, München 2000, p. 104.

340 *Schriften des Vereins für Sozialpolitik*, Nr. 132, p. 247.

341 *Schriften des Vereins für Sozialpolitik*, Nr. 132, p. 282.

342 *Ibid.*

Par conséquent, Max Weber se prononçait contre une politique de promotion des régies municipales *(Kommunaliserung)*. Le processus d'augmentation massive des régies communales lui semblait comme à son frère irréversible mais il affirmait qu'il ne fallait rien faire pour le promouvoir. Ceux qui défendaient la stratégie de la mise en place de régies étaient selon lui victimes d'une foi erronée dans l'omnipuissance de la bureaucratie. A cet égard, Weber estimait que l'entrepreneur privé, grâce à son savoir spécifique, sa connaissance du terrain et sa réactivité par rapport aux tendances du marché serait plus efficace que le bureaucrate. C'est la raison pour laquelle Weber pensait que l'intervention de l'Etat dans la sphère des entreprises libres était problématique.[343] Weber affirmait également qu'il serait erroné de penser comme Schmoller que la mise en place de régies municipales signifiant le remplacement des managers privés par des bureaucrates serait favorable aux salariés, dans la mesure où elle améliorerait la politique sociale des entreprises. Selon lui, les bureaucrates en question adopteraient rapidement le même point de vue qu'un entrepreneur privé et il citait pour preuve les conditions de travail dans les mines étatiques, bien pires que dans le privé.[344] Finalement, l'aversion de Weber contre des mesures de nationalisation s'expliquait également par son opinion que le socialisme serait un système encore plus bureaucratisé, rigide, rationalisé et hostile à la liberté que le capitalisme.

Comme son frère Alfred, Max Weber critiquait avant tout l'idéalisation de la bureaucratie. «Personnellement, je considère ces questions sous l'aspect de la puissance internationale et de l'évolution culturelle d'un pays»[345]. Sous cet aspect, la qualité éthique d'une administration jouerait un rôle mineur. Faisant allusion à ce qui était selon lui la situation en France et en Angleterre, il se demandait si une bureaucratie un peu corrompue, liée aux milieux d'affaires réalisant l'expansion

343 WEBER, Max, *Wirtschaft und Gesellschaft, Grundriss der verstehenden Soziologie*, J.C.B. Mohr (Paul Siebeck), Tübingen 1985, p. 574.

344 *Schriften des Vereins für Sozialpolitik*, Nr. 132, p. 285.

345 *Schriften des Vereins für Sozialpolitik*, Nr. 132, p. 286.

capitaliste ne serait pas plus efficace que la bureaucratie de fonctionnaires allemands, d'une haute moralité.[346]

Tandis que les discours des frères Weber furent applaudis avec enthousiasme par les sociaux-libéraux, ils constituaient une véritable provocation pour les sociaux-conservateurs comme Schmoller. Hugo Thiel répondit à Max Weber que l'Etat était visiblement plus libéral qu'un entrepreneur privé car ce dernier aurait licencié Weber après ces propos. Wagner réfuta les remarques ironiques et désobligeantes de Weber et affirma que l'appareil bureaucratique était la base de la puissance de la Prusse. L'autrichien Redlich argumenta que le poids de la bureaucratie n'était pas le même dans tous les pays et que l'hypertrophie bureaucratique décrite par les frères Weber était un phénomène typiquement prussien. Il affirma que dans la mesure où en Autriche, contrairement à l'Allemagne, les maires des villes étaient élus, ils ne risquaient donc pas de subir la domination de la bureaucratie. Le libéral Schulze Gaevernitz essaya de formuler une position de compromis. Il pensait que les frères Weber surestimaient l'esprit d'ouverture des entrepreneurs privés qui, au contraire, bloqueraient souvent les tentatives de réforme sociale. La bourgeoise allemande n'aurait pas encore une vision du monde adéquate pour mener à bien la modernisation. Il faudrait donc dans un premier temps qu'elle se cultive et développe son sens de la nation. Entretemps, la bureaucratie devait exercer le pouvoir «par intérim». «Où peut-on attendre plus d'esprit de sacrifice et de compulsion? Chez les ploutocrates ou chez les bureaucrates allemands?»[347] Malgré toutes ses faiblesses il ferait confiance à la bureaucratie allemande. Lui-même préférait d'ailleurs être un professeur fonctionnaire qu'un «professeur des trusts», c'est-à-dire employé d'une université privée calquée sur le modèle américain.

346 *Schriften des Vereins für Sozialpolitik*, Nr. 132, p. 297.
347 *Schriften des Vereins für Sozialpolitik*, Nr. 132, pp. 294 sq.

Les controverses sur la démocratisation et la parlementarisation du Reich

Les sociaux-conservateurs dans l'«Association pour la politique sociale» ne souhaitaient pas une réforme politique profonde de l'empire dans le sens d'une véritable démocratisation. L'ordre monarchique avec son constitutionalisme limité leur semblait un système politique acceptable et le «gouvernement des fonctionnaires» au fond préférable à un véritable régime gouvernemental parlementaire[348]. Schmoller rejetait le concept de souveraineté du peuple comme une utopie, en partie ridicule, en partie infantile, et critiquait le parlementarisme démocratique. Ce dernier engendrerait des situations anarchiques et chaotiques et ouvrirait la voie à la domination politique de l'une des classes sociales aux dépens de l'intérêt général. Selon lui il ne fallait surtout pas mettre en cause la structure hiérarchique de la société dans laquelle une élite éclairée devait guider et éduquer les masses.[349] Schmoller écrivait en 1906:

> [...] nous avons aujourd'hui un gouvernement de fonctionnaires, c'est la seule forme de gouvernement possible pour nous et je pense que nous avons fait de bonnes expériences avec elle depuis 1888. Nous devrions avoir un gouvernement parlementaire mais pour cela, nous manquons d'une aristocratie, de leaders, de grands partis politiques.[350]

Par conséquent, une carrière de fonctionnaire était pour lui la meilleure préparation pour les futurs hommes d'Etat.[351] Comme nous l'avons déjà évoqué, Schmoller considérait, dans la tradition de Lorenz von Stein, la bureaucratie comme une instance neutre au-dessus des conflits de classe et le meilleur instrument de la politique de réformes sociales.

348 LINDENLAUB, *op. cit.*, p. 239.
349 LINDENLAUB, *op. cit.*, p. 242.
350 Cité d'après KRUGER, Dieter, *Nationalökonomen im wilhelminischen Deutschland, op. cit.*, p. 78.
351 LINDENLAUB, *op. cit.*, p. 246.

Par conséquent, la monarchie des Hohenzollern constituait pour lui le meilleur garant de stabilité politique et un rempart contre le danger révolutionnaire. La bureaucratie prussienne, selon sa vision idéalisée, compétente, stable, efficace et guidée par la justice et la raison, était indispensable pour mener à bien la réforme sociale. Schmoller partait en outre du principe que les fonctionnaires réactionnaires adoptaient souvent des positions plus libérales au cours de leur carrière.[352]

C'est cette image de la neutralité et de l'objectivité de la bureaucratie que les sociaux-libéraux comme Ignaz Jastrow, Heinrich Herkner, Lujo Brentano et les frères Weber critiquaient comme simple fiction idéologique. Selon eux, l'administration était un bastion des conservateurs et des anciennes élites et bloquait le progrès. Cette critique était en grande partie justifiée. Formellement, l'accès aux postes de responsabilités de l'administration était ouvert à tous les candidats mais la politique de recrutement était marquée par des critères sociaux et politiques. Tout d'abord, le vivier de futurs fonctionnaires était limité par le «monopole des juristes» c'est-à-dire le fait que la formation longue et coûteuse de juriste était la condition préalable pour entrer dans l'administration.[353] Ensuite, il existait un système de cooptation et de sélection qui permettait un filtrage politique et social des fonctionnaires. Ainsi, pour les postes de la haute administration, les candidats issus de familles d'officiers, de propriétaires terriens ou de fonctionnaires étaient privilégiés.[354] Les postes de fonctionnaires à responsabilité politique étaient de préférence attribués aux candidats manifestant une orientation conservatrice et de la loyauté envers le gouvernement.[355] Le fait de posséder un titre de noble était également un facteur important. En 1914 les nobles constituaient en Prusse 94% des directeurs de l'administration provinciale *(Oberpräsidenten)*, 50% des vice-directeurs, 64% des présidents

352 Cité dans LINDENLAUB, *op. cit.*, p. 250.

353 FENSKE, H , *Bürokratie in Deutschland. Vom späten Kaiserreich bis zur Gegenwart,* Colloquium Verlag, Berlin, 1980, p. 12.

354 FENSKE, H *op. cit.* p. 14.

355 Cette politique de l'application de critères politiques fut notamment renforcée sous Puttkammer entre 1881 et 1888. C'est notamment le ministère de l'agriculture qui était un bastion conservateur.

de districts et 68% des directeurs de police.[356] De plus, des hauts-fonctionnaires et militaires étaient souvent anoblis de sorte que l'on assistait à l'émergence d'une aristocratie administrative formée essentiellement de nobles et de bourgeois privilégiés. L'armée était également un bassin de recrutement pour la bureaucratie: au-dessous de la haute administration, plus de la moitié des fonctionnaires étaient d'anciens militaires. A cette préférence donnée à certains groupes sociaux lors du recrutement correspondait la discrimination d'autres groupes, notamment des juifs, des catholiques et des sociaux-démocrates dont l'accès à l'administration fut souvent bloqué.[357]

Face à ces défauts structurels, la critique la plus argumentée contre le rôle de la bureaucratie dans le système politique de l'empire a été certainement formulée par Max Weber. A la différence de son frère Alfred qui critiquait la bureaucratie d'un point de vue «vitaliste», inspiré entre autres par la philosophie de la vie de Bergson, son frère Max y voyait surtout un frein à la modernisation et un obstacle freinant l'évolution de l'Allemagne vers une puissance impérialiste. Il constatait un décalage dramatique entre le changement socio-économique rapide lié au développement du capitalisme industriel d'un côté, le système politique et les valeurs culturelles dominantes de l'autre. Il considérait le *Kaiserreich* comme un état administratif, militaire et autoritaire marqué par un fondamental déficit démocratique, lié à l'influence des élites préindustrielles, en particulier des grands propriétaires terriens prussiens[358]. Cette situation complexe d'un système bloqué s'expliquait, selon Max Weber, par le fait que la bourgeoisie libérale allemande avait échoué à prendre le pouvoir politique et à conquérir l'hégémonie culturelle – mission qui lui revenait, étant donné son ascension économique. Si elle avait échoué dans cette mission, c'est avant tout à cause de son identification avec les valeurs «féodales» des anciennes élites et son manque de culture politique. A l'instar de Marx, Weber attribue ainsi des missions historiques à des classes sociales spécifiques. Mais nous l'avons

356 WEHLER, H.U. *Deutsche Gesellschaftsgeschichte*, *op. cit,* p. 817.

357 FENSKE, *op. cit.*, p. 15.

358 WEBER, Max, „Der Nationalstaat und die Volkswirtschaftspolitik" (1895), *in Politik und Gesellschaft,* Frankfurt am Main, 2006, p. 58.

mentionné, pour lui, l'objectif final de ce processus était le renforcement économique et politique de la nation allemande et des moyens lui permettant de mener une politique de puissance. Dans ce contexte, c'est la Grande-Bretagne qui lui fournissait le meilleur exemple d'un système politique liant impérialisme efficace et structures démocratiques dans le cadre d'une monarchie parlementaire[359].

Dans le vide laissé par l'incapacité de la bourgeoisie libérale allemande à réformer le système politique, s'était installé, selon Weber, la bureaucratie prussienne traditionnelle, véhiculant l'esprit et les méthodes d'un état autoritaire.[360] Elle bloquait ainsi le développement d'un capitalisme plus dynamique et d'un libéralisme démocratique et impérialiste. Selon l'interprétation wébérienne, le grand défaut de la monarchie des Hohenzollern était donc son incapacité à contrôler et contrebalancer efficacement la bureaucratie prussienne. Afin de briser le pouvoir de cette dernière ainsi que celui des anciennes élites et de dépasser le «constitutionnalisme de façade» de l'Empire, il plaidait pour le renforcement du rôle du parlement, *(a priori via la chambre haute, le Bundesrat)* et des partis politiques. C'est notamment à travers le droit d'enquête parlementaire, que Weber réclamait avec insistance, que les responsables politiques devraient pouvoir contrôler efficacement la bureaucratie. Weber soulignait que la concurrence, entre partis dans le champ politique, entre entreprises dans le champ économique, constituait le seul remède efficace contre les tendances à la stagnation et la bureaucratisation. En même temps, le parlement devait pouvoir jouer son rôle d'instance de sélection de véritables leaders politiques. L'émergence de ce type de leaders lui semblait impossible tant que le pouvoir réel du parlement restait faible et que

359 MOMMSEN, W.J., *Max Weber und die deutsche Politik*, Frankfurt am Main, Suhrkamp 1980, p. 423.

360 Pour une interprétation comparable voir aussi KEHR, Eckhart, „Die Diktatur der Bürokratie", *in Der Primat der Innenpolitik, Gesammelte Aufsätze zur preussisch-deutschen Sozialgeschichte im 19. und 20. Jahrhundert.* Herausgegeben und eingeleitet von Hans-Ulrich Wehler, Walter de Gruyter und Co, Berlin 1965, pp. 250 sq.

persistait l'héritage de Bismarck marqué par la démagogie antiparlementaire et de l'autocratie.

Max Weber souhaitait par conséquent une alliance entre la bourgeoisie libérale et une social-démocratie politiquement émancipée, mais en même temps réformatrice et nationaliste, afin de briser les traditionalismes du *Kaiserreich*. Ainsi, il ne partageait pas les craintes des forces conservatrices allemandes pour lesquelles l'émancipation politique de la social-démocratie était synonyme de danger révolutionnaire. Pour lui, le parti social-démocrate était marqué par de fortes tendances à la bureaucratisation et son radicalisme rhétorique ne correspondait pas aux véritables convictions de ses permanents et de ses membres. Le fait d'écarter la social-démocratie du pouvoir l'enfermerait dans une «immaturité politique» qui l'empêchait de participer à une alliance avec la bourgeoisie libérale et nationaliste[361].

Mais aux yeux de Max Weber, la réalisation de ces objectifs n'était pas une solution fondamentale aux problèmes de l'organisation politique dans un monde capitaliste moderne et rationalisé. Sa théorie de la bureaucratie a une visée universelle qui dépasse la configuration politique du *Kaiserreich.* Car même si on réussissait à briser le pouvoir de la bureaucratie traditionnelle prussienne, le pouvoir hégémonique de la bureaucratie moderne allait inévitablement se renforcer. La bureaucratie correspond selon Weber à l'idéal-type de la domination rationnelle et légale. La forme de l'Etat correspondant au capitalisme moderne est avant tout marquée par ses structures bureaucratiques et le droit rationnel. Les entreprises privées agissant sur les marchés ont besoin d'une administration publique efficace ainsi que de la prévisibilité et de la régularité émanant du droit moderne[362]. Weber constate que la principale menace qui pèse sur les sociétés modernes n'est pas la désintégration sociale mais au contraire une forme spécifique et

361 Max WEBER, „Wahlrecht und Demokratie in Deutschland“, *in Politik und Gesellschaft*, Frankfurt am Main 2006, p. 302.

362 Max WEBER, „Parlament und Regierung im neugeordneten Deutschland“ *in Politik und Gesellschaft*, Frankfurt am Main 2006, pp. 349–431, p. 362.

omniprésente d'intégration enfermant les individus dans le carcan de la bureaucratie et ce qu'il appelle «l'action rationnelle en finalité» *(Zweckrationalität)*.

Max Weber estime que le pouvoir bureaucratique dans le cadre de l'Etat moderne est caractérisé par le fait que les fonctionnaires ne sont pas propriétaires des moyens matériels requis pour réaliser les tâches administratives, ceux-ci leur étant mis à disposition mais restant la propriété exclusive de l'Etat. De même, la démocratisation de la formation permettant la sélection des fonctionnaires selon le seul critère de leur qualification ainsi que l'existence d'une hiérarchie et de règles de procédure claires forment l'ossature de ce type de bureaucratie. Le pouvoir hégémonique de la bureaucratie moderne émane de son efficacité et du fait qu'elle monopolise des savoirs spécifiques nécessaires à l'exécution du pouvoir; les actes bureaucratiques sont fixés par écrit et ils sont conformes aux lois.[363]

Cette situation a de lourdes conséquences pour les formes d'organisation politique dans le contexte de la démocratie de masse et relativise les possibilités d'un contrepoids parlementaire à la bureaucratie. Car selon Weber, les partis politiques modernes prennent quasi inexorablement la forme de «partis machines» organisés de manière professionnelle et bureaucratique. Leur personnel est essentiellement constitué par des «fonctionnaires du parti» restreints au rôle d'exécuteurs obéissant à des règles établies et efficaces. Mais pour conquérir le pouvoir politique, ces partis ont néanmoins besoin de véritables leaders politiques charismatiques, seuls capables d'assumer la responsabilité des choix effectués et d'imposer leurs projets politiques de façon populiste auprès de la masse des électeurs. Le dilemme vient du fait que c'est justement la structure bureaucratique des partis qui empêche le recrutement des leaders[364]. Le parlementarisme moderne ne peut pas

363 Max WEBER, *Wirtschaft und Gesellschaft, Grundriss der verstehenden Soziologie*. J.C.B. Mohr (Paul Siebeck) Tübingen 1985, pp. 551 sq.

364 Max WEBER, „Politik als Beruf", *in Politik und Gesellschaft*, Frankfurt am Main 2006, p. 587.

combler cette lacune dans la mesure où il est, selon Weber, de plus en plus influencé par des intérêts organisés et il cesse d'être le champ où se confrontent les projets et les personnalités politiques indépendants. Par conséquent, dans le contexte des débats sur la nouvelle constitution républicaine de l'Allemagne après la première guerre mondiale et la chute de la monarchie, Weber plaide en faveur d'une *Führerdemokratie* de type «césariste», basée sur la place importante qui accordée à un président de la République plébiscité grâce à l'élection directe par le peuple et capable de s'imposer par ses talents de démagogue efficace et charismatique. Dans cette configuration l'ensemble des citoyens se voit en quelque sorte réduit au rôle d'organe d'acclamation du chef: c'est par ses qualités personnelles que ce dernier exerce sa force de séduction. Il est évident que cette perspective signifie une emprise grandissante de l'irrationnel et des techniques de manipulation sur les débats, les idées politiques, emprise qui porte en germe tous les dangers de dérive que l'Allemagne a connus par la suite. Weber, conscient de ces dangers, souhaite conférer au parlement le rôle d'instance de contrôle sur le leader charismatique, en lui imposant notamment un respect de la constitution et l'obligation de démission en cas de perte du soutien populaire. Néanmoins, le courant antidémocratique et irrationnel qui traverse la pensée de Weber apparaît clairement dans sa conception de la République et de la Démocratie comme simples mécanismes de recrutement des dirigeants charismatiques. Il se montre ainsi profondément méfiant envers le principe de la souveraineté du peuple et celui d'une hiérarchie objective des valeurs qui forment pourtant l'une des bases de l'Etat de droit contemporain dans le cadre de la République[365]. S'y ajoutent son nationalisme viscéral et sa conviction que la vie économique et politique se réduit essentiellement à une inévitable lutte pour le pouvoir.

365 MOMMSEN, H. *op. cit.*, p. 421.

Conclusion

L'importance accordée à la fin du 19ème siècle à la question de la bureaucratie s'explique en partie par le rôle central que celle-ci a joué dans l'histoire prussienne et allemande. Cela va de la position de la bureaucratie forte sous l'absolutisme éclairé, en passant par son rôle de force réformatrice pendant la période des guerres napoléoniennes jusqu'à son renforcement sous le *Kaiserreich* dans le contexte de l'émergence de l'Etat providence moderne. Au sein de l'«Association pour la politique sociale», le thème de la bureaucratie représentait le point de cristallisation théorique autour duquel les courants sociaux-libéraux et socio-conservateurs défendaient des positions opposées. Le point commun de ces intellectuels prônant la réforme sociale était la volonté d'atténuer les confrontations de classe afin de jeter les bases de l'élévation de l'Allemagne au statut de grande puissance à l'époque des impérialismes. Mais tandis que les uns voyaient dans la bureaucratie prussienne le garant de la stabilité, du progrès économique et de la justice sociale, les autres la critiquaient radicalement en tant que frein à la modernisation et facteur d'aliénation. Schmoller, Wagner et les autres adeptes de l'ordre monarchique se situaient dans la continuité des penseurs comme Hegel ou Lorenz von Stein en voyant dans une bureaucratie au-dessus des intérêts de classe, l'instance représentant l'intérêt général et le moteur de la réforme économique et sociale. Concernant le système politique, ce courant se distinguait par son hostilité envers des projets de démocratisation et de «parlementarisation» du régime et par son plaidoyer en faveur d'un gouvernement de hauts fonctionnaires. Cette position fut justifiée au nom de la prétendue nécessité d'un pouvoir fort et autoritaire éduquant la population et du constat qu'il manquait des leaders parlementaires capables et des partis politiques efficaces. Les socio-libéraux critiquaient le rôle économique et politique spécifique et à leurs yeux réactionnaire de la bureaucratie prussienne tout en partant du principe qu'en général l'ascension et l'hégémonie de la bureaucratie comme vecteur de la modernité étaient inévitables. Mais cette perspective historique suscitait chez eux des jugements ambigus, vacillant entre admiration et condamnation du phénomène bureaucratique. Ce sont notamment les frères Weber qui ont pris cette position, Max Weber développant dans le contexte des débats allemands de la fin du 19ème siècle sa théorie globale de la bureaucratie comme forme spécifique de domination liées à l'économie et à l'Etat moderne. Cette approche a fortement influencé une série de théoriciens de première importance comme Friedrich Naumann, Karl Mannheim ou encore Josef Schumpeter pour ne citer qu'eux. Elle constitue jusqu'à aujourd'hui, avec ses forces et ses faiblesses, un point de référence essentiel dans les débats sur la bureaucratie en sciences sociales.

L’Etat et la construction d’une «formation coloniale». Circulations intellectuelles, réseaux et constructions institutionnelles en Europe à l’âge des empires

Anne KWASCHIK
Freie Universität Berlin

A la fin du 19e siècle, les puissances coloniales européennes se trouvèrent confrontées à une question importante: comment administrer leurs colonies et former les administrateurs[366]. L’expansion des empires coloniaux était significative; l’empire britannique comptait 20 millions d’habitants en 1800; un siècle plus tard, presque 400 millions d’hommes et de femmes vivaient dans l’empire où le soleil ne se couchait quasiment jamais[367]. De nouvelles puissances coloniales s’étaient développées: les colonies de l’Allemagne en Afrique et dans l’océan Pacifique comptaient 14.4 millions d’habitants[368]. Le roi Léopold II de Belgique s’était assuré «sa colonie» dans la région du Congo et il la légua en 1908 à un Etat belge réticent[369]. De la fin des années 1870 jusqu’aux années 1890, la France poursuivait une politique coloniale agressive

366 L’article s’inscrit dans mon projet de recherche sur l’histoire des sciences coloniales et des programmes d’aires culturelles en Europe de l’Ouest, *Der Griff nach dem Weltwissen. Normative Ordnungen, institutionelle und kognitive Praktiken der Area Studies vom 19. bis ins 21. Jahrhundert*. Je tiens à remercier la New York University pour la bourse de recherche accordée en 2013.

367 S. CONRAD, *Globalisierung und Nation im Deutschen Kaiserreich*, München, C.H. Beck Verlag, 2006, p. 37.

368 W. LIEBKNECHT, „Die Stellung der Parteien zur Kolonialpolitik“, *in: Der Sozialdemokrat*, n° 5, 29.1.1885.

369 G. VANTHEMSCHE, *La Belgique et le Congo. Empreintes d’une colonie 1885–1980* (= Nouvelle Histoire de Belgique, 4), Bruxelles, Editions Complexe, 2007.

en Afrique et en Indochine: elle quadrupla sa superficie grâce aux nouveaux protectorats[370].

De nouvelles conditions socio-économiques, telles que le libre-échange, l'abolition de l'esclavage ainsi que l'interdépendance croissante entre l'Europe et les colonies transformèrent le caractère de la colonisation. Les colonies devaient être administrées de manière efficace. Mais de quelles connaissances devait être doté un fonctionnaire colonial? Quelles compétences devait-il posséder, ou plutôt acquérir au cours de sa formation? Dans quelles institutions fallait-il dispenser ce savoir et ces compétences? Où devaient se situer ces institutions - dans la colonie pour pouvoir au mieux enseigner les compétences locales ou au sein de la métropole pour aboutir à une centralisation de la formation? La «science coloniale» ou «colonistique»[371] correspondait-elle à une formation à part? Des études ou une formation administrative complétées par un cours spécifique étaient-elles suffisantes? Telles étaient les questions que les activistes coloniaux se posaient dans les métropoles européennes au courant des dernières décennies du 19e siècle.

De prime abord, la réponse à ces questions semble évidente. Pour répondre aux nouveaux défis, les nouvelles puissances coloniales eurent recours à des formations centralisées, situées non pas dans les colonies, mais dans les pays européens: les cours coloniaux furent enseignés à l'université de Berlin dans le cadre du séminaire de langues orientales à partir de 1887 avant d'être rattrapés en 1908 par l'Institut Colonial de Hambourg qui garantissait une formation complète en «sciences coloniales»[372]. A Paris, l'Ecole Coloniale, fondée par décret

370 C.M. ANDREW/A. S. KANYA-FORSTNER, "Centre and Periphery in the Making of the Second French Colonial Empire, 1815–1920", in *Journal of Imperial and Commonwealth History*, 16 (1988) 3, pp. 9–34.

371 Nous empruntons l'expression à une contribution au débat de l'époque, Charles DE LANNOY, *La Colonistique. Définition et méthode* (= Bulletin de l'Académie royale de Belgique n° 12), Bruxelles, Hayez 1913, pp. 503–558.

372 L. BURCHARDT, "The School of Oriental Languages at the University of Berlin. Forging the Cadres of German Imperialism?", *in:* B. STUCHTEY (éd.), *Science across the European Empires, 1800–1950*, London, OUP/German Historical Institute, 2005, pp. 63–105; J. RUPPENTHAL, *Kolonialismus als Wissenschaft und*

en novembre 1889, correspondait à une «grande école d'Etat» hors du système de formation universitaire[373]. A Lisbonne, la société de géographie organisa une Ecole supérieure coloniale qui ouvrit ses portes en 1906. Deux années plus tard, un Institut Colonial fut fondé à Rome. Celui-ci devint en 1936 l'Institut fasciste de l'Afrique italienne. La Belgique, lanterne rouge européenne, institutionnalisa en 1920 à Anvers une formation d'élite à part entière dans l'Ecole coloniale supérieure, toutefois indépendante du ministère. L'école servit d'Université Coloniale à partir de 1923[374]. Ce n'est que dans l'Empire Britannique et aux Pays-Bas – les deux plus grandes et plus vieilles puissances coloniales européennes – qu'aucun essai de centralisation de la formation coloniale ne fut constaté.

Le moment de l'institutionnalisation est une réalité manifeste qui marque une étape dans le processus par lequel les empires s'appropriaient leurs colonies. Mais il s'agit d'une réalité qui en cache une autre: celle d'un processus de négociation autour de ce nouveau savoir et de son institutionnalisation qui précéda et accompagna la fondation des écoles. Ce processus de négociation était un résultat de l'hégémonie de l'empire britannique et de la concurrence intra-européenne. Néanmoins, les discussions s'effectuaient au sein d'un espace discursif européen lors de colloques internationaux, aux séances de l'Institut colonial à Bruxelles.

La vague d'institutionnalisation en Europe marque le moment où l'Etat entre en scène. L'analyse de ce moment révèle comment les nations et l'Etat se sont emparés de cette nouvelle tâche et quel travail de définition il a accompli. Le moment où l'Etat s'empare de la formation des administrateurs coloniaux, tel que j'aimerais le développer ici, fait

---

Technik. Das Hamburgische Kolonialinstitut 1908 bis 1919, Stuttgart, Franz Steiner Verlag, 2008.

373 P. SINGARAVELOU, *Professer l'Empire, «les sciences coloniales» en France sous la IIIe République*, Paris, Publications de la Sorbonne, 2011.

374 M. STANARD, *Selling the Congo. A history of European pro-empire propaganda and the making of Belgian imperialism*, Lincoln, University of Nebraska Press, 2012; M. PONCELET, *L'Invention des sciences coloniales belges*, Paris, Editions Karthala, 2008.

partie de l'histoire culturelle qui dessine le processus d'appropriation des colonies au sein de la métropole[375]. Celle-ci se focalise sur le processus de négociation sociétal, au cours duquel le savoir des colonies fut cartographié, normé et mis en discipline. Le colonialisme présente dans cette appropriation un principe d'organisation des sociétés européennes.

Dans ce contexte, l'article prend le cas de la France comme point de départ pour dégager les principales caractéristiques de ce processus de nationalisation et de centralisation du savoir colonial. L'expérience institutionnelle de la France sert d'exemple, et cela pour deux raisons: d'une part, le débat qui a entouré la fondation de l'Ecole coloniale en France présente les principaux arguments contre une centralisation de la «colonistique». D'autre part, le débat français s'est articulé d'une manière très explicite autour du modèle britannique, référence ultime pour tous les colonisateurs du continent au début des débats. L'analyse du cas français permettra donc d'évoquer l'impact d'autres modèles d'organisation et d'institutionnalisation sur la formation des constructions nationales. L'article part de l'observation que derrière les prises de position sur les faiblesses et failles du système français s'esquissent des lectures du modèle anglais. En conclusion, le rôle qu'a joué la référence anglaise dans la construction d'un savoir colonial sera précisé.

1. L'ère de l'exploitation systématique et scientifique: le nouveau rôle des nations en Europe de l'Ouest

Dans la perception des contemporains, une nouvelle ère commença à la fin du 19e siècle: il incombait dès lors aux nations d'assumer elles-mêmes la responsabilité pour les colonies, comme cela fut expliqué

375 N.B. DIRKS, *Colonialism and Culture*, Ann Arbor, University of Michigan Press, 1992.

avec assurance lors du Congrès colonial international de 1889. L'étiquette décisive de cette nouvelle période de colonisation: la «scientificité». Les contenus et l'organisation de cette «phase d'exploitation scientifique» restèrent jusqu'à la Première Guerre mondiale le leitmotiv européen. «L'ère des conquêtes est terminée, celle de l'exploitation systématique et scientifique est ouverte», expliquait le Bulletin de la Société belge d'études coloniales au tournant du siècle, résumant ainsi de manière concise l'idée qui guida le débat de ces années[376]. A l'occasion de la fondation de la Société belge d'études coloniales, la différence entre la colonisation à l'ancienne et sa nouvelle forme fut inscrite dans un schéma paternaliste dont le but économique n'était pas caché.

> Lorsque un peuple de race supérieure s'établit au milieu de populations qui n'ont pas atteint son degré de civilisation ou dont la civilisation est différente de la sienne, il assume envers elle des devoirs d'émancipation et de tutelle. Il peut, il doit éveiller leurs besoins pour en faire des consommateurs libres; il lui est défendu de les traiter en corvéables condamnés à ne vivre que pour lui et par lui. Il doit agir en père et non en maître, consulter leurs intérêts autant que les siens, fonder leur prospérité sur celle qu'il poursuit pour lui-même.[377]

La prospérité mutuelle envisagée par les pro-colonialistes belges exigeait des connaissances solides sur la colonie. Les études coloniales, telles que le nom de la Société les demandait, furent inspirées par l'idée de pouvoir «devenir une grande nation». Pour les colonialistes, membres des chambres de commerces et des sociétés géographiques, aucune question ne sembla plus importante que celle de la formation des administrateurs coloniaux. Lors des congrès et des réunions dans l'Institut colonial international à Bruxelles, ils se retrouvèrent autour d'une même table pour discuter. Les réseaux étaient étroits et internationaux. Ainsi Chailley-Bert, avocat infatigable de la colonisation

376 «Le recrutement des fonctionnaires coloniaux en Angleterre, en Hollande et en France», *in Bulletin de la Société belge d'études coloniales* 8 (1901) 11, pp. 746–774, ici: p. 746.

377 Discours prononcé par M.A. Couvreur (Président, séance d'inauguration du 20 février 1894), in *Bulletin de la Société belge d'Etudes Coloniales* 1 (1894) 1, pp. 3–14, ici: p. 12.

d'après le principe d'un pragmatisme économique, fit-il du recrutement des administrateurs coloniaux la mission première des empires coloniaux: «Il n'est point de question plus considérable que celle-ci pour l'avenir des colonies; même le régime législatif doit passer après le recrutement des fonctionnaires[378]».

Chailley-Bert parlait pour tous les colonialistes d'Europe de l'Ouest. Ce qu'il ne précisa pas, c'est que la question impliquait aussi des effets considérables pour l'avenir des métropoles, des empires et des Etats européens. L'organisation de cours pratiques pour l'instruction des personnes se rendant dans les colonies ou désirant nouer des relations avec ces pays fut comprise comme une tâche nationale, la possession d'un savoir colonial fut conçue comme ressource nationale.

En France, depuis le début de la Troisième République, ce fut l'économiste libéral Paul Leroy-Beaulieu qui alarma ses contemporains au sujet de la colonisation dans son best-seller *De la colonisation chez les peuples modernes:*

> La colonisation est pour la France une question de vie ou de mort: ou la France deviendra une grande puissance africaine, ou elle ne sera dans un siècle ou deux qu'une puissance européenne secondaire, elle comptera dans le monde, à peu près comme la Grèce ou la Roumanie comptent en Europe. Nous ambitionnons pour notre patrie des destinées plus hautes: que la France devienne résolument une nation colonisatrice.[379]

Leroy-Beaulieu soulignait qu'un des aspects essentiels de la nouvelle identité devait être la formation professionnelle de l'administration suivant le modèle des vieilles puissances coloniales, l'empire britannique et les Pays-Bas. L'expérience fut partagée lors du Congrès international d'expansion économique qui se déroula pendant cinq jours en

378 Travaux du groupe d'études coloniales de l'Institut de Sociologie Solvay, Recrutement et formation des fonctionnaires territoriaux. Rapport de M. le comte Jacques de Lichtervelde, in *Bulletin de la Société belge d'Etudes Coloniales* 20 (1913) 4, pp. 243–281, ici: p. 243.

379 P. LEROY-BEAULIEU, Préface de la deuxième édition (1882), *in De la colonisation chez les peuples modernes Paris*, 3e édition, Paris, F. Alcan, 1886, p. XIV.

septembre 1905 à Mons, en Belgique[380]. Partant de l'hypothèse que de nouveaux pays s'ouvriraient à la civilisation, le congrès mit les conséquences socio-économiques et morales sur son agenda. Des représentants du commerce, des gouvernements, de l'économie mais aussi des universitaires et des savants discutèrent des changements possibles dans les systèmes éducatifs au même titre que des problèmes de la marine et des questions douanières relevant de l'économie. Le nombre et l'internationalité des participants du congrès qui venaient de tous les pays d'Europe, des Etats-Unis et autres[381] témoignent du fait que le colonialisme était entendu comme une sorte de mouvement international dont l'intérêt consistait en un renouvellement non seulement économique mais aussi moral des fondements des sociétés européennes. C'est dans ce cadre plus large d'une nouvelle éducation que le débat autour de la nouvelle responsabilité des nations à l'égard de leurs colonies prit forme:

> Comment réaliser [...] l'expansion économique mondiale qui est devenue une nécessité? Tous les hommes de science ont répondu unanimement: par une formation spéciale de l'intelligence, par une gymnastique spéciale du corps, par une adaptation spéciale de tout l'être au milieu économique dans lequel il devra se mouvoir, bref, par un enseignement général spécial. Le monde de l'expansion économique est entré dans une période nouvelle où industrie et civilisation vont cheminer de concert. Est-il possible d'aborder cette période avec les mêmes hommes et les mêmes procédés qu'autrefois? Non, cette organisation nouvelle réclame impérieusement une éducation nouvelle, des énergies nouvelles. L'école sera la base de cette transformation.[382]

Ce n'était rien de moins qu'une modernisation de l'école et des cursus que la colonisation demandait des métropoles. Il s'agissait notamment de l'enseignement des langues étrangères, de l'élargissement des cours d'histoire et de géographie, l'introduction de la gymnastique dès

380 *Congrès international d'expansion économique mondiale tenu à Mons du 24 au 28 septembre 1905 sous le haut patronage de Sa Majesté le Roi Léopold II et du gouvernement belge, Documents préliminaires et compte rendu des séances*, Bruxelles, J. Goemaere 1905.

381 *Ibid.* pp. XLI sq.

382 *Ibid.* p. 15.

l'enfance. L'éducation dite humaniste en Allemagne, notamment les cours de Grec et de Latin, incarnait les éléments fondateurs d'une éducation reposant sur la connaissance d'une civilisation dépassée, qui bloquait l'épanouissement de l'homme nouveau[383]. Les participants proposaient des cours d'anglais; quelques-uns allèrent jusqu'à demander que l'anglais soit établi comme langue générale[384].

Le caractère radical d'un tel changement était évident. La formation professionnelle des futurs administrateurs et colonisateurs ne représenta qu'une partie de ce vaste programme idéologique dont les conséquences pratiques furent formulées dès les débuts. Or les nouveaux empires mirent du temps à institutionnaliser la formation coloniale. Pendant le dernier tiers du 19e siècle, les empires coloniaux ne s'étaient adaptés que lentement à leur nouveau rôle.

2. Les premières constructions institutionnelles et le moment de la nationalisation en France

Le cas de la France révèle le moment de centralisation de la formation ainsi que la critique en découlant. Des années 1880 jusqu'en 1890, il y avait déjà en France un champ structuré et différencié couvrant la formation coloniale: cours ou formations dans les facultés de sciences humaines et de droit de presque toutes les universités françaises, ainsi que dans des institutions telles que l'Ecole pratique des Hautes Etudes, l'Ecole libre des sciences politiques, le Collège libre des sciences sociales, l'Ecole des langues orientales, l'Ecole supérieure de Paris. De plus, dans les dix écoles importantes de la Chambre de Commerce de province, l'offre de cours fut constamment développée et étendue à divers cursus. Dans le rôle de précurseur (1890), on trouve

383 *Congrès international d'expansion économique* 1905, pp. 44 sq.
384 *Ibid.* pp. 49 sq.

l'Ecole supérieure de commerce de Lyon grâce à un cours de géographie coloniale[385].

Toujours est-il qu'en définitive, les modèles de formation régionaux s'imposèrent aussi peu que les cursus des grandes Ecoles. Même les institutions qui n'enseignaient qu'une seule colonie particulière ne furent pas prolongées ou reprises. Le Collège à Saigon ferma en 1880. Paul Bert avait proposé la création d'une Ecole d'administration annamite. Un établissement successeur de l'Ecole cambodgienne aurait également été envisageable. Mais le sous-secrétaire d'Etat Eugène Etienne élargit l'orientation et inaugura en 1889 l'Ecole sous le nom d'Ecole coloniale[386] dont les cours principaux portaient sur les «théories fondamentales du droit, l'art de coloniser, langues indigènes, exercices physiques[387]».

L'Ecole coloniale se spécialisa dans la formation administrative ainsi que dans les questions juridiques, l'histoire et l'économie ne représentant alors qu'une petite partie de la formation. L'Ecole formait des «cadres indigènes» et jusqu'à la Première Guerre mondiale, ceux-ci étaient sans doute uniquement issus de l'élite d'Indochine. La formation proposée en deux ans prévoyait des spécialisations dans différents domaines en mettant l'accent sur un pays spécifique ou sur la fonction administrative: Indochine, Afrique (1892), Commerce (1893–1913), Droit (1903), Afrique du Nord (1914–1948) et à partir de 1949, Inspection du Travail. L'admission et la préparation s'organisaient comme pour toutes les autres «grandes écoles» existant hors de la structure universitaire: un concours réglait l'accès et les candidats étaient interrogés sur des matières comme le droit, l'économie politique, l'histoire coloniale, la géographie, la topographie et les langues. Des classes préparatoires en un an furent établies[388]. Le taux d'admission après la mise en

385 P. SINGARAVELOU, *op. cit.* p. 38.

386 W. COHEN, *Rulers of Empire: The French Colonial Service in Africa*, Hoover Institution Press, Stanford University California 1971, pp. 37 sq.

387 X. TREVEY, «L'Ecole coloniale», *in La Revue politique parlementaire* 17 (1898), pp. 577–591, ici: p. 584.

388 *Cf.* P. SINGARAVELOU, *op. cit.* pp. 50 sq.

place des concours était d'un sur trois. Le nombre d'étudiants étrangers baissa, mais le prestige de l'école augmenta[389].

La création de l'école s'inscrit dans la «nationalisation du colonialisme» telle que nous l'avons postulée. Mais cette évolution n'était pas évidente. Ce n'était pas un mandat du gouvernement, mais l'œuvre d'un homme, l'initiative d'Etienne. Inquiété par une majorité anticolonialiste au Parlement, il déposa le budget pour la première année uniquement sous forme d'une demande privée[390]. Finalement, l'école fut l'objet d'une querelle qui éclata entre les conceptions progressistes et conservatrices de l'organisation de l'éducation qui concernaient l'idée d'une formation centrale ainsi que les différentes conceptions du colonialisme et de ses formes d'organisation.

La création de l'école s'inscrit dans le débat autour de la réforme du système d'éducation, marqué par son enthousiasme pour les modèles étrangers. La critique portait sur les points suivants: Emile Boutmy, défenseur du libéralisme dans l'éducation et de l'Ecole libre des sciences politiques qui voulait notamment protéger sa propre «section coloniale», critiqua le «jacobinisme» de la fondation de l'école[391]. Il avait développé une option de formation en coopération avec l'Ecole des langues orientales vivantes, et c'est ainsi que la première chaire de «géographie coloniale» et d'«enseignement des systèmes coloniaux» vit le jour en 1886. La «section coloniale» de Boutmy fit fonction de pionnière. Elle prépara de 1886 à 1892 au «concours de l'administration coloniale», ainsi qu'aux carrières dans l'industrie et le commerce[392].

D'autres critiques, provenant du milieu des Sociétés de Commerce régionales, visèrent le manque de cours techniques à l'Ecole. Chailley-Bert s'inquiéta pour son Institut Colonial à Marseille, mais sa critique s'appliquait au modèle assimilationniste dans son intégralité: trop peu de pratique et un manque de prise en compte de l'administration

389 W. COHEN, *op. cit.* p. 43.

390 *Ibid.* p. 41.

391 E. BOUTMY, *Le Recrutement des administrateurs coloniaux*, Paris, Armand Colin, 1895.

392 P. SINGARAVELOU, *op. cit.* pp. 47 sq.

locale[393]. De même, Ulysse Pila de la Société de Commerce de Lyon se plaignit du manque de formation pratique[394]. Pila et Chailley-Bert adhéraient au modèle du protectorat et ils avaient pour cela besoin de spécialistes du commerce. Finalement, une commission de réforme fut mise en place, mais ce ne fut qu'en 1896 que la réorganisation aboutit à une vraie intégration du modèle français avec l'introduction du concours. Une autre innovation fut l'introduction, parallèlement à la «section coloniale», d'une «section française» subdivisée en deux catégories: «administration coloniales» et «commerce/agriculture[395]».

Dans le débat, deux modèles alternatifs du colonialisme s'esquissaient. Les positions prises d'un côté et de l'autre oscillaient entre les pôles «assimilation» et «association». La réponse à la question de savoir quel type d'école produirait les meilleurs fonctionnaires coloniaux répondait aussi à la question de savoir quelle relation la France devrait entretenir avec ses colonies. Ce fut lors du congrès colonial international de 1889 que la polémique autour de l'idée de l'assimilation se déclencha publiquement. Le discours de Gustave Le Bon équivalait à une déclaration de faillite de l'assimilationnisme[396]. Les conséquences pour la formation coloniale furent également évidentes. Différentes conceptions concernant l'institutionnalisation de la formation s'articulaient dans les prises de propositions.

Ainsi, Etienne Aymonier, ancien directeur du Collège de Saigon puis directeur de l'Ecole coloniale, s'appuyant sur l'expérience de clientélisme et d'inefficacité faite par le passé, plaida pour un accès très restrictif à la formation d'administrateur, qui n'admettrait qu'une petite élite[397]. Etienne Sylvestre, ancien dirigeant de l'administration coloniale de Tonkin, argumenta résolument contre une école centrale en avançant

393 J. CHAILLEY-BERT, *Dix années de politique coloniale*, Paris, Armand Colin, 1902.

394 X. TREVEY, *op. cit.*, p. 585.

395 *Ibid.* p. 588.

396 *Congrès colonial international de Paris 1889*, Paris, A. Challamel, 1889. Voir aussi la partie V *in*: G. LE BON, *La psychologie politique et la défense sociale*, Paris, Flammarion 1910.

397 E. AYMONIER, De l'enseignement en Indochine, in *Congrès colonial international* 1889, p. 194.

l'idée que les colonies, étant en soi différentes, ne pouvaient être «enseignées» dans le cadre d'une seule formation. Sylvestre réclamait que l'on se limite à la formation d'une administration pour l'Indochine, située à Paris. Sa proposition avait plutôt pour objet un examen centralisé, en concertation avec le sous-secrétariat, après une formation dans le cadre d'un des centres de formations existants[398].

Même si les propositions furent à peine mises en œuvre, leur importance ne doit pas être sous-estimée. Les discussions lors du Congrès sont l'expression des débats naissants dans la société française sur la question du colonialisme. Ce n'est qu'à partir des années 1880 que la question coloniale provoqua des changements sociaux importants et se combina avec d'autres questions essentielles sous la Troisième République. La nouvelle vague de conquêtes et la politique impérialiste du Président du Conseil Jules Ferry mirent à l'ordre du jour la question de la formation de l'administration coloniale et de la professionnalisation de ces filières. Un élément catalyseur pour cela fut l'idée de mission civilisatrice, qui figure en arrière-plan de l'idéologie assimilationniste.

L'idée d'une mission civilisatrice universelle s'appuyait sur un idéal d'éducation et de formation qui faisait le lien entre colonialisme, éducation et progrès[399]. L'argument économique des débouchés commerciaux venait seconder la propagation des idées républicaines au nom de la grandeur nationale de la France. Selon les catégories classiques des Lumières, les hommes à l'état de nature sont comme des enfants qui doivent être élevés à la culture par leurs éducateurs. A cet ensemble d'idées s'ajouta à la fin du XIXe siècle un projet de conversion républicaine comprenant des éléments de darwinisme social.[400] L'idéologie de la mission civilisatrice française associait étroitement l'idéal éducateur

398 M.J. SYLVESTRE, «Du recrutement des fonctionnaires de l'Indochine française», *in*: *Congrès colonial international 1889*, p. 241.

399 A.L. CONKLIN, *A Mission to Civilize. The Republican Idea of Empire in France and West Africa, 1895–1930*, Stanford, Stanford University Press, 1997.

400 R.F. BETTS, *Assimilation and association in French colonial theory*, 1890–1914, New York, Columbia University Press, 1961; Lincoln, University of Nebraska Press, 2005.

au colonialisme, même si au début, cela concernait surtout la formation des populations indigènes. Dans son discours au Parlement devenu emblématique, Jules Ferry, républicain de gauche, présentait en juillet 1885 la colonisation comme une obligation humanitaire. Selon lui, «il faut dire ouvertement qu'en effet les races supérieures ont un droit vis-à-vis des races inférieures [...] parce qu'il y a un devoir pour elles. Elles ont le devoir de civiliser les races inférieures[401]».

Cette idéologie a été et reste considérée comme la spécificité du colonialisme français. En tant que mission culturelle, elle a aussi influencé les autres puissances coloniales. Mais elle n'est pas restée incontestée. Cela caractérise d'ailleurs les dynamiques sociales au moment du «tournant colonial» de 1885, qui ne devrait pas être vu de manière trop monolithique comme le début d'une phase d'engagement déterminé dans l'entreprise coloniale. Le Congrès colonial de 1889 montra clairement la force du courant associationniste dans ces débats, dès l'origine. Par ailleurs, les anticolonialistes se réclamaient eux aussi de l'héritage de la Révolution française. Pour avoir utilisé le concept de «races inférieures», Jules Ferry fut attaqué à la fois par la gauche et par des députés bonapartistes, au nom de la Déclaration des droits de l'homme et de l'interdiction de la traite des esclaves[402].

Clémenceau s'est moqué en des termes particulièrement sarcastiques de l'idée de races inférieures, en évoquant les traditions millénaires de l'hindouisme et les réalisations culturelles exceptionnelles de la Chine. Il renvoyait l'argument racial de Ferry au domaine de la pure rhétorique politique, rappelant qu'au cours de la guerre de 1870–1871, les Allemands aussi avaient désigné les Français comme une race inférieure, ce qui aurait dû inciter à la prudence dans l'utilisation de

401 J. Ferry, Les fondements de la politique coloniale. Discours prononcé à la Chambre des députés le 28 juillet 1885, URL: <http://www.assemblee-nationale.fr/histoire/Ferry1885.asp>. (8.3.2014) (Voir pour une édition du débat accompagnée d'une introduction de l'éditeur, Gilles MANCERON (éd.), *1885, le tournant colonial de la république: Jules Ferry contre George Clémenceau, et autres affrontements parlementaires sur la conquête coloniale*, Paris, La Découverte, 2007).

402 Voir les interpellations de Jules Maigne et Joseph de Guilloutet (28 juillet 1885), URL: <http://www.assemblee-nationale.fr/histoire/Ferry1885.asp> (8.3.2014).

ce terme[403]. La référence au voisin allemand n'était pas accidentelle. La tendance à négliger la «Revanche» contre l'Allemagne au profit de la politique coloniale était un argument majeur, et pas uniquement à droite, contre le colonialisme. Et Ferry n'était pas le seul à avoir remarqué qu'en Allemagne, pays qui n'appartenait pas au cercle des vieilles puissances coloniales européennes, le colonialisme gagnait en influence dans la société de manière extrêmement rapide.

3. Le contre-modèle britannique: liberté, pluralisme et pragmatisme

En France, les propositions et discussions tournaient autour du modèle anglais (moins autour du néerlandais). L'accent était mis sur sa professionnalisation et son efficacité telles qu'elles étaient perçues par les congressistes de 1889:

> Quel merveilleux spectacle que ce gigantesque empire des Indes où 230 millions d'indigènes sont gouvernés dans une paix profonde par un millier de fonctionnaires appuyés d'une petite armée de 60 000 hommes et qui se couvre de canaux, de chemins de fer, de travaux de toute sorte sans qu'il en coûte une centime à la métropole! Le prestige moral fait la seule force de cette poignée de gouvernants mais un prestige tel que nous n'avons jamais su l'inspirer dans nos propres colonies.[404]

Le modèle anglais constitua le cadre de référence primordial pour le débat autour d'une formation coloniale dans la Troisième République, durant une phase de formation d'identité républicaine, entre droite et gauche. De plus, celui-ci présentait un lieu où venaient se cristalliser

403 G. CLEMENCEAU, La colonisation est-elle un devoir de civilisation? Discours à la Chambre des députés, le 31 juillet 1885, URL: <http://www.assemblee-nationale.fr/histoire/7ec.asp> (8.3.2014).

404 Congrès colonial international 1899, p. 75.

des questions sur le rôle de l'Etat dans la formation des élites et la signification actuelle de la traditionnelle mission de civilisation[405].

De ce point de vue, la critique de Boutmy était fondamentale. Il hypostasiait deux modèles de formation coloniale qui reposaient sur deux modèles d'Etat différents[406]. Dans son argumentaire, la Grande-Bretagne incarnait un ordre fondamental libéral et pluraliste puisqu'il n'existait pas de formation centrale pour *l'Indian Civil Service:* les individus intéressés par une carrière en Inde pouvaient choisir leur lieu de formation librement; les universités s'étaient spécialisées dans des formations propres à chaque colonie et proposaient l'enseignement correspondant. L'examen d'entrée était varié, mais là aussi, les étudiants pouvaient choisir plusieurs branches, de manière à ce qu'un candidat ne puisse pas être interrogé sur ce qu'il ne savait pas, comme dans le système du concours français, mais sur un sujet qu'il connaissait bien. Dans la présentation de Boutmy, l'Etat britannique agissait avec pragmatisme et retenue, formant ainsi des hommes libres, autonomes, prenant responsabilités et initiatives, et qui ne représentaient pas seulement l'empire colonial au sein de la colonie, mais au niveau international, étaient également compétitifs.

A l'inverse, la formation des administrateurs coloniaux de la France était empreinte d'un formalisme bureaucratique; elle était organisée de manière centralisée. Les postes dans les colonies étaient distribués en fonction de la place obtenue au classement du concours. Les critiques de Boutmy à l'égard de l'attitude française étaient générales et sévères: «L'une de nos pires et vaines superstitions est celle d'un enseignement intégral, ordonné et échelonné dans toutes ses parties et imposé de force à tout le monde, sous la sanction d'un examen uniforme[407]». Boutmy

405 Su ce sujet, voir Brigitte KRULIC, «L'Universalisme républicain», *in L'Identité républicaine*, Cahiers français n° 342, La Documentation française, février 2008, p. 27–32.

406 E. BOUTMY, *op. cit.*; pour l'analyse du cas français voir aussi l'article de Brigitte KRULIC dans ce recueil, «De Cuvier à Boutmy: la référence allemande dans les projets de formation des administrateurs français»; pour le cas anglais se reporter à E. BOUTMY, *Essai d'une psychologie politique du peuple anglais au XIXe siècle*, Paris Armand Colin, 1901.

407 E. BOUTMY, *op. cit.* p. 60.

argumentait contre le système centralisé et surtout contre le concours organisé à la manière française. Il réclamait une formation pluraliste et ouverte: des cursus différents, ciblant la colonie particulière ainsi que les tâches futures du fonctionnaire; différents lieux de formation; des examens d'entrée ouverts auxquels chacun pouvait avoir accès et organisés aussi dans les colonies afin de ne pas exclure les candidats indigènes – d'après le modèle des examens effectués par la «grande commission[408]».

Les systèmes de sélection et d'examens n'auraient pas pu être plus divers: en France, un examen d'admission de l'Ecole coloniale de Paris, connexe à l'admission dans l'appareil administratif; en Grande-Bretagne, un examen d'entrée - l'*open competition* dans une des institutions pour laquelle l'admission était obtenue, puis au bout d'un an le *probationer* devait passer le *final test*, qui signifiait l'admission au *Civil Indian Service*.

L'admission après un examen contrôlant uniquement la capacité d'expression en français à l'écrit paraissait inadaptée pour un empire colonial moderne. Les participants à la discussion sur le cas français étaient d'accord sur le fait que le système français n'avait pas la capacité de former une élite performante et efficace dans les colonies. Mais seul le dynamique secrétaire général de l'Union coloniale française, Joseph Chailley-Bert, alla jusqu'à affirmer qu'aucun Français ne serait à même de réussir les examens d'entrée[409].

Chailley-Bert conseilla de prendre la Grande-Bretagne pour exemple, au motif que dans ce pays, au niveau du contenu, on mettait l'accent sur la culture générale ainsi que sur un examen oral servant de test de la personnalité et de la morale du candidat. Le but était de recruter un administrateur capable de travailler de manière autonome;

408 *Ibid.* pp. 93 sq.; pp. 106 sq.

409 La citation est utilisée dans *La Colonisation en Indes* (1892). Comme je n'ai pas eu accès à la première édition, je cite d'après l'édition en anglais parue deux ans après, qui a connu un énorme succès en Grande- Bretagne, Joseph CHAILLEUL-BERT, *The Colonisation of Indochina*, London Archibald Constable and Co, Publisher to the India Office, Parliament St. Westminster 1894, p. 232.

la critique était adressée à la bureaucratie. Mais les nouvelles puissances coloniales européennes ne se différenciaient guère sur ce sujet. Il est remarquable de voir qu'il n'y avait pratiquement pas de différence entre elles sur les questions fondamentales de la formation de l'administration coloniale. L'Allemagne, la Belgique et la France n'ont pas adopté un modèle particulier d'examen ni des épreuves tournées vers des expériences de terrain, pas plus qu'elles n'ont essayé d'en ouvrir largement l'accès aux élites autochtones. Cela inclut un aspect décisif, à savoir le lieu de la formation coloniale. Ni la France, ni la Belgique ou l'Allemagne n'ont mis en place de lieux importants de formation dans les colonies, à proximité directe des espaces concernés. Tous les Etats se sont décidés, dans le cas de la France en dépit de ses expériences antérieures, pour une formation en métropole. Cela correspondait à l'idée, qui remonte aux Lumières, résumée par les mots de de Lannoye définissant ce qu'est une colonie. Selon lui, les métropoles «font» les colonies. «C'est donc du point de vue de la métropole qu'il faut se placer pour déterminer les caractères de la colonisation[410]».

Contrairement aux systèmes de recrutement mis en place par la Grande-Bretagne et les Pays-Bas, relativement peu de mesures furent prises pour intégrer et former une élite autochtone. Une école installée en métropole dont l'examen d'entrée se déroule exclusivement sur place et nécessite une préparation spéciale, qui a lieu également en France, conduit automatiquement à une exclusion de l'élite indigène. Alors que la France, après avoir mis en place des «concours» pour son Ecole coloniale, avait introduit quelques bourses, en Belgique seuls les Belges pouvaient s'inscrire. Si l'on tient compte de l'influence des modèles étrangers et des longs débats internes sur ces sujets, et dans le cas de la France, des traditions antérieures différentes, il est remarquable que l'accent n'ait pas été mis sur la formation d'une élite indigène. Dans le cas de la France, il est notable qu'en fin de compte les discussions n'ont guère influencé l'institutionnalisation du savoir de la colonisation. Elles ont contribué à une prise de conscience du nouveau rôle en tant que «nation colonisatrice», mais pas à l'adoption d'éléments anglais.

410 DE LANNOYE, *op. cit.* p. 524.

Concernant l'analyse de la «phase scientifique de la colonisation» à l'échelle européenne, il faut retenir qu'une «colonistique» ne se développa pas avant la Première Guerre mondiale. Et cela pour une raison simple et évidente: il n'existait pas encore de réponse à la question décisive telle que l'avait formulée le juriste belge Charles de Lannoye en 1913: «La colonisation est-elle un phénomène géographique, économique, politique ou moral?[411]». La définition même de la colonisation entre assimilation et association était loin d'être déterminée ou fixée dans ce débat européen.

Conclusion

A la fin du 19e siècle, la discussion autour de la formation coloniale présente un caractère emblématique dans lequel les pratiques cognitives et institutionnelles de cette formation étaient étroitement liées. Lors de l'exploration du terrain, la science et la politique travaillaient main dans la main. En débattant de l'institution parisienne, la critique sondait le domaine des possibilités européennes. La discussion oscillait entre les pôles «assimilation» et «association». C'est dans ce contexte également qu'ont été formulées les tâches de l'Etat; celles-ci variaient entre contrôle et formation des fonctionnaires d'un côté, liberté et développement de la personnalité du fonctionnaire de l'autre. Le bureaucrate français se situait ainsi aux antipodes du *self-made man* anglais.

Les attributs du bon fonctionnaire colonial, étant ceux d'un homme fort et autodéterminé, proviennent du système de référence du colonialisme britannique. Ces attributs n'étaient pas par hasard ceux du *self-made man*, ils reflétaient l'hégémonie britannique. *A quoi tient la supériorité des Anglo-Saxons?,* telle était la question clé que se posaient les réformateurs avides de la Troisième République au tournant du siècle[412].

411 DE LANNOYE, *op. cit.*, p. 537.

412 *Cf.* Edmond DEMOLINS, Pierre DE COULEVAIN, *A quoi tient la supériorité des Anglo-Saxons*, Librairie de Paris 1897.

La suprématie politique et économique de la Grande-Bretagne reposait sans le moindre doute sur la politique d'association et sur le libre-échange. Mais l'ouverture unilatérale des marchés et l'abandon du droit protecteur n'étaient pas perçus simplement comme des mesures économiques et de politique commerciale. On leur attribuait plutôt une «autorité mythique[413]». La conception culturelle liée à ces mesures était également hégémonique.

Concluons sur le cas de la France, où la formation coloniale ne fut que tardivement insérée dans la culture étatique, ce qui confirme d'un côté l'hypothèse de la faible culture administrative mais de l'autre aussi la puissance de la culture étatique. D'autres possibilités de recruter les administrateurs et de les former furent discutées mais pas réalisées. La référence anglaise dans les querelles coloniales fonctionnait donc finalement dans une logique négative, telle que construite par Taine: l'esprit anglais est le contraire du génie français.

413 S. CONRAD, *op. cit.*, p. 38.

Le dialogue diplomatique entre creuset et confrontation des cultures administratives: l'exemple des diplomates français à Berlin de 1871 au début des années 1930

Marion ABALLÉA
Université de Strasbourg – UMR 7367 (Centre Raymond Poidevin)

Les contacts inter- ou transnationaux sont apparus dans ce colloque comme un élément central de la construction des savoirs et des métiers de l'Etat. La diplomatie, dont ces contacts constituent par nature le domaine de prédilection, semble dès lors mériter une réflexion spécifique. Seule branche de l'Etat dont la raison d'être est précisément la relation avec une administration étrangère, elle a dans son exercice quotidien, directement et par nature, d'autres modèles sous les yeux. Elle apparaît de ce fait particulièrement exposée aux influences étrangères et aux mimétismes, et n'a – c'est sans aucun doute sa plus remarquable spécificité – à rechercher ni les médiateurs ni les chemins d'un éventuel transfert des savoirs nationaux.

La diplomatie constitue également une administration qui repose *a priori* sur une harmonisation internationale des méthodes de travail, pensée, depuis le XVe siècle, comme la condition du dialogue, fructueux car débarrassé des spécificités nationales, qui constitue sa raison d'être. Ce principe d'uniformité, à l'origine même de la naissance de l'institution diplomatique, pose la question de la validité de l'idée de modèle national pour cette branche spécifique de l'action de l'Etat. L'idée d'une culture de corps, spécifique et commune aux diplomates par-delà les frontières, qui primerait sur des cultures administratives nationales, est de fait un poncif de la littérature diplomatique. Elle correspond avant tout à une sociologie et à des pratiques sociales distinctives ancrant la diplomatie à mi-chemin entre identité professionnelle et identité sociale[414]. Mais elle repose aussi sur un certain nombre de savoirs et de savoir-faire professionnels spécifiques au corps, apparemment unifiés: la maîtrise de la préséance européenne, l'art de la dépêche ou du télégramme diplomatique (correspondance interne) ou de la note verbale (correspondance externe) font au XIXe siècle l'orgueil des diplomates de toutes origines. Le fondement même de la diplomatie a été d'inventer des règles uniformes assimilées par les diplomates quel que soit l'Etat qu'ils servent, de créer une apparente unité du savoir et des pratiques pour permettre le contact: formellement, rien ne ressemble plus, au XIXe siècle, à la dépêche d'un diplomate français que celle de son homologue anglais, allemand ou russe.

Pourtant, la comparaison franco-allemande, qui va constituer ici le cœur de l'analyse, révèle que cette harmonie apparente des pratiques, des savoirs, mais également des structures diplomatiques, contraste avec les différences des modes de recrutement et de formation des diplomates appelés à entrer en contact. Au cœur de cette contradiction éclate l'opposition entre la culture essentiellement juridique de la diplomatie allemande[415] et la culture classique, dominée par les humanités, qui caractériserait la diplomatie française. Rappelons que tout prétendant au service de la diplomatie allemande doit avoir suivi un cursus de droit de trois ans à l'université, avoir satisfait aux exigences d'un stage dans un établissement juridique privé ou public, puis d'un stage de deux ans au sein de la *Wilhelmstrasse*, où il compile surtout des jurisprudences; au terme de cette double formation académique et professionnelle, il subit la sélection du *Diplomatische Prüfung*, permettant la titularisation au sein du corps diplomatique, qui repose, à l'écrit comme à l'oral, sur quatre épreuves de droit (international, public, civil et commercial): la diplomatie allemande, sous l'Empire comme sous la République de Weimar, constitue bien ce fleuron du *Juramonopol* qui marque l'ensemble de la culture administrative prussienne. En regard,

414 *Cf.* Paul SHARP et Geoffrey WISEMANN, *The Diplomatic Corps as an Institution of International Society,* New-York, Palgrave Mac-Millan, 2007.

415 *Cf.* Klaus SCHWABE (dir.), *Das deutsche diplomatische Korps 1871–1945,* Boppart am Rhein, Harald Boldt Verlag, 1985; Lamar CECIL, *The German Diplomatic Service,* Princeton, Princeton University Press, 1976.

le monopole des juristes au Quai d'Orsay apparaît surtout théorique[416]: si la licence de droit apparaît bien comme un passage obligé, les études les plus récentes ont montré que l'histoire constituait la discipline qui imprégnait le plus la diplomatie de la Troisième République, dans sa formation (notamment avec l'affirmation comme filière de préparation au concours de l'Ecole Libre des Sciences Politiques) comme dans son recrutement (place déterminante dans le concours du Quai d'Orsay); en découlerait une sensibilité spécifique marquant durablement la carrière des diplomates français, qui se caractériserait par un goût pour les belles lettres et une appétence particulière pour l'histoire[417].

Ce sont les effets de cette divergence première et de celle(s) qu'elle induit de manière plus générale dans la pratique quotidienne de la diplomatie que vous voudrions tenter d'explorer ici, pour interroger les conséquences de cette contradiction décisive entre le service d'une branche administrative fondée sur le partage de méthodes de travail communes et la confrontation nationale qu'elle induit par nature. La scène berlinoise, terrain circonscrit où le dialogue diplomatique franco-allemand se concentre dans les rapports entre la *Wilhelmstrasse*, organe central de la diplomatie allemande, et l'ambassade de France, installée au numéro 5 de la *Pariser Platz*, permet d'observer de près les effets concrets de cette contradiction. Tel qu'il se développe entre ces deux institutions entre 1871 et le début des années 1930, le dialogue diplomatique relève à l'évidence d'une confrontation de deux cultures administratives, contribuant à entraver la discussion en greffant un fossé culturel sur les différends politiques de l'époque. Dans ce cadre, l'ambassade de France à Berlin paraît souvent contrainte de s'adapter, tentant une sorte de syncrétisme pour rendre le dialogue possible et faisant dès lors de la *Pariser Platz*, épisodiquement du moins, le creuset de deux cultures professionnelles.

416 Stanislas JEANNESSON, «La formation des diplomates français et leur approche des relations internationales à la fin du XIXe siècle», *Revue d'histoire diplomatique*, 2008, n° 4, pp. 361–378.

417 Isabelle DASQUE, «Usages et écritures de l'histoire chez les diplomates de la Troisième République», *in* Laurence BADEL *et al.*, *Ecrivains et diplomates: l'invention d'une tradition, XIXe–XXIe siècle*, Paris, Armand Colin, 2012, pp. 160–180.

«Deux mentalités»

En novembre 1905, Maurice Rouvier, président du Conseil et ministre des Affaires étrangères, se confie à Edgar Roehls, ancien correspondant du *Temps* à Berlin, à propos de la crise déclenchée huit mois plus tôt par le débarquement de Guillaume II à Tanger et qui cherche alors toujours son règlement: au-delà du différend des intérêts franco-allemands au Maroc, la crise aurait résulté, d'après lui, de la «difficulté à s'entendre intimement entre les deux diplomaties», de l'impossibilité à «mettre à l'accord les deux mentalités»[418]. L'écart des pratiques et des cultures professionnelles est ainsi perçue par le chef du gouvernement français comme un des facteurs du déclenchement d'une crise telle que n'en avaient plus connue les relations franco-allemandes depuis près de vingt ans. Quelles sont donc ces «deux mentalités» qui pèseraient si lourdement et si défavorablement sur le dialogue franco-allemand?

Il faut d'abord souligner le poids des entraves concrètes au dialogue. La question linguistique constitue la plus frappante: les hommes de la *Pariser Platz* sont, en très grande majorité et sur l'ensemble de la période qui nous intéresse, de très mauvais germanistes; ceux qui parlent ou lisent l'allemand – une minorité – ne sont par ailleurs que très exceptionnellement capables de déchiffrer les documents manuscrits qui leur parviennent, la graphie germanique opposant un obstacle supplémentaire à leur compréhension[419]. Si le polylinguisme et la parfaite maîtrise du français des diplomates allemands permettent aux deux diplomaties de communiquer, le frein au dialogue n'en est pas moins réel. Surtout, cette différence de capacités linguistiques témoigne d'une divergence plus profonde: les diplomaties française et allemande

418 Politisches Archiv des Auswärtigen Amtes (ci-après, PAAA), R 1708, note du 6 novembre 1905.

419 Cette incapacité se reflète dans la formule rituelle des fiches d'évaluation des personnels par l'ambassadeur: «ne connaît l'allemand que pour lire la presse»; Archives du Ministère des Affaires étrangères et européennes (ci-après AMAEE), dossiers de personnel.

ont développé, au cours des siècles, deux visions des savoirs nécessaires à l'exercice de la diplomatie[420], induisant deux conceptions de la mise en œuvre de ces savoirs et donc de la pratique de la diplomatie.

Le rapport au droit: un choc des cultures

Le rapport au droit, enjeu souvent conflictuel entre les diplomates allemands et français sur la Spree, constitue l'exemple le plus évident de cette différence de contenu donnée, des deux côtés de la frontière, à la définition de l'activité diplomatique. Des dizaines de dossiers mettent au jour l'enjeu spécifique qu'il représente dans le dialogue diplomatique franco-allemand à Berlin, tant dans la «grande politique» que dans le traitement quotidien des contentieux et des affaires administratives. Deux exemples permettront de comprendre les effets de ce choc des cultures.

Droit et grande diplomatie: les négociations africaines

Les questions africaines, et notamment la diplomatie européenne visant l'Afrique subsaharienne, représentent évidemment un enjeu de puissance et de rivalités entre les capitales européennes, mais également un terrain pionnier de la codification juridique des relations internationales: dans la lignée de la Conférence de Berlin de 1884–1885, les puissances européennes agissent en effet en théorie en Afrique en

420 Elle se reflète dans la place accordée aux langues dans les processus de recrutement: quand le *Diplomatische Prüfung* exige de manière constante la maîtrise de trois langues étrangères (le français; l'anglais ou le russe; une troisième langue laissée au choix du candidat), le nombre (une ou deux), l'importance (coefficient) et la place des langues étrangères (écrit et/ou oral) ne cessent de varier au gré des arrêtés fixant les modalités du concours du Quai d'Orsay de 1880 à la Seconde Guerre mondiale.

vertu de textes réglementaires négociés entre elles. Le terrain paraît en conséquence propice à l'analyse du rapport des diplomates au droit. Le contentieux opposant la France et l'Allemagne sur la question de Zanzibar au second semestre 1890, traité en bonne part par l'ambassade de la *Pariser Platz*, offre un exemple explicite des conceptions divergentes que se font les diplomates des deux pays du droit international, et des conséquences politiques de cette divergence.

Rappelons brièvement les faits. L'indépendance du sultanat de Zanzibar est garantie conjointement par la France, la Grande-Bretagne et l'Empire allemand, en vertu d'une convention signée par Paris et Londres le 10 mars 1862 à laquelle s'était rallié Berlin en1886, lorsque, le 4 juin 1890, l'Allemagne et l'Angleterre signent un accord sur leurs possessions en Afrique orientale; l'article 5 pose d'une part l'établissement d'un protectorat britannique sur l'archipel de Zanzibar, d'autre part le rattachement à l'Allemagne, à terme, des territoires continentaux du sultanat; en vertu de la convention pré-citée, ostensiblement violée, la France réclame aussitôt des compensations. S'adressant d'abord à Londres, elle obtient, par accord du 31 juillet, la reconnaissance de son protectorat sur Madagascar ainsi que la mise en place d'une commission de délimitation des possessions françaises et britanniques dans le bassin du Niger. Satisfaite, elle se retourne vers l'Allemagne au début du mois d'août 1890, par la voix de son ambassadeur à Berlin, Jules Herbette. Dès les premiers jours, l'affaire se présente mal et les raisons que donne Herbette de son pessimisme nous intéressent particulièrement: «le baron Marschall se pique d'être un juriste», écrit-il du secrétaire d'Etat allemand aux Affaires étrangères, «et tire volontiers ses raisonnements du droit civil. Aussi redoutais-je qu'il n'apportât dans l'examen de la question en litige l'esprit doctoral et un peu étroit dont il m'avait déjà donné la preuve»[421]. Le contentieux se situe en effet dans le rapport des deux négociateurs à la convention de 1886. Dans ce texte, les puissances se sont engagées à respecter *l'indépendance* du sultanat de Zanzibar, non son *intégrité*, ce qui permet à Marshall de

421 Documents diplomatiques français (ci-après, DDF), série I, vol. 8, n° 146, dépêche d'Herbette n° 43, 13 août 1890.

dégager la responsabilité du gouvernement allemand: Berlin ne porte pas atteinte à l'indépendance du sultan (contrairement à Londres qui impose son protectorat sur ses Etats), mais ne fait qu'obtenir de lui la cession d'une partie de son territoire; pour Herbette, cette lecture de la lettre du droit en déforme l'esprit, et pervertit le sens de l'accord de 1886. Dès le 16 août, l'ambassadeur est toutefois contraint d'écrire à Paris que «sur le terrain juridique pur», il n'y a guère à espérer[422]. En conséquence, alors que la négociation avait été amorcée par la *Pariser Platz* à partir d'une revendication juridique, d'une prétention de la France à un droit fondé sur un accord international, l'exégèse opposée que font de cet accord les diplomates de la *Wilhelmstrasse* et de l'ambassade de France amène l'ambassadeur, selon ses mots, à «changer son fusil d'épaule»: Zanzibar devient non plus matière à réclamer des droits, mais l'opportunité d'une clarification générale des questions africaines en suspens. Ce glissement passe, pour les diplomates français, par une relecture à la baisse des ambitions diplomatiques: de l'accord de compensation réclamé par la *Pariser Platz* en août, on en vient à l'idée d'un échange de déclarations en septembre, puis d'un simple échange de lettres – procédure diplomatique *a minima* – effectivement réalisé le 17 novembre. Les deux parties ont tenté de faire reposer leur argumentation sur le droit international, mais une analyse divergente d'un même texte a abouti à quitter ce terrain et à revoir en conséquence, des deux côtés, les ambitions à la baisse. La divergence de vues entre la *Pariser Platz* et la *Wilhelmstrasse* s'incarne ici assez classiquement dans l'esprit et la lettre du droit; deux ans plus tard, sur un autre dossier africain théoriquement réglementé par le droit international – celui de la vente d'armes aux souverains locaux –, le conseiller de l'ambassade Alfred Dumaine devait à nouveau déplorer une activité allemande «en contradiction avec l'esprit, sinon la lettre stricte [...] de la Convention internationale de 1890–1891»[423]: l'opposition n'a rien de conjoncturel. Si elle pèse sur la «grande politique», en Afrique comme ailleurs, elle joue peut-être un rôle plus grand encore dans ce qui fait le quotidien des hommes

422 *Ibid.*, n° 150, Herbette à Nisard, Berlin, 16 août 1890.

423 *Ibid.*, vol. 10, n° 34, dépêche de Dumaine n° 40, 21 octobre 1892.

de la *Pariser Platz:* le traitement des contentieux administratifs franco-allemands. La question alsacienne en est un vivier sans fond.

Contentieux alsaciens et bataille de jurisprudences

Par-delà l'irréductible antagonisme politique que l'annexion de 1871 a suscité entre Paris et Berlin, le transfert de souveraineté des trois départements d'Alsace-Moselle pose en effet d'innombrables difficultés administratives qu'il appartient à l'ambassade de France à Berlin, jusqu'au tournant du siècle, de traiter. La nationalité, souvent problématique, des ressortissants des territoires annexés est notamment un problème récurrent. Quelques mois après avoir quitté Berlin, où il avait exercé comme ambassadeur de 1878 à 1882, le marquis de Saint-Vallier dressait un bilan amer de son action en la matière: «Malheureusement» écrivait-il, «la jurisprudence des Allemands a toujours différé de la nôtre depuis le traité de Francfort sur les conditions dans lesquelles une option devait être faite pour être reconnue.»[424] «Jurisprudence», «traité de Francfort», «option»: c'est bien à nouveau le rapport au droit et à son interprétation qui pose problème. Au cœur des centaines de dossiers de contentieux traités par la *Pariser Platz* se trouve en effet la question de l'option, c'est-à-dire des conditions, définies par l'article 2 du traité de Francfort et par la Convention additionnelle du 10 décembre 1871, selon lesquelles les Alsaciens et Mosellans ont pu, après 1871, conserver la nationalité française[425]. «L'option» devait être déclarée à une autorité compétente, française ou allemande, délivrant en retour un «certificat d'option», et n'était valable que si la déclaration était suivie d'un transfert du domicile principal des territoires annexés vers le territoire français avant le 1er octobre 1872; les «optants» conservaient toutefois la pleine propriété de leurs biens immobiliers en territoires annexés. La distinction entre «domicile principal» en

424 AMAEE, Archives diverses politiques 1815–1896, Allemagne, vol. 27, Saint-Vallier au ministre de la Guerre, Coucy, 20 août 1882.

425 Sur le problème de l'option, Alfred WAHL, *Le Problème de l'option des Alsaciens-Lorrains (1872–1873),* Strasbourg, Université des Sciences Humaines, 1972.

France et «propriétés secondaires» en Allemagne devait être la source d'interminables litiges.

Ce sont les obligations militaires qui sont, en général, le révélateur de situations non réglementaires, lorsque de jeunes hommes, se croyant français, se voient appelés par les autorités du Reich à incorporer les rangs de l'armée allemande. Portés à l'attention de la *Wilhelmstrasse* par la *Pariser Platz*, les litiges donnent lieu à d'âpres négociations qui sont autant de batailles d'exégèse du traité de Francfort: du texte de droit censé trancher ces contentieux. Joseph Peter[426], né en 1857 à Moos (Territoire de Belfort), est ainsi arrêté par les autorités du *Reichsland* en février 1877 pour s'être soustrait à ses obligations militaires; le jeune homme se croyait français, son père ayant opté pour lui en 1872. Quelques jours après l'arrestation, brandissant le certificat d'option de l'intéressé, la *Pariser Platz* saisit la *Wilhelmstrasse*; début d'une négociation de quatre mois, qui aboutit au rejet de la réclamation française par l'administration allemande. La procédure apparaît emblématique des différences de perception, autour d'une même question de nature juridique, des diplomates français et allemands. Les hommes de la *Pariser Platz* ont en effet vite perçu l'ambigüité du cas de Peter: son option n'avait pas été déclarée par l'intéressé, mineur en 1872, mais par son père, lequel a conservé d'évidentes attaches en territoires annexés. Dès lors, le principal argument côté français relève non pas des textes juridiques, mais de la biographie du requérant: Peter a déjà effectué six mois de service dans l'armée française, preuve rétrospective, aux yeux de l'ambassade du moins, de sa nationalité française. L'argument est rejeté par les diplomates allemands: rien dans les textes ne permet de considérer un service accompli dans l'une ou l'autre armée comme critère de nationalité; les obligations militaires, argue-t-on *Wilhelmstrasse*, sont conséquence de la nationalité, non déterminant. L'argument biographique balayé, les diplomates allemands en reviennent au cadre du traité de Francfort: le père de Peter a effectivement opté selon les règles en 1872, mais la chambre qu'il a par la suite louée sur la

426 Dossier conservé dans les archives de l'ambassade de France: Centre des archives diplomatiques de Nantes (ci-après CADN), Berlin, ambassade, Supplément 233.

commune de Réchésy, demeurée française, ne fut qu'une façade; la famille resta habiter Moos. L'option n'est pas juridiquement valable; Peter est allemand; il doit servir dans l'armée allemande et, à défaut, est considéré comme déserteur. L'incompréhension manifestée dans les murs de l'ambassade quand on y reçut cette notification est révélatrice du fossé: on y avait bien vu que la question du domicile était problématique, et considérait précisément à ce titre qu'il fallait la dépasser et chercher d'autres éléments pour trancher le contentieux – raison qui avait motivé le recours à la trajectoire personnelle. L'affaire témoigne donc bien de deux plans d'argumentation, de deux rapports divergents au texte juridique de référence, signant en ce cas l'impasse du dialogue diplomatique: c'est le rapport de forces, alors favorable à l'Allemagne, et non la diplomatie qui tranche le contentieux; Berlin impose ses vues et Peter reste en prison.

Diplomates fonctionnaires: un rapport différencié à l'Etat

Le rapport très différent au droit constitue une différence technique entre les diplomaties française et allemande. Mais outre la dégradation du dialogue qu'elle peut susciter, cette différence est aussi révélatrice d'un fossé théorique. Les compétences mobilisées dans l'activité professionnelle sont en effet symptomatiques du regard porté sur eux-mêmes par les diplomates en tant que serviteurs de l'Etat, et en ce sens d'une définition subjective du fonctionnariat qui pose non seulement la question du rapport du fonctionnaire à l'Etat, mais également de la conception de l'Etat par les fonctionnaires qui le servent. Dans une branche de l'action étatique aussi politique que la diplomatie, c'est la question du rapport aux gouvernants et à la représentation nationale qui est posée. Le diplomate, du moins lorsqu'il est en poste à l'étranger, est par définition un fonctionnaire qui entretient un rapport spécifique à l'Etat qu'il sert: il s'en pense non seulement comme l'agent, mais également comme le représentant. En conséquence, consciemment ou non, les diplomates ne peuvent faire l'économie d'une interrogation particulière:

que représentent-ils? Dans la réponse à cette question, dans le Berlin du tournant du XXe siècle, perce à nouveau le hiatus entre les diplomaties française et allemande.

Un des reproches les plus fréquemment adressés par les diplomates de la *Wilhelmstrasse* à leurs homologues de la *Pariser Platz* réside dans les liens trop étroits qu'entretiendraient les seconds avec les milieux politiques parisiens, et notamment les milieux parlementaires; ces liens rendraient les diplomates vulnérables – et donc influençables – aux fluctuations de l'opinion publique et des rapports de force politiques. Plus que le caractère contestable de cette accusation[427], c'est le plan théorique de l'argumentation qui paraît ici particulièrement intéressant: ce qui est dénoncé par la diplomatie allemande accusant son homologue française, c'est le lien du diplomate – donc du fonctionnaire – à la représentation nationale – donc à la nation. Dans un discours assez classique de la haute fonction publique, les diplomates français en poste à Berlin professent un mépris peu dissimulé pour les hommes politiques de la Troisième République. Pour autant, ils se sentent, aux premières heures du régime républicain comme durant l'entre-deux-guerres, intimement liés à la représentation nationale, dont ils se pensent volontiers comme le pendant à l'étranger (conception qui n'est évidemment pas sans poser un problème démocratique, les diplomates ne jouissant pas de la légitimité du suffrage). Cette proximité les place dans une position différente de leurs interlocuteurs berlinois, qui n'ont en aucun cas, y compris sous la République de Weimar, une telle prétention, et rend parfois le dialogue difficile. En mars 1891, Herbette, répondant aux accusations de Marschall insinuant que l'ambassade se laisserait influencer par le parti de la Revanche, se lance dans une diatribe aux accents fort peu

427 Après 1877, où l'ambassadeur Gontaut-Biron est remercié par le pouvoir républicain procédant à une véritable purge de l'ambassade, la diplomatie française à Berlin se caractérise par sa relative stabilité et sa force de résistance aux renversements politiques parisiens; Pierre de Margerie, ambassadeur nommé par Poincaré en 1922 pour mener la politique de confrontation conduisant vers l'occupation de la Ruhr, et maintenu par le Cartel des Gauches en 1924 pour mettre en œuvre une politique presque rigoureusement inverse, en est l'exemple le plus éloquent.

diplomatiques, qui souligne la différence des situations[428]. «En France», pose-t-il avec fermeté, «on ne maintient pas l'ordre et on ne gouverne pas à coups de poing. Nous sommes un peuple libre dans ses actes, ses jugements et dans les manifestations de ceux-ci par la presse, les réunions publiques et les discussions parlementaires». Ce «nous» auquel s'identifie le diplomate, qui s'érige en représentant auto-proclamé d'un «peuple» autant que d'un Etat, il l'oppose à un «vous», lancé au diplomate allemand, qui ne recouvre à l'évidence pas exactement la même réalité: «chez vous, au contraire, [...] vous lavez votre linge sale en famille»; cette «famille», c'est à l'évidence moins le peuple allemand que son appareil étatique, qui n'a, sous le régime impérial, pas de liens directs avec la nation. Herbette touche ici du doigt une question clé: serviteurs de l'Etat, les diplomates français et les diplomates allemands ne servent pas – et ne représentent pas – exactement la même chose. Côté allemand, les diplomates sont en effet agents d'un Etat défini avant tout comme un organisme d'encadrement et de régulation de la nation, garant de ses intérêts qui ne peut assurer sa mission qu'en conservant une position extérieure et surplombante par rapport à elle: une institution, au sens premier, supra-nationale. Côté français à l'inverse, les diplomates servent – et croient représenter – un Etat qui se pense comme émanation de la nation, une institution nationale au sens organique du terme. Cette distorsion induit deux postures différentes, et dès lors un déséquilibre du dialogue diplomatique, qui s'incarne notamment dans le rapport des diplomates aux milieux politiques. Durant toute la période de cette étude, les diplomates français et allemands à Berlin se renvoient à la figure, de façon opposée, l'argument d'une dépendance ou d'une autonomie, dans les deux cas problématiques[429], à l'égard du pouvoir politique. De fait, à des diplomates français qui usent des atouts traditionnels de la haute fonction-publique – légitimité de la compétence et

428 DDF, série I, vol. 8, n° 318, Herbette à Ribot, Berlin, 24 mars 1891.

429 L'accusation de dépendance à l'égard du politique induit une conduite déterminée par des réflexes partisans plus que par l'intérêt général et la perméabilité aux mouvements potentiellement irrationnels de l'opinion publique; celle d'autonomie porte à l'inverse en elle le soupçon d'illégitimité et d'arbitraire technocratique aux accents anti-démocratiques.

de l'expertise, inscription dans la durée – pour installer une influence réelle sur le pouvoir politique[430], s'opposent des diplomates allemands qui constituent, sous l'Empire, le bras administratif d'un gouvernement non parlementaire, position déterminant, jusque sous la République de Weimar, un rapport au politique défini par John Röhl comme une «culture de l'obéissance»[431]. Celle-ci ne découle en aucun cas d'une prédisposition psychologique, mais des structures politiques dans lesquelles s'est construite la diplomatie allemande d'une part, du poids sur elle de figures écrasantes de l'autre (Bismarck, Guillaume II, Hitler), qui auraient empêché l'appareil diplomatique allemand de devenir le centre d'élaboration de la politique extérieure allemande; sous Weimar, paradoxalement, au moment où la *Wilhelmstrasse* aurait pu se penser non seulement comme une administration étatique, mais également comme une administration nationale, l'absence de purge du personnel de haut niveau déterminait à l'inverse une prétention à l'autonomie, aux accents de résistance anti-démocratique[432], à l'égard du pouvoir politique refondé. De ce fait, quelle qu'ait été la forme du régime allemand, le rapport au politique des diplomates berlinois de la *Pariser Platz* et de la *Wilhelmstrasse* apparaissait fondamentalement différents: en découlait une définition distincte de sa propre identité professionnelle en tant que fonctionnaire d'un côté, *Beamte* de l'autre, et un dénigrement de l'interlocuteur en sa qualité de serviteur de l'Etat. Le dialogue diplomatique, qui suppose une reconnaissance mutuelle d'interlocuteurs assis sur le même plan, s'en trouvait mécaniquement déséquilibré.

430 Le cas le plus éloquent est sans doute celui de Jules Cambon, ambassadeur à Berlin de 1907 à 1914, dont l'influence sur la diplomatie française, redoublée par celle de son frère ambassadeur à Londres, apparaît à bien des égards plus décisive que celle des huit ministres des Affaires étrangères qu'il «sert» entre 1911 et 1914.

431 John C. G. RÖHL, «Glanz und Ohnmacht des deutschen diplomatischen Dienstes 1871–1945» *in* K. Schwabe, *op. cit.*, pp. 201–217.

432 *Cf.* Eckart CONZE (dir.), *Das Amt und die Vergangenheit. Deutsche Diplomaten im Dritten Reich und in der Bundesrepublik,* Munich, Blessing, 2013.

La *Pariser Platz*, creuset ou fossé?

Dans ce cadre d'un dialogue berlinois quotidien entravé par l'écart des cultures professionnelles des diplomates français et allemands, il paraît intéressant de quitter la comparaison généraliste à l'échelle de deux corps diplomatiques pour en revenir au cœur de notre analyse: l'ambassade de la *Pariser Platz*. La représentation française est en effet la dépositaire d'une culture diplomatique nationale en contacts quotidiens avec l'autre; cette position médiane détermine un effort d'adaptation propre, touchant à une sorte de syncrétisme, et faisant, épisodiquement, de la *Pariser Platz* le creuset de deux cultures administratives.

L'enjeu du droit apparaît une nouvelle fois central. On constate *Pariser Platz* une assimilation du mode de raisonnement juridique allemand dont découle, pourrait-on dire, la volonté de jouer avec les cartes de l'adversaire: certains ambassadeurs, Herbette ou Cambon au premier chef, convoquent ainsi systématiquement l'argument juridique pour trancher tous contentieux; s'éloignant alors d'une culture diplomatique française assez peu nourrie de jurisprudences, ils se retrouvent parfois en conflit avec le Quai d'Orsay, soulignant l'élaboration empirique d'une méthode de travail propre à l'ambassade berlinoise. Lorsque en 1888, Bismarck impose le «régime des passeports» durcissant drastiquement les conditions d'entrée en Alsace-Moselle, Herbette étudie la question du point de vue juridique, et propose en 1890 à Paris d'opposer au gouvernement allemand un argument technique qui correspondrait à sa «mentalité»: le régime des passeports ne s'appliquant plus aux ressortissants suisses, protégés par la signature le 5 mai 1890 d'une convention entre Berlin et Berne, il viole le traité de Francfort qui accordait réciproquement à la France et à l'Allemagne la clause de la nation la plus favorisée. Il y a là, pour l'ambassade, une faille juridique que ses interlocuteurs allemands ne pourront contester, et qui les obligera à assouplir le régime des passeports. Paris toutefois, effrayé de l'usage auquel pourrait conduire, par réciprocité, cette lecture à la lettre d'une clause concernant à ses yeux les tarifs douaniers et non la circulation des personnes, préfère s'en tenir à l'esprit du droit, et détourne Herbette de son argumentation juridique: c'est la relative détente des relations franco-allemandes consécutive à la chute de Bismarck qui, seule, entraîne la levée du régime d'exception. La médiation fut stérile; elle est néanmoins caractéristique d'une volonté d'adaptation propre aux hommes de l'ambassade.

Cette même volonté s'exprime dans l'effort fait *Pariser Platz* pour se donner les moyens humains et techniques de se hisser au niveau de l'expertise juridique des interlocuteurs. Début 1920, apparaît ainsi dans les bureaux de l'ambassade un attaché juridique: René Brunet, agrégé de droit, est détaché de l'Université pour venir soutenir les diplomates français à Berlin dans l'exégèse et la mise en œuvre du traité de Versailles[433]. Si l'expérience ne dure que six mois, elle est importante en ce qu'elle souligne à nouveau la volonté de l'ambassade de se placer sur le même plan de raisonnement juridique que les diplomates allemands. Sur un sujet aussi conjoncturel et passionnel que les «surprix» appliqués par les commerçants allemands aux ressortissants des pays alliés en Allemagne, les diplomates français obtiennent gain de cause car Brunet démontre, par un raisonnement juridique implacable, que les «surprix» sont contraires au traité de Versailles[434]. Des raisons financières déterminent toutefois la suppression du poste de jurisconsulte dès l'autonome 1920. Sans juriste jusqu'à la Seconde Guerre mondiale, l'ambassade berlinoise se trouve dans une position d'autant plus délicate que la diplomatie allemande renforce quant à elle, durant les années de la République de Weimar, son pôle juridique: les effets combinés de la réforme Schüler et de l'affirmation politique du principal juriste de la *Wilhelmstrasse,* Friedrich Gaus, font de l'*Abteilung 5* de l'*Auswärtiges Amt (Rechtsabteilung)* un interlocuteur de plus en plus incontournable pour les diplomates français. Significativement, le Quai d'Orsay est obligé à plusieurs reprises dans les années 1920 de dépêcher à Berlin ses propres jurisconsultes (Henri Fromageot notamment) pour soutenir la discussion avec la diplomatie allemande: les efforts de la *Pariser Platz* ne suffisent pas à combler le fossé.

433 AMAEE, Correspondance politique et commerciale, série Z (Europe 1918–1940), Allemagne, vol. 3.

434 CADN, Berlin, ambassade, Supplément 230.

C'est que, si son recrutement évolue à la même période dans le sens de l'expertise, ce n'est en aucun cas d'expertise juridique qu'il s'agit. A partir des années 1920, l'ambassade se «germanise»: elle voit de véritables connaisseurs de l'Allemagne remplacer peu à peu les diplomates polyvalents qui y régnaient jusqu'alors. A l'image d'André François-Poncet, ambassadeur de 1931 à 1938, ou de son subordonné Armand Bérard, tous deux normaliens et agrégés d'allemand, des experts issus des filières académiques jouent au début des années 1930 les premiers rôles, en complémentarité avec des diplomates dont la carrière, telle celle de Pierre Arnal, conseiller de l'ambassade de 1931 à 1936, témoigne d'une spécialisation inédite sur les questions allemandes. Dans le contexte complexifié des relations franco-allemandes après 1919, la diplomatie française sur la Spree fait le pari de l'expertise, et envoie à Berlin des hommes qu'elle considère comme spécifiquement compétents pour ce poste; mais l'expertise recherchée est d'une nature toute autre que celle qui s'affirme au même moment dans la diplomatie allemande, ne comblant dès lors en rien le fossé entre les cultures diplomatiques des deux pays. En 1919, Emile Haguenin, professeur de lettres et fin connaisseur de l'Allemagne pour avoir enseigné à l'Université de Berlin plus de dix ans avant 1914, avait été missionné sur la Spree pour préparer la restauration des relations diplomatiques officielles entre les deux pays: huit mois après son retour en Allemagne, il décrivait les difficultés d'une mission visant à reprendre contact avec «des pangermanistes appuyés et fanatisés par des juristes»[435].

Plus que le rapprochement entre deux diplomaties, le recours à des personnalités extérieures à la Carrière par l'administration française après-guerre, justifié par le besoin d'expertise allemande, marquait donc à l'inverse l'accentuation de la culture classique et de la formation avant tout littéraire des hommes de la *Pariser Platz,* renforçant la distance avec la diplomatie allemande. Le fossé reposait moins sur l'opposition

435 CADN, Berlin, ambassade, C 4, note du 10 décembre 1919.

entre art et science diplomatiques, diplomatie du dilettantisme et de la compétence, que sur la mise en avant de deux diplomaties vues comme nécessitant de mobiliser un type d'expertise différent; deux diplomaties qui, au final, tout en reposant sur les mêmes pratiques, donnent un contenu différent à ce que recouvre le travail diplomatique. L'ambassade de France à Berlin fut, sept décennies durant, à la fois un lieu de la confrontation de ces deux conceptions, et des tentatives, empiriques et souvent inabouties, de leur conciliation.

La formation des cadres de la bureaucratie dans la Hongrie de la Double Monarchie

Julia Bavouzet
Université Paris Ouest Nanterre la Défense

Cette contribution se propose d'étudier la formation des cadres de la bureaucratie ministérielle en Autriche-Hongrie dans la seconde moitié du long XIXe siècle. Il sera en effet question de l'évolution de la formation universitaire dans une logique de modernisation et de professionnalisation de l'enseignement des sciences administratives. Cette évolution se fond dans le mouvement plus général d'émergence d'une bureaucratie d'Etat qui se formalise tout au long de la période.

Il faut avant tout rappeler que la seconde moitié du XIXe siècle fut pour la Hongrie une période de grands bouleversements politiques. La forme même de l'Etat fut plusieurs fois modifiée, ce qui entraîna de profonds changements dans le personnel administratif. Dominée par l'Autriche des Habsbourg depuis la défaite des Ottomans au XVIe siècle, ce qui la place dans l'aire culturelle germanique, la Hongrie perd en effet toute indépendance et se voit directement administrée depuis Vienne après l'échec de la révolution et de la guerre d'indépendance de 1848. C'est la période noire du néo-absolutisme et de l'administration par les «hussards de Bach», dont les conséquences sont décisives tant pour le monde universitaire que pour la formation de l'appareil d'Etat. Au contraire, après le Diplôme d'octobre (1861), les rapports se normalisent entre Vienne et Budapest et la période est marquée par une détente, préambule au *modus vivendi* inauguré par le Compromis de 1867. Cette nouvelle situation est alors inédite: la Hongrie jouit d'une autonomie quasi totale dans la Double Monarchie qui se réalise par la nomination d'un gouvernement indépendant, responsable devant le Parlement de Budapest. C'est depuis ce moment que l'on peut parler au sens strict d'une «bureaucratie ministérielle» et d'une «bureaucratie d'Etat» hongroise. On verra alors comment se traduit cette indépendance dans la formation des hauts fonctionnaires de l'administration centrale[436].

Cette époque fut celle de la rationalisation de l'appareil d'Etat, menée par les pouvoirs successifs. La formalisation et la codification du statut de fonctionnaire n'ont pourtant pas abouti à la veille de la première guerre mondiale. Le politique n'est pas encore différencié du champ administratif au sens propre, le vocabulaire aussi est incertain: des variations dans la terminologie se retrouvent dans les études, qui parfois ne recoupent pas la même réalité (par exemple pour l'administration: «*közszolgálat*», «*közigazgatás*», «*beligazgatás*» et «*adminisztráció*», ou, pour le fonctionnaire: «*hivatalnok*» qui tend à être remplacé par «*tisztviselő*», «*állami tisztviselő*» et «*köztisztviselő*»[437]). La fixation du vocabulaire relève de la logique de codification et de professionnalisation qui anime, plus généralement, la rationalisation de l'appareil d'Etat.

En ce qui concerne la formation de l'élite bureaucratique, cette rationalisation passe par le biais de réformes successives, concernant tant l'élargissement et la modernisation du réseau de l'offre de formation que la spécialisation et la technicisation de l'enseignement de sciences politiques, et finalement la codification de la qualification. Celle-ci débuta sous Marie-Thérèse lorsqu'elle assigna à la Faculté de droit le rôle de former l'élite des fonctionnaires et y introduisit l'enseignement des sciences camérales: une formation universitaire était donc requise des hauts fonctionnaires. C'est le début d'une formalisation de plus en

436 Cette étude se restreint en effet aux hauts fonctionnaires de l'administration centrale et laisse volontairement de côté l'administration locale des comitats dont les modalités sont radicalement différentes. Cette profonde dualité de l'administration centrale/locale est une particularité de la Hongrie. L'administration locale est très étudiée comme étant une particularité nationale, puisqu'elle revendique d'être le bastion de l'identité hongroise. En revanche, l'administration centrale l'est moins. Pour ce qui est de l'administration locale des comitats, voir l'étude de référence de G. BARANY, *Ungarns Verwaltung: 1848–1918*, in *Die Habsburgermonarchie*, Verlag der Österreichischen Akademie der Wissenschaften, 1973.

437 J. CSIKVARY, *A Tisztviselői Mozgalmak Története. 1867–1908* Budapest, 1909.

plus poussée de la formation par le droit de l'élite administrative, qui aboutit en 1883 à la loi dite de «qualification», imposant le «privilège des juristes».

1. Les différents parcours de formation

Une première approche de la formation des hauts fonctionnaires de l'administration centrale consiste à dresser un tableau de l'offre de formation universitaire et académique, afin de mettre à jour les hauts lieux de formation. Si l'état actuel des recherches ne permet pas d'avoir d'informations précises[438], on peut tout de même estimer que la grande majorité (plus de 90%) du personnel des ministères et des cabinets, des hauts fonctionnaires et des députés étaient passés par la filière du droit. En effet, il n'existait pas en Hongrie d'établissements réservés à la formation des hauts fonctionnaires, à l'instar du *Theresianum* et de la *Konsularakademie* de Vienne. Ces établissements d'élite, sous direction de l'Etat, pratiquant l'exclusivisme nobiliaire, furent fondés au milieu du XVIIIe siècle dans le but d'offrir une formation pratique à l'élite bureaucratique, hors de l'Université jugée trop bourgeoise et destinée idéalement à former des fonctionnaires de moindre rang[439]. Cette dualité du système de formation entre l'Université d'un côté, et les établissements d'Etat élitaires de l'autre, n'existait pas en Hongrie, où l'université, et plus précisément la faculté de droit, remplissait seule le rôle de formation des hauts fonctionnaires. Cette étude se concentre donc sur l'offre de formation par le droit, à défaut de pouvoir suivre les parcours réels.

438 Le dépouillement systématique des CV *(minősítési lapok)* des fonctionnaires en vue d'établir leurs études et leurs diplômes n'a pas encore été effectué. Ce manque est à replacer dans celui, plus général, d'études sur les hauts fonctionnaires.

439 Seuls 5% des plus hauts fonctionnaires *(Spitzenbeamten)* sont issus de l'université. Voir G. STIMMER, *Eliten in Österreich 1848–1970*, Böhlau, Wien, 1997.

Il faut avant tout mentionner la Faculté de droit de l'université de Budapest, qui occupait une place centrale dans le marché des études supérieures. Il s'agissait de la seule université du pays, la plus importante même après 1872 lorsque s'ouvrit une seconde université. La Faculté de droit y était de loin la plus développée, jusqu'à l'hypertrophie: à Budapest en 1870, on comptait 1274 étudiants en droit, c'est-à-dire 65% des étudiants de la capitale[440]. Ce chiffre est à resituer dans le cadre d'une surproduction générale de juristes en Hongrie tout au long du XIXe siècle: jusqu'au tournant du siècle, plus de la moitié des étudiants du pays étaient inscrits en droit[441], au point que le terme de «*jurátusz*» devint synonyme d'étudiant. Si la Faculté de Budapest resta tout au long de la période le premier centre de formation des juristes par le nombre, elle le fut aussi par la qualité: contrairement aux académies de droit, elle pouvait délivrer le plus haut diplôme de l'éducation supérieure, à savoir le doctorat, et son enseignement restait de meilleure qualité. On peut donc supposer (à défaut d'estimations chiffrées) que le passage par la Faculté de droit de Budapest constituait la «voie royale» menant aux bureaux de l'administration centrale.

La Faculté de droit de l'université de Kolozsvár, fondée en 1872 pour répondre à l'engorgement de l'université de Budapest[442], vint concurrencer la première: au tournant du siècle, elle accueille déjà un quart des étudiants en droit du pays, à savoir un millier d'étudiants contre plus de 3 800 à Budapest[443]. Mais elle resta toujours à une place secondaire, notamment à cause du faible niveau de son enseignement. On peut en avoir une preuve dans l'inflation des diplômes délivrés: trois fois plus qu'à Budapest (837 diplômes en 1905 à Kolozsvár contre 281

440 Chiffres tirés de *l'Annuaire statistique de la Hongrie*, 1872, cités par V. KARADY, *Une «nation de juristes»*, Actes de la recherche en sciences sociales, 1991.

441 A. LADANYI, *A magyarországi felsőoktatás a dualizmus kora második felében*, Felsőktatási pedagógiai Kutatóközpont, Budapest, 1969.

442 Il y avait en 1870 à Budapest 1336 étudiants en droit, chiffre qui diminue à l'ouverture de l'université de Kolozsvár (1278 étudiants en 1874), mais continue d'augmenter par la suite (1455 étudiants en 1880, 1786 en 1890, et 3814 en 1900). Chiffres tirés de F. ECKHART, *A Jog-Es Allamtudományi Kar Története, 1667–1935* Királyi Magyar Egyetemi Nyomda, 1936.

443 *Ibidem.*

dans la capitale[444]), quand la nouvelle université accueillait alors trois fois moins d'étudiants. Cette «fabrique de doctorats» permettait aux étudiants de mettre en place une stratégie de meilleur rendement de leurs études, particulièrement visible dans les facultés de droit: la première année se faisait à Budapest, afin de profiter de la sociabilité offerte par la capitale, puis les étudiants migraient à Kolozsvár où ils obtenaient leur diplôme au prix d'un moindre investissement intellectuel. Comme nous le verrons, cette pratique entravait l'exigence d'excellence intellectuelle dans les facultés de droit.

La fondation de cette nouvelle Faculté de droit à Kolozsvár permit de répondre à une plus grande demande en formation supérieure, mais l'université ne pouvait à elle seule former la masse des fonctionnaires dans le contexte d'augmentation du personnel administratif et de l'appareil d'Etat au XIXe siècle. En effet, il faut rappeler qu'avec la victoire de l'idée de centralisation, c'est-à-dire de l'élargissement des prérogatives de l'administration centrale sur l'administration locale, et la création de nouveaux secteurs comme le chemin de fer, le télégraphe et le téléphone, l'électricité, etc., les besoins en personnel d'Etat qualifié (notamment aux postes centraux) croissaient de manière exponentielle. Quelques chiffres: dans les années 1860, il y avait environ 16 000 employés de l'Etat (sans compter le personnel administratif des comitats). Au tournant du siècle, ils étaient 98 000, et 2 29 000 en 1918[445]. Cet accroissement entraîna l'élargissement et la restructuration de l'offre de formation, par des interventions directes de l'Etat, par exemple la fondation de l'université de Kolozsvár, mais aussi la requalification de certaines académies en 1874, élevées au rang des facultés. Les académies obsolètes furent quant à elles supprimées.

Les académies de droit avaient un rôle d'appoint aux côtés des universités dans la formation juridique des hauts fonctionnaires. Leur création remontait à l'absolutisme éclairé: ce sont les six académies royales fondées par Marie-Thérèse, qui, de plus, transforma en académies les

444 A. LADANYI, *A magyarországi felsőoktatás a dualizmus kora második felében*, *op. cit.*

445 Chiffres tirés du *Magyar statisztikai Szemle*, 1934, cités par V. KARADY, *Une «nation de juristes»*, *op. cit.*

collèges et lycées juridiques confessionnels. Ce fut la première réponse institutionnelle au besoin en juristes qualifiés, tant dans le secteur privé que dans l'administration d'Etat. Les académies, où l'enseignement se faisait en deux ans en latin, préparaient alors aux métiers pratiques du droit (magistrature, barreau, administration: les fonctionnaires «moyens»), quand la Faculté se réservait la formation théorique des professeurs et celle des hauts fonctionnaires[446]. La situation resta inchangée jusque dans les années 1870, si ce n'est que ce réseau s'élargit à 17 académies dans les années 1860[447] pour répondre aux besoins de personnel loyal et compétent, l'enseignement se faisant désormais en trois ans et en hongrois. En revanche, l'élévation de la durée des études à quatre ans, qui plaçait les académies au niveau des facultés, ne fut qu'une requalification formelle. L'accès au barreau et à la magistrature étaient réservés aux docteurs des facultés, l'université étant donc un passage obligé pour les étudiants des académies. Du fait même de leur petite taille (entre 46 et 217 étudiants par établissement en 1870[448]), elles ne pouvaient prétendre qu'à un rôle d'appoint. Il serait intéressant de constater si la proportion de diplômés des académies présents dans la haute fonction publique augmenta à partir de 1874, mais cette étude dépasserait alors le cadre du présent article. Les diplômés des académies, s'ils avaient le capital intellectuel certifié par leur diplôme, n'avaient peut-être pas le capital social de leurs homologues de la Faculté de la capitale, et leurs chances de carrière pouvaient alors être moindres.

Cette rapide présentation du réseau des écoles de droit semble nécessaire, puisque c'est là que se formait à la fois la majeure partie du personnel administratif et politique de l'époque, mais aussi et plus largement l'ensemble de l'élite sociale, que ce soit les fils de la haute

446 A l'instar des pays germaniques, l'appellation «haut fonctionnaire» est réservée à ceux ayant une formation universitaire. Pour plus d'informations, voir W. HEINDL, *Gehorsame Rebellen*, Böhlau, 1991.

447 Désormais Eger, Kolozsvár, Pécs, Eperjes, Debrecen, Sárospatak, Kecskemét et Pápa ont aussi leur académie de droit: les étudiants des académies sont alors près de 1000, contre 643 étudiants dans la faculté de Budapest. voir F. ECKHART, *A Jog-Es Allamtudományi Kar Története, 1667–1935*, *op. cit.*

448 Chiffres tirés de *l'Annuaire statistique hongrois*, 1872, cités par V. KARADY, *Une «nation de juristes»*, *op. cit.*

noblesse désirant ainsi garantir leur capital social, ou encore les élites des nationalités, qui voyaient dans les études de droit la garantie du «contrat social d'assimilation». La formation par le droit tenait aussi une position hégémonique parmi les travailleurs intellectuels, et touchait la majorité des professions libérales et des secteurs de l'économie privée. Le droit était en effet capable de mener à presque toutes les carrières de la classe dominante, comme le montre une très belle étude de Victor Karády sur la formation juridique en Hongrie à la fin de l'Ancien Régime[449].

2. Contenu de la formation

Il faut maintenant aborder le contenu de cet enseignement et les modalités de la transmission des savoirs de l'Etat. Pour des raisons de concision, cette étude se restreint au déroulement et au programme des enseignements proposés par la Faculté de droit de Budapest, dont on a vu qu'elle était le premier centre de formation de la haute administration centrale. Le caractère particulier des études de droit en Hongrie, qui apparaît dans le sur-développement du réseau des écoles de droit, peut à nouveau être appréhendé dans l'organisation des enseignements et notamment le caractère «national» de cette filière.

A. Organisation de l'enseignement

a. Les examens d'Etat

Depuis le début du XIXe siècle, les études de droit se faisaient en quatre ans à la Faculté, au terme desquelles l'étudiant devait passer un examen de fin d'année ou éventuellement un doctorat. Une grande réforme du néo-absolutisme fut l'introduction, en plus de la liberté d'enseignement

449 *Ibidem.*

(Lehrfreiheit), des examens d'Etat. Cette institution allemande, développée au sein des universités, lieu de savoir et de formation des intellectuels, permettait à l'Etat de recruter ses futurs cadres. Le jury était composé pour moitié de professeurs nommés par le ministère du Culte et de l'Education, l'autre moitié étant réservée à des professionnels nommés par les ministères concernés (la Justice ou l'Intérieur). Les examens d'Etat furent introduits en 1850 en Hongrie et participèrent à l'alignement de l'Université hongroise sur le modèle de Vienne.

L'organisation des examens d'Etat resta inchangée jusqu'à la première décennie suivant le Compromis de 1867: elle consistait en deux examens, le premier, théorique, à la fin de la deuxième année, et le second pratique, de droit et de sciences de l'Etat, à la fin de la quatrième année. En revanche, la réforme de 1874 remplaça le premier examen d'Etat par des examens de fin d'année purement universitaires, et le second fut dédoublé en un examen de droit, et un de sciences de l'Etat, que les étudiants des universités comme désormais des académies (et même des académies confessionnelles) pouvaient préparer: c'est l'introduction de la bifurcation[450]. Ce nouvel examen d'Etat n'en gardait que le nom, puisqu'il était désormais organisé par les établissements mêmes et ne constituait plus un monopole de l'Etat. La composition du jury fut modifiée: la moitié étaient des professeurs de l'Université, le reste des professionnels nommés par ces professeurs. Alors même que l'Etat ne prenait plus part à leur organisation, les examens d'Etat restèrent pourtant le mode de recrutement de la haute administration, et le modèle du concours ne s'y substitua pas après la réforme de 1874.

b. Magyarisation de l'enseignement

La réforme du ministre de l'Education Léo Thun, en 1855, poursuivit cette homogénéisation de l'enseignement supérieur dans toutes les universités de l'Empire: dorénavant, la liberté d'enseignement fut sévèrement encadrée, les programmes furent décidés depuis Vienne et marqués par la part croissante des matières «autrichiennes» (droit civil et public autrichien, statistique autrichienne, histoire du droit allemand...).

450 Pour ce qui est de la bifurcation, voir 2.b.

Les professeurs étaient nommés par le ministre de l'Education, qui décidait aussi de l'organisation des cours et de la tenue des examens. Il s'agit d'une véritable «germanisation» de l'enseignement. L'allemand devenait en effet la langue de l'enseignement supérieur, mais aussi la langue de l'administration, puisque la Hongrie fut incorporée dans l'Empire habsbourgeois sans reconnaissance de sa particularité. Pour la Faculté de droit, cela signifia en 1853 l'adoption de l'allemand comme langue des examens et des enseignements assurés par des professeurs dont la majorité ne parlait pas hongrois.

Un tableau de la langue de l'enseignement dans l'université de Budapest en 1857 permet pourtant de nuancer les effets de cette «germanisation»[451]: sur les 25 professeurs de la Faculté de droit, 10 tenaient leur cours en hongrois, 14 en allemand, et 1 en latin (pour le droit romain). On peut ici remarquer la particularité de la Faculté de droit par rapport à celle de Lettres, où seulement 10 professeurs sur 32 tenaient leurs cours en hongrois, celle de médecine (2 professeurs sur 18) et celle de théologie (aucun professeur ne fait cours en hongrois). La magyarisation de l'enseignement s'est effectuée en effet plus tôt dans la Faculté de droit, tant dans la langue d'enseignement que dans le contenu de la formation: dès 1850, le droit administratif hongrois fut enseigné en hongrois par Emil Récsi, précurseur du rééquilibrage en faveur des matières «hongroises» qui a lieu dans les années 1860. La promulgation du Diplôme d'octobre, qui marqua aussi le retour à l'enseignement en hongrois des matières principales, fut alors l'occasion du développement des matières «nationales»: le droit privé hongrois devint une matière à examen, en 1863 recommença l'enseignement du droit public et administratif (interrompu en 1855 quand la matière fut délaissée par les étudiants car elle n'était plus suivie d'un examen) et l'histoire du droit allemand se généralisa en histoire du droit européen (il était en effet techniquement impossible de proposer une histoire du droit hongrois, l'enseignement de cette matière n'étant pas encore compilé).

451 G. OTRUBA, «Die Universitäten in der Hochschulorganisation der Donaumonarchie. Nationale Erziehungsstätten im Vielvölkerreich 1850 bis 1914» in *Student und Hochschule im 19. Jahrhundert. Studien und Materialien*, Vandenhoeck & Ruprecht, Göttingen, 1975.

Cette «nationalisation» de l'enseignement du droit rappelle la lutte pour la magyarisation durant le *Vormärz*[452]. Dans la lutte politique de la noblesse nationale contre le pouvoir impérial, la compétence juridique servit les débats qui se concentraient sur le terrain du droit public et constitutionnel. Il n'est donc pas étonnant que la magyarisation se soit radicalisée plus tôt dans l'enseignement du droit, et que cette branche ait contribué plus que tout autre filière universitaire à l'enracinement de l'idéologie nationaliste. La décennie du néo-absolutisme n'a pas pu revenir sur ces acquis, et le droit est resté la voie la plus «nationale». En ce qui concerne la formation de l'administration, on peut supposer que c'est cette loyauté orientée vers Budapest et non Vienne qui fut la cause du renvoi massif de fonctionnaires hongrois, remplacés par des fonctionnaires étrangers, allemands ou tchèques, les «hussards de Bach». Ces derniers subirent à leur tour une épuration de l'administration après le Compromis de 1867, mais de faible ampleur, qui ne remit pas en cause la particularité hongroise d'une bureaucratie ministérielle composée de 20% à 40% d'étrangers.

La «nationalisation» de l'enseignement est donc une particularité du droit en Hongrie; elle caractérise, avec la spécialisation et la technicisation de l'enseignement, l'une des principales évolutions de la Faculté. Celle-ci s'achève en 1867 par l'affirmation du hongrois comme langue d'enseignement et d'examen. L'enseignement du droit et plus généralement la formation des fonctionnaires reflète donc les évolutions de la forme même de l'Etat, qui d'un Empire néo-absolutiste des années 1850, administré depuis Vienne, redevient le Royaume de Hongrie, l'une des deux entités de la Double Monarchie.

B. Spécialisation et technicisation de l'enseignement

Tout au long de cette période, l'enseignement du droit se rationalisa dans l'idée de former au métier de fonctionnaire, et non plus de délivrer un savoir général. L'université s'adapta à la nécessité de professionnaliser la formation de la haute administration.

452 V. KARADY, *Une «nation de juristes»*, *op. cit.*

Cette nécessité prit avant tout la forme d'une séparation progressive de l'enseignement de l'administration par rapport à la formation purement juridique. Dès 1848 émergea le projet de séparer la Faculté de droit en deux Facultés différenciées, pouvant permettre l'autonomisation de la formation de l'administration. Mais c'est finalement l'idée du lien organique de «la formation par les deux sciences» *(két tudományos képzés)* qui l'emporta. En 1855, la Faculté de droit prit alors son nom officiel de Faculté de Droit et de Sciences de l'Etat *(Jog- és Allamtudomànyi Kar)*, sur le modèle de la Faculté de Vienne. L'autonomisation du champ administratif se poursuivit pourtant, et la séparation de la justice et de l'administration en 1869 eut pour conséquence, dans l'Université, l'introduction de la bifurcation (1874). Le dédoublement de l'examen d'Etat en un examen de droit et un de sciences de l'Etat, ainsi qu'un an plus tard celui du doctorat (toujours en droit et en sciences de l'Etat), vinrent compléter cette séparation de l'administration et de la justice.

Cette autonomisation se doublait d'une spécialisation de l'enseignement: on assista à une multiplication des chaires et des professeurs, avec l'introduction d'un enseignement plus technique (droit de la finance et des échanges, étude des procédures, etc...) à côté duquel persistaient des matières plus classiques comme le droit romain (complété par l'étude des Pandectes et encore souvent enseigné en latin), l'Encyclopédie (introduite en 1850), et les matières historiques, dotées d'un poids considérable[453]. C'est que la haute administration devait avoir une formation de «généralistes» de l'administration, contrairement à la formation essentiellement technique des échelons inférieurs, formés dans les académies. Dans ces académies d'ailleurs, le droit romain ne fut pas enseigné avant 1874, au moment de la requalification sur le modèle des facultés.

453 Pour consulter les emplois du temps et le catalogue des matières enseignées, voir I. ARCZT, *A „Politika tudományok" oktatása a Budapesti Egyetem (ELTE) Jogi Karán és elődintézményeiben: A „Politico-camerális"-, a „Politikai tudományok"- és a „Politikai" (Alkotmányi és közigazgatási) Tanszék története 1769–1948*, Rejtjel, Budapest, 2004, ainsi que la somme de F. ECKHART, *A Jog-és Allamtudományi Kar története, 1667–1935*, *op. cit.*

En ce qui concerne l'enseignement des matières administratives plus précisément, on peut observer le même effort de spécialisation et de technicisation des savoirs de l'Etat. L'enseignement spécial de l'administration à l'université en Hongrie est une tradition qui remonte à la création de la chaire de politique et de sciences camérales «*Politico-Cameralis*» en 1769. Sur le modèle autrichien de 1752, cette chaire fut ouverte dans la Faculté de philosophie, mais bientôt rattachée à la Faculté de droit: en 1777 pour la Hongrie, et seulement en 1784 pour l'Autriche. C'est alors l'âge d'or des sciences camérales, enseignées en Hongrie à travers le filtre de Vienne par l'intermédiaire des manuels de Joseph von Sonnenfels. Le *Ratio Educationis* de 1777 affirmait en effet le rôle de l'Université dans le formation des hauts fonctionnaires: c'est pourquoi les sciences camérales y furent enseignées à raison de dix heures par semaine pendant deux semestres et devinrent en 1787 la première matière non-juridique sanctionnée par un examen. Cette importance accordée aux sciences camérales souleva alors des oppositions selon lesquelles l'Université serait «dégradée» au rang d'institut de formation du personnel de l'Etat, une *Beamtenuniversität*.

Le second *Ratio Educationis* de 1806 signe la fin de cet âge d'or et le début de la séparation des sciences camérales dans leurs trois branches traditionnelles: la «politique» *(politia, Polizey)*, la finance et l'économie. Cette séparation sera définitive en 1848 au moment de la fin de l'enseignement des sciences camérales en Hongrie, perçues comme un produit de l'absolutisme germanique, lequel était justement remis en cause par la guerre d'indépendance. C'est alors la chaire de «sciences politiques», inaugurée en 1850, qui prit sa succession, après l'autonomisation de l'enseignement de l'économie et de la finance. Dans les années 1860, l'abandon de l'enseignement de Sonnenfels (enseigné jusque là) ainsi que la publication de manuels d'enseignement rédigés par les professeurs hongrois peuvent se comprendre comme une marque de l'autonomie retrouvée.

En 1873, la création de la chaire de «politique» (c'est-à-dire de politique constitutionnelle et administrative) prit le relais dans l'enseignement de l'administration. Cette dernière étape de la spécialisation de l'enseignement est à resituer dans le cadre d'un enseignement de plus en plus poussé des matières administratives au détriment des matières juridiques pures dans la Faculté de droit et de sciences de l'Etat. Cette logique répondait au nombre croissant d'inscrits dans la voie des sciences de l'Etat, qui comptaient, nous l'avons vu, un tiers des doctorants au tournant du siècle.

C. Limites de l'enseignement

La spécialisation et la rationalisation de la formation de l'administration ne doivent pourtant pas occulter les failles du système de l'enseignement supérieur de la seconde moitié du XIXe siècle. Si l'enseignement du droit se modernisait, la Faculté, elle, restait pourtant la plus conservatrice de l'université (au niveau notamment de l'introduction des séminaires, de l'entrée des femmes dans l'université, ou encore de l'admission des juifs[454]). De plus, le déroulement pratique des études, le fort taux d'absentéisme et le faible niveau des étudiants tendaient à minimiser les apports d'une formation, quand bien même elle était destinée à répondre aux exigences de qualification des hauts fonctionnaires d'un Etat moderne.

En effet, le système de la liberté d'enseignement entraîna une dégradation du niveau des étudiants dès les années 1860. C'est dans la Faculté de droit qu'on observe les moins bons résultats, le plus grand nombre de redoublements, d'échecs aux examens (30%, que ce soit aux examens de fin d'année ou aux examens d'Etat[455]), et par voie de conséquence, la plus longue durée des études (il n'est pas rare de faire les quatre années requises en huit, neuf, voire dix ans). Le fort taux d'absentéisme (80% à 90% pour les inscrits dans les deux dernières

454 Pour ce qui est des étudiants juifs, exceptionnellement admis à l'université à partir de 1782, ils purent dès 1849 se présenter au doctorat de droit civil *(doctor iuris civilis)*, mais n'obtinrent le droit de passer l'examen de droit canon pour être „*doctor utriusque iuris*" qu'à partir de 1874, date à laquelle leur égalité dans l'université est véritablement complète.

455 A. LADANYI, *A magyarországi felsőoktatás a dualizmus kora második felében, op. cit.*

années de droit[456]) a inspiré, pour ces pratiquants de l'école buissonnière, le surnom de «juristes champêtres» *(mezei jogászok)*. L'altération des exigences universitaires ainsi que le caractère libéral du régime des études font du droit une culture mondaine plus que scientifique, attirant un public étudiant séduit par la relative facilité des études et prêt à de moindres investissements intellectuels[457]. Cette réalité des études de droit décrédibilise les apports de la formation universitaire dans la formation de la haute bureaucratie et laisse supposer d'autres modes de formation (il n'existait pourtant pas de stages pratiques sur le modèle du référendariat prussien) ainsi que d'autres mécanismes de recrutement, moins regardants sur la qualité du diplôme.

3. Les tentatives de rationalisation de la fonction publique et leurs conséquences sur la formation

Comme nous l'avons vu, l'enseignement des sciences de l'Etat suivit une logique de spécialisation d'un savoir de plus en plus technique. Cette logique participait de la formation d'un véritable métier de l'administration, qui passait par la transmission d'un savoir (savoir-faire) prérequis, ainsi que par la codification du statut de fonctionnaire. Il ne s'agissait plus d'une vocation d'aristocrates appelés par le souverain, mais d'une fonction publique rationnelle administrant un Etat moderne. La rationalisation passait avant tout par la codification de la qualification, c'est-à-dire par la mise en place d'une logique selon laquelle un poste ne pouvait être occupé que par quelqu'un pouvant certifier sa compétence par le diplôme adéquat.

Cette exigence d'une qualification ne se codifia que progressivement. Sous Marie-Thérèse, on ne demandait des hauts fonctionnaires qu'un passage à l'université pour acquérir «la connaissance des lois».

456 *Ibidem*.
457 V. KARADY, *Une «Nation de Juristes»*, *op. cit.*

Dans sa «lettre du pasteur» *(Hirtenbrief, pásztorlevél)*, Joseph II exigeait surtout des qualités morales, ainsi qu'un «esprit clair». L'ordonnance de 1787 était plus explicite en ce qu'elle requérait des études de droit «menées à terme» pour les hauts postes de l'administration centrale. Il s'agissait pour l'époque de la sélection la plus aboutie sur le critère du droit. Un siècle plus tard, en 1870, une loi sur les «spécialistes de la politique» (comprendre: de l'administration au sens large) énumérait des critères généraux: avoir au moins 22 ans, un casier judiciaire vide et aucune poursuite légale en cours. Pour les fonctionnaires de l'administration centrale, ainsi que certains de l'administration locale, un diplôme de droit était exigé, sans codification systématique ni autre prérequis pour l'administration locale. Peu de postes exigeaient donc nommément une qualification, et celle-ci restait très générale («examen de droit»).

La loi 1. de 1883, dite loi de «qualification» *(minősítés)*, répondait à ce besoin de codification systématique de la plupart des postes de l'administration centrale et locale. Pour les hauts fonctionnaires de l'administration ministérielle, on exigeait désormais un examen d'Etat, de droit comme de sciences de l'Etat, ou bien un doctorat, encore une fois de droit ou de sciences de l'Etat, ou encore un diplôme d'avocat. A cette formation théorique, il était prévu d'ajouter une formation pratique, mais la mise au point d'un examen d'Etat pratique ne se fit qu'en 1937. On remarque toute l'ambiguïté de cette exigence de formation, qui reconnaissait aussi bien la formation proprement administrative par les sciences de l'Etat que celle purement juridique couverte par le diplôme d'avocat.

La loi prévoyait aussi des cas de double qualification pour les ministères spéciaux, tels la Justice qui, pour certains postes techniques, exigeait un diplôme de juge ou de magistrat en plus de l'un des deux examens d'Etat; ou le département de la Santé du ministère de l'Intérieur qui pour certaines fonctions embauchait aussi des diplômés de le faculté de Médecine; ou encore au Cadastre, dépendant du ministère des Finances, qui embauchait des ingénieurs. Une clause prévoyait en plus des dérogations exceptionnelles, selon lesquelles, dans les ministères techniques, il était possible d'embaucher le titulaire d'un diplôme dans le domaine concerné (et non en droit), à condition qu'il passe un examen de droit. Cette loi de qualification marquait donc le «privilège des juristes», et non le «monopole des juristes» *(Juristenmonopol)* comme la loi de 1879 en Prusse.

Dans son application, cette loi ne mit pas fin du jour au lendemain aux pratiques de recommandation *(Protektion)* et ne fut pas non plus systématiquement appliquée. Là encore, des statistiques manquent pour évaluer les conséquences sur le recrutement des hauts fonctionnaires. Cette loi marquait pourtant une considérable avancée dans la tentative de rationalisation de l'administration. Elle participait à l'élaboration d'une *Dienstpragmatik*, d'une «pragmatique du service public», c'est-à-dire du «métier» de fonctionnaire, puisqu'elle visait à la codification du statut du fonctionnaire, de ses droits et de ses devoirs, de sa carrière (de la nomination au renvoi, en passant par les promotions et les mutations), de son existence matérielle (salaire et retraite), et plus largement, d'une éthique du service public. D'autres lois allèrent dans le sens de l'élaboration de cette pragmatique, mais celle-ci ne vit pas le jour en Hongrie avant la première guerre mondiale.

4. Les revendications des non-juristes à la fin du XIXe

Il faut maintenant aborder un dernier point sans lequel ce tableau ne serait pas complet, à savoir les revendications des non-juristes qui réclamaient un rôle plus important dans l'administration. Ces revendications furent accompagnées, à la fin du XIXe siècle, par la critique de la formation unilatéralement juridique de l'administration, le droit apparaissant finalement comme une formation trop classique, voire archaïque. Au contraire, ces revendications en appelaient à une administration de plus en plus spécialisée, administrée par les spécialistes mêmes, et non plus par ces «généralistes de l'administration» que sont les juristes. Ce discours ne doit pourtant pas occulter la présence tout au long de la période (mais difficilement quantifiable) de non-juristes au sein de l'administration, soit qu'ils aient eu une autre formation (et dans ce cas il serait intéressant de connaître laquelle, particulièrement avant la loi de 1883 qui d'une certaine manière «autorise» les non-juristes à entrer dans l'administration), soient qu'ils n'aient pas de diplôme (ce qui pourrait alors permettre d'estimer l'ampleur des pratiques de népotisme et de protection).

Attardons-nous tout d'abord sur les revendications des spécialistes soucieux d'obtenir un rôle dans l'administration de leur spécialité. Il s'agit des médecins, qui par exemple se plaignaient en 1910 de ce qu'un juriste ait repris la direction du département de la Santé au ministère de l'Intérieur[458], mais aussi des vétérinaires, dont le service fut étatisé en 1900. Les agronomes enfin se plaignaient de ce qu'en 1914, sur douze directeurs de cabinet au ministère de l'Agriculture, seuls deux aient fait des études d'agronomie. Ce chiffre montre à la fois la présence de non-juristes aux plus hauts postes de l'administration, mais aussi la faible proportion de ces derniers dans un ministère aussi «technique» que celui de l'Agriculture.

Les ingénieurs forment un cas particulier puisqu'ils revendiquaient la compétence générale d'administrer qui restait jusqu'alors l'apanage des juristes. Rappelons qu'en France, au contraire, c'était les élèves-ingénieurs des Corps des Grandes Ecoles d'ingénieurs qui détiennent les hautes fonctions et qu'en Allemagne aussi, le modèle des *Beamteningenieure*, des ingénieurs-fonctionnaires, gagnait du terrain. En Hongrie, dès 1867, les ingénieurs reçurent l'autorisation de travailler dans l'administration locale, après avoir passé un examen de droit. Ils y exerçaient pourtant des fonctions de moindre importance que les juristes. De même, la loi de qualification de 1883 ne leur proposait que des postes «techniques» *(műszaki)*. Les ingénieurs réclamèrent alors l'égalité avec les juristes pour tous les postes, ainsi que leur prééminence pour les postes techniques. Leur argument se fondait sur la séparation de la justice et de l'administration en 1869, et donc sur le fait qu'il n'était plus nécessaire que le droit soit l'unique formation de l'administration. Mais cette demande de parité des ingénieurs avec les juristes paraît encore irréaliste au tournant du siècle,

458 A. HENCZ, *Felsőfokú közigazgatási szakemberképzés Magyarországon, 1848–1948*, Budapest, 1981.

au regard des écarts entre la production de juristes et d'ingénieurs: chaque année, 7 000 juristes étaient formés en Hongrie contre 1 400 techniciens (pour l'Autriche, l'écart est bien moindre: 10 500 juristes contre 9 000 techniciens). On remarque au passage une nouvelle fois la surproduction de juristes en Hongrie.

Il est à noter qu'à partir de 1914, des cours d'économie furent tenus à l'Université Polytechnique de Budapest qui, au terme d'un an d'un tel enseignement, proposait de former des «ingénieurs culturels» *(kulturmérnök)*. Mais la réglementation d'un éventuel doctorat d'économie, préparant les ingénieurs à l'administration, fut interrompue par le déclenchement de la première guerre mondiale.

Conclusion

Le «privilège des juristes» dans l'administration fut de règle en Hongrie, depuis que Marie-Thérèse assigna à l'université l'objectif de former l'appareil d'Etat. Si initialement cet objectif fut dévolu à la faculté de Philosophie où étaient alors enseignées les sciences camérales, il devint rapidement l'apanage de la faculté de droit (rebaptisée en 1855 Faculté de Droit et de Sciences de l'Etat). La loi de qualification de 1883 vint consacrer ce «privilège des juristes». Le métier de l'Etat s'appuie sur un savoir juridique.

Entre-temps, des réformes furent mises en œuvre dans la Faculté de Droit afin de moderniser et spécialiser la formation des futurs cadres de la bureaucratie. Celle-ci était orientée soit depuis Vienne (rappelons la soumission quasi-totale de l'université durant la décennie du néo-absolutisme), soit depuis Budapest (à partir des années 1860, mais surtout après le Compromis de 1867), toujours dans le sens d'une plus grande rationalisation. C'est cette formation particulière par le droit qui a contribué à l'émergence d'une bureaucratie d'Etat hongroise, dans l'esprit d'une culture juridique porteuse de l'idéologie nationale et libérale. Cette culture commune des élites, ce consensus autour du langage commun du droit a fait de la Hongrie une «nation de juristes».

Les désastres de cette surproduction de juristes se firent sentir après la première guerre mondiale, la défaite et la tourmente de l'après guerre, rendues tragiques par les pertes territoriales que connut la Hongrie. La contraction du territoire alla de pair avec l'expulsion des fonctionnaires dans les pays successeurs, leur loyauté étant devenue suspecte. Cela signifia pour la Hongrie un afflux de fonctionnaires: entre 1918 et 1924, le pays accueillit 16 000 membres du secteur public et 19 000 employés des chemins de fer, dans un marché déjà saturé[459]. Le pouvoir d'achat des fonctionnaires fut diminué de 4/5e (en comparaison, celui des ouvriers fut diminué «seulement» de moitié). Les fonctionnaires connurent donc un déclassement et un sentiment d'insécurité dont les premières victimes furent les minorités et les marginaux, en particuliers les Juifs sur-représentés dans les métiers intellectuels accessibles après une formation supérieure. La première mesure antisémite toucha donc la formation universitaire: la loi du *numerus clausus* de 1920 limita l'accès à l'université selon des quotas relatifs à l'appartenance ethnique, espérant ainsi freiner la surproduction de juristes. S'il faut certes en minimiser l'application, notamment dans la Faculté de Droit[460], cette mesure marqua tout de même la mort indigne de la «nation de juristes».

459 Chiffres tirés de *Budapest székesfővàros statisztikai közleményei*, cités par V. KARADY, *Une «nation de juristes», op. cit.*

460 De 1920 à 1925, c'est-à-dire durant les premières années d'application de la loi, la proportion des étudiants juifs dans la Faculté de droit dépasse toujours le double du quota prescrit (6%). De plus, ils avaient toujours la possibilité de se rabattre sur les facultés de province et les académies de droit, qui avaient du mal à remplir leur contingent d'étudiant face à la concurrence de la capitale, et obtenaient ainsi des dérogations. La Faculté de médecine de l'Université de Pécs connait une situation plus particulière encore, puisque de 1920 à 1925, la moitié de ses étudiants étaient juifs. V. KARADY, I. KEMENY, *Antisémitisme universitaire et concurrence des classes*. La loi du Numerus Clausus, Actes de la recherche en sciences sociales, 34, 1980.

Travaux Interdisciplinaires et Plurilingues

La collection «Travaux Interdisciplinaires et Plurilingues» a pour but de favoriser la recherche interdisciplinaire et plurilingue en France et dans d'autres pays européens. Les directeurs de cette collection se proposent de créer un forum pour des projets de recherche reposant sur un double croisement systématique, entre plusieurs disciplines des Sciences humaines et sociales et entre plusieurs aires linguistico-culturelles. Ils souhaitent encourager de jeunes chercheurs à s'engager dans cette voie. La collection pourra accueillir les publications scientifiques du CRPM (Centre de recherches pluridisciplinaires multilingues, EA 4418) de Paris Ouest.

Vol. 1 Klaus Morgenroth, Paul Vaiss & Joseph Farré (éds)
Les migrations du travail en Europe. 2003
ISBN 3-906769-37-2

Vol. 2 Thierry Grass
Quoi! Vous voulez traduire «Goethe»? Essai sur la traduction des noms propres allemand – français. 2002
ISBN 3-906770-26-5

Vol. 3 Otmar Seul, Bernd Zielinski & Uta Dupuy (éds)
De la communication interculturelle dans les relations franco-allemandes: Institutions – Enseignement et formation professionnelle – Entreprises. 2003
ISBN 3-03910-084-X

Vol. 4 Maurice Kauffer. *Les mots composés allemands en texte. Essai de synthèse méthodologique et critique.* 2005
ISBN 3-03910-449-7

Vol. 5 Stéphane Leymarie, Gérard Sautré & Guy Solle (éds)
Relations de travail et organisations: plaidoyer(s) pour une lecture paradoxale. 2005, 2006
ISBN 3-03911-145-0

Vol. 6 Gérard Marcelot
Négociations commerciales et objectifs spécifiques: De la description à l'enseignement des interactions orales professionnelles. 2006
ISBN 3-03910-965-0

Vol. 7 Nassima Bougherara
Les rapports franco-allemands à l'épreuve de la question algérienne (1955-1963). 2006
ISBN 3-03911-164-7

Vol. 8 María Pérez Calzada
Transitivity in Translating. The Interdependence of Texture and Context. Preface by Ian Mason. 2007
ISBN 978-3-03911-190-6 / US-ISBN 978-0-8204-8398-2

Vol. 9 Paul Vaiss & Klaus Morgenroth (éds)
Les relations internationales au temps de la guerre froide. 2006
ISBN 3-03911-201-5

Vol. 10 Elisabeth Lavault-Olléon (éd.)
Traduction spécialisée: pratiques, théories, formations. 2007
ISBN 978-3-03911-218-0

Vol. 11 Peter Jansen & Otmar Seul (Hrsg./éds)
Das erweiterte Europa: Arbeitnehmerbeteiligung an der Entscheidungsfindung im Unternehmen.
L'Europe élargie: la participation des salariés aux décisions dans l'entreprise.
Traditionen im Westen, Innovationen im Osten? Traditions à l'Ouest, innovations à l'Est? 2009
ISBN 978-3-03911-669-0

Vol. 12 Annette Sousa Costa (éd.)
Entre droit et morale: la finalité de la peine.
Journée d'études du 13 novembre 2007, Université Paris Ouest Nanterre la Défense. 2010
ISBN 978-3-0343-0402-3

Vol. 13 Brigitte Krulic (éd.)
Raison(s) d'Etat(s) en Europe. Traditions, usages, recompositions. 2010
ISBN 978-3-0343-0419-1

Vol. 14 Valérie De Daran
«Traduit de l'allemand (Autriche)». Etude d'un transfert littéraire. 2010
ISBN 978-3-0343-0482-5

Vol. 15 Bernd Zielinski & Brigitte Krulic (éds)
Vingt ans d'Unification allemande. Histoire, mémoire et usages politiques du passé. 2010
ISBN 978-3-043-0555-6

Vol. 16 Jean-Jacques Briu (éd.)
Terminologie (I): analyser des termes et des concepts. 2011
ISBN 978-3-0343-0583-9

Vol. 17 Jean-Jacques Briu (éd.)
Terminologie (II): comparaisons, transferts, (in)traductions. 2012
ISBN 978-3-0343-1055-0

Vol. 18 Brigitte Krulic (éd.)
L'ennemi en regard(s). Images, usages et interprétations dans l'histoire et la littérature (France, Allemagne, Russie, XVIIIe- XXe siècles). 2012
ISBN 978-3-0343-1144-1

Vol. 19 Anna Louyest et Graham Roberts (éds)
Etre russe, écrire à l'étranger. 2013
ISBN 978-3-0343-1113-7

Vol. 20 Stephanie Rohlfing-Dijoux et Kerstin Peglow (éds)
La subsidiarité. Regards croisés franco-allemands sur un principe pluridisciplinaire. 2013
ISBN 978-3-0343-1135-9

Vol. 21 Pascale Cohen-Avenel (éd.)
Jazz, pouvoir et subversion de 1919 à nos jours / Jazz, Macht und Subversion von 1919 bis heute. 2014
ISBN 978-3-0343-1414-5

Vol. 22 A paraître.

Vol. 23 Valérie de Daran & Marion George (éds)
Eclats d'Autriche. Vingt études sur l'image de la culture autrichienne aux XXe et XXIe siècles. 2014
ISBN 978-3-0343-1477-0

Vol. 24 Brigitte Krulic (dir.)
Savoirs et métiers de l'Etat au XIXe siècle. France et Etats germaniques. 2014
ISBN 978-3-0343-1504-3